많이 쓰는
영어 회화 기초 패턴

먼저 훈련

안녕하세요, 독자 여러분.

이 책을 고르신 여러분께 진심으로 감사드립니다. 저희는 10년째 함께 살고 있는 한미 국제부부입니다. 한국인 남편과 미국인 아내가 만나, 언어와 문화 차이를 넘어 함께 성장해 오면서 겪은 영어 말하기에 관한 경험을 이 책에 담았습니다.

한국에서 자라고 한국에서 교육을 받았던 남편이 겪은 영어 말하기 공부에 대한 어려움과 그것을 극복한 방법, 그리고 미국인 아내가 수많은 한국인 학습자를 가르치며 얻은 통찰이 녹아 있습니다. 특히 이 책은 영어 말하기의 뼈대가 되는 핵심 내용들을 엄선했습니다. 화려한 고급 표현보다는, 실생활에서 반드시 필요하고 자주 쓰이는 기본 문장 구조에 집중했습니다. 이 뼈대를 튼튼하게 만들어 놓으면, 나중에 어떤 표현을 배우더라도 쉽게 응용할 수 있기 때문입니다.

본문의 각 예문은 미국인 아내가 직접 녹음했습니다. 학습자 여러분이 실제 원어민의 발음을 듣고, 따라 말하며, 각 표현에 익숙해지기를 진심으로 원합니다. 글로만 보는 것과 소리로 듣고 따라 하는 것은 천지 차이입니다. 원어민의 자연스러운 억양과 리듬, 그리고 실제 발음을 귀로 익히고 입으로 반복하는 것이야말로 진짜 영어 말하기의 시작입니다.

개인적으로 영어 말하기 훈련을 할 때 가장 어려웠던 부분이 있었습니다. 바로 평서문만 연습하다 보니, 의문문이나 부정문으로 바꿀 때 버퍼링이 걸렸던 것입니다. "I like coffee."는 자연스럽게 나오는데, "Do you like coffee?"나 "I don't like coffee."로 바꾸려면 머릿속에서 한 박자 늦게 문장을 재구성해야 했지요. 실제 대화에서는 이런 버퍼링이 치명적입니다. 그래서 저희는 이 책에 특별한 섹션을 마련했습니다. 바로 '문장 확장 훈련'입니다. 각 유닛에서 평서문을 배운 후에는, 반드시 이 섹션에서 그 문장을 의문문으로, 부정문으로, 그리고 다시 주어를 바꾼 후 의문문과 평서문으로 연습해 보시기 바랍니다.

처음에는 이 과정이 번거롭게 느껴질 수 있습니다. 하지만 이것이야말로 진짜 실력을 키우는 핵심입니다. 같은 문장 구조를 평서문, 의문문, 부정문으로 반복해서 연습하다 보면, 어느새 여러분의 입과 뇌가 그 패턴을 완전히 체득하게 됩니다. 주어를 바꾸고, 시제를 바꾸고, 긍정과 부정을 오가며 연습하는 과정에서, 그 문장 구조는 더 이상 암기의 대상이 아니라 여러분의 일부가 됩니다.

처음에는 머뭇거리고 실수도 많겠지만, 이 과정이 익숙해지면 어느 순간부터 말하고 싶었던 표현이 생각보다 먼저 입 밖으로 팍! 튀어나오는 경험을 하게 될 것입니다. 그렇다면 머릿속에서 문장을 만드는 것이 아니라, 몸이 반응하는 것처럼 자연스럽게 영어가 나오기 시작한 것입니다.

저희는 여러분도 반드시 이런 경험을 하게 될 것이라 굳게 믿습니다. 이 책과 함께, 한 걸음씩 나아가시기를 소원합니다. 처음에는 어색하고 서툴더라도, 음원을 듣고 소리 내어 따라 하며, '입 근육 함께 키우기'로 반복 연습하다 보면 어느새 영어가 자연스럽게 나오는 자신을 발견하게 될 것입니다.

완벽하지 않아도 괜찮습니다. 실수해도 괜찮습니다. 중요한 것은 입을 열고, 소리를 내고, 반복하는 것입니다. 그렇게 하다 보면, 어느 날 문득 여러분이 말하고 싶었던 그 표현이 생각보다 먼저 입 밖으로 튀어나오는 순간을 경험하게 될 것입니다. 그 순간의 짜릿함과 성취감을 여러분도 꼭 느끼시길 바랍니다.

여러분의 영어 여정에 작은 도움이 되기를 진심으로 바랍니다.

신원섭, Diana Salazar

〈영어 회화 패턴 훈련 1차 임계점〉 전 워밍업!

말문을 트는 첫걸음이 패턴입니다. 패턴 좋은 건 다 알죠. 거기에 딱 맞는 책이 〈영어 회화 패턴 훈련 1차 임계점〉입니다. 그런데 혹시, '난 기초를 좀 다진 다음에 패턴을 하고 싶어'라는 생각이 드시나요? 그런 학습자 전용 책이 바로 〈영어 회화 기초 패턴 – 먼저 훈련〉입니다.

패턴 활용을 더 쉽게 해 주는 개념 탄탄 학습 구성

모든 학습의 기본은 개념을 아는 것입니다. 영어도 마찬가지인데요. 〈영어 회화 기초 패턴 – 먼저 훈련〉은 영어를 말하고 쓰는 데 꼭 필요한 개념을 철저히 알려 줍니다. 개념이 탄탄해야 지속 가능한 학습이 가능하고, 응용도 문제없지요.

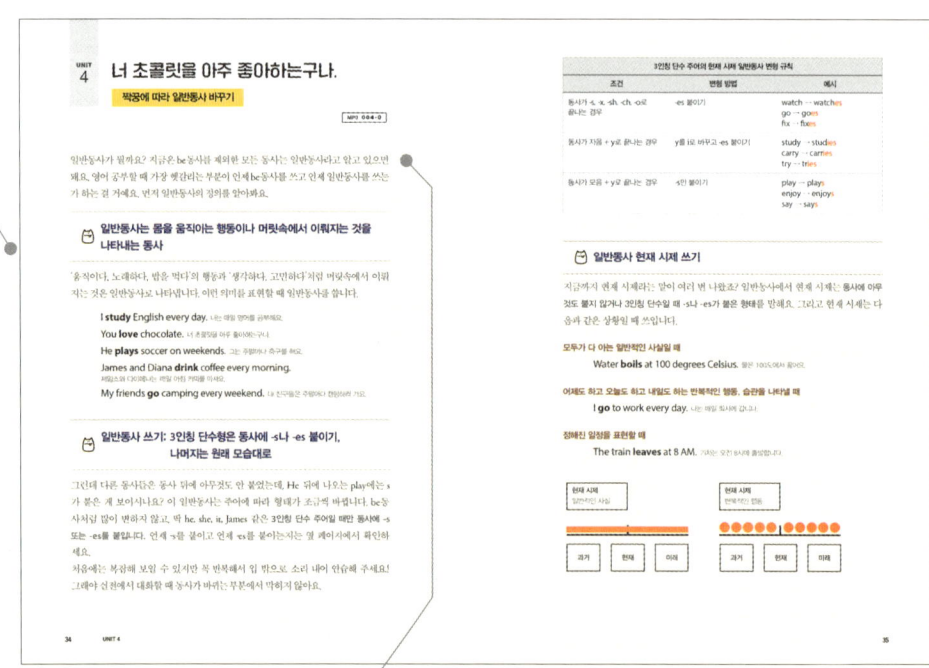

학습자의 마음을 알아주는 저자 직강

헷갈리고 맨날 잊어버리는 주요 개념들, 학습자의 마음을 잘 아는 한국인 저자가 유닛마다 핵심 내용을 강의합니다. 저자들의 케미 넘치는 설명을 듣다 보면 '그래, 이 정도면 나도 할 수 있겠어!' 자신감이 생깁니다.

3단계 연습문제 풀기 = 개념 확인 + 말하기 연습 강화

〈영어 회화 기초 패턴 – 먼저 훈련〉의 백미는 PRACTICE 1/2/3.
개념을 자기 것으로 만들 수 있게 3단계 연습 문제를 제공합니다.

PRACTICE 1 **빠른 문법 체크**

문법 개념 바로 체크하기

PRACTICE 2 **변형 말하기 훈련**

주어/시제 바꿔 말하기

PRACTICE 3 **확장 말하기 훈련**

의사소통의 핵심 평서문, 부정문, 의문문 만들기

펜을 들고 문장을 쓰면서 49일 동안 해 보세요. 영어 기본이 탄탄히 잡힙니다.

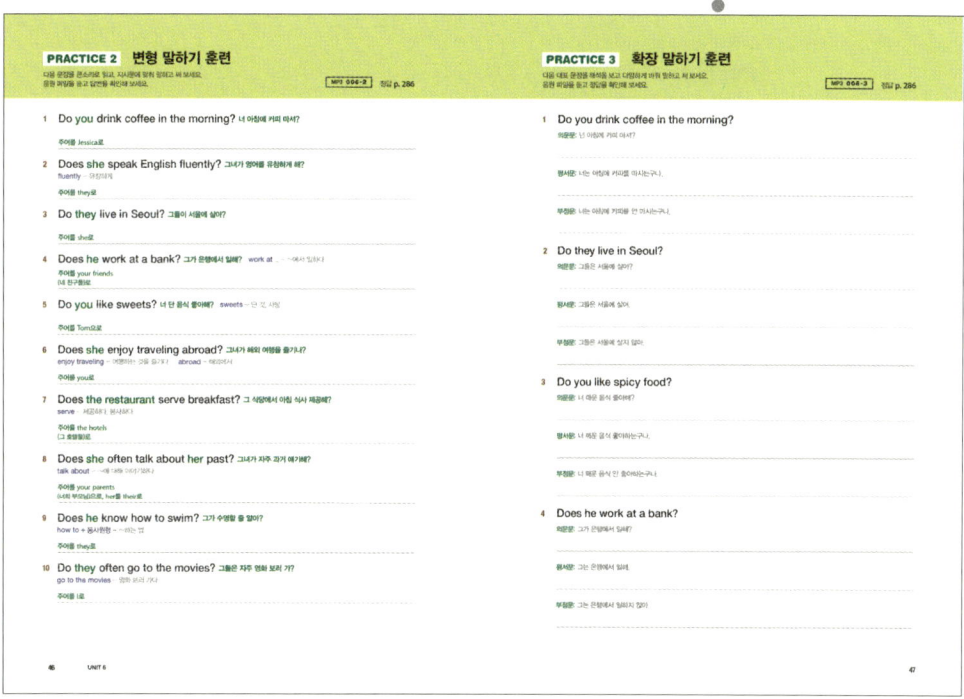

학습이 끝나면 〈영어 회화 패턴 훈련 1차 임계점〉으로 계속 이어가세요!

 왼쪽의 QR코드를 스캔하시고 '바로듣기'를 탭하세요.
해당 도서의 음원을 바로 들으실 수 있습니다. 반복 재생과
속도 조절도 가능합니다.

차례

이 책으로 다음 문장들을 말하게 됩니다!

WARM-UP

앞으로 책을 읽어 가면서 자주 마주하게 될 영어의 기본 개념을 설명합니다. 이것들을 알고 책을 읽으면 영어가 훨씬 더 잘 이해됩니다.

평서문, 의문문, 부정문

평서문

정보를 전달하는 문장입니다. (보통 [주어 + 동사 + 나머지 어구]로 구성되어 있어요.)

> **I like pizza.** 나는 피자를 좋아해.
>
> **She is my friend.** 그녀는 내 친구야.

의문문

질문하는 문장입니다. 주로 뒤에 물음표(?)가 오는데요, 의문문은 대개 의문사(what, where, why, how, who, when 등) 또는 조동사(do, does, did, is, are)가 앞으로 나옵니다!

> **Do you like pizza?** 너 피자 좋아해?
>
> **Where is my phone?** 내 휴대폰 어디 있어?

부정문

말 그대로 '아니라고, 그렇지 않다'고 부정하는 문장입니다. (문장 안에 보통 not을 넣어서 부정해요.)

> **I don't like pizza.** 나는 피자를 좋아하지 않아.
>
> **She is not my friend.** 그녀는 내 친구가 아니야.

명사의 복수형, 단수형

명사란 사람, 동물, 사물, 장소, 개념을 나타내는 단어예요. James, Diana처럼 사람 이름도 명사! 호랑이, 원숭이 같은 동물 이름도 명사! 책상, 거울처럼 사물을 나타내는 이름도 명사! 서울, 콜롬비아 등 장소를 나타내는 단어도 명사입니다! 한국어와 달리 영어는 명사를 말할 때 한 개 또는 한 명을 말하는 것인지, 여러 개, 여러 명을 말하는 것인지가 굉장히 중요합니다. (한국어는 이 부분이 없어서 영어를 할 때 참 헷갈리는 지점 중 하나입니다.) 그래서 한 개를 나타낼 때는 앞에 a나 an을 쓰고요, 두 개 이상일 때는 복수형으로 나타냅니다. 자세한 것은 뒤에 나오니까 이 정도만 알아도 충분해요.

단수형 = 1개일 때

a cat(고양이 한 마리)

There is a cat on the table. 테이블 위에 고양이 한 마리가 있다.

a book(책 한 권)

There is a book on the shelf. 선반에 책 한 권이 있다.

복수형 = 2개 이상일 때

cats(고양이 여러 마리)

There are many cats in the park. 공원에 고양이들이 많이 있어요.

books(책 여러 권)

There are many books at a bookstore. 서점에 책들이 많이 있어요.

QUIZ!

'저는 호랑이를 좋아해요'는 I like a tiger.일까요? I like tigers.일까요?

I like tigers.가 맞습니다. 영어에서 일반적인 '호랑이'라는 개념을 말할 때는 복수형을 사용해요. 호랑이 한 마리를 좋아하기보다는 호랑이 자체를 좋아한다는 뜻으로 사용하거든요. I like a tiger.는 마치 동물원에 있는 수많은 호랑이 중 한 마리를 칭할 때 사용해서 일반적으로 거의 쓰이지 않고, 특정한 한 마리를 지칭하고 싶을 때는 I like that tiger.처럼 'that'을 붙여서 사용하는 경우가 더 자연스럽습니다.

I like dogs. 나는 개를 좋아해.

She likes cats. 그녀는 고양이를 좋아해.

He likes lions. 그는 사자를 좋아해.

일반적으로 말할 때 셀 수 있는 명사는 복수로, 셀 수 없는 명사는 단수로 표현합니다.

셀 수 있는 명사, 셀 수 없는 명사

저는 커피를 참 좋아합니다. 이때 명사인 '커피(coffee)'는 영어에서는 기본적으로 셀 수 없는 명사입니다. 그래서 '저는 커피를 좋아해요'를 영어로 바꾼다면 I like coffee.가 됩니다. 셀 수 없는 명사는 복수형을 쓸 수도 없고, 앞에 a나 an도 붙이지 않기 때문이에요. 다만, '잔 단위'로 커피를 셀 때는 'a coffee', 'two coffees'처럼 셀 수 있는 명사처럼 사용할 수도 있습니다. 예를 들어, 카페에서 "커피 두 잔 주세요"라고 말할 때는 Two coffees, please.라고 자연스럽게 표현합니다.

셀 수 있는 명사

– 1개, 2개처럼 숫자를 붙여 셀 수 있는 명사입니다.
– 단수형일 땐 보통 a, an, one 같은 표현과 함께 쓰이고, 복수형일 땐 -s를 붙여서 표현합니다.
– many(많은), a few(조금 있는), some(약간의), several(몇 개의), a number of(많은) 같은 표현과 함께 쓰일 수 있습니다.

단수형	복수형
a book	books
an apple	apples
one pen	three pens
a chair	five chairs

I have a pen in my bag. 내 가방에 펜이 하나 있어.

There are three apples on the table. 테이블 위에 사과가 세 개 있어.

She bought two books yesterday. 그녀는 어제 책 두 권을 샀어.

He needs a chair. 그는 의자가 하나 필요해.

How many friends do you have? 너 친구 몇 명 있어?

셀 수 없는 명사

– 1개, 2개처럼 셀 수 없어서 항상 단수로 사용합니다.
– much(많은), a little(조금 있는), some(약간의) 같은 표현과 함께 쓰입니다.
– 주로 액체, 가루, 추상적인 개념, 덩어리로 된 것 등을 가리킵니다.

셀 수 없는 명사를 세기 위해서는 각 단어에 맞는 짝꿍 단위 표현을 넣어야 합니다.

water	a glass of ~ (잔)	a glass of water (물 한 잔)
milk	a carton of ~ (팩)	a carton of milk (우유 한 팩)
rain	a drop of ~ (방울)	a drop of rain (비 한 방울)
rice	a bowl of ~ (그릇)	a bowl of rice (밥 한 그릇)
flour	a bag of ~ (봉지/포대)	a bag of flour (밀가루 한 봉지)
information	a piece of ~ (조각/한 개)	a piece of information (정보 한 개)

I want to drink a glass of water. 나 물 한 잔 마시고 싶어.

I had a bowl of rice. 나는 밥 한 그릇을 먹었어.

If you're going to the grocery store, can you buy a carton of milk?
마트 가는 김에 우유 한 팩 사다 줄 수 있어?

The piece of information you gave was very informative.
네가 준 정보가 매우 유익했어.

셀 수 있기도 하고, 없기도 한 대표 명사들

단어	셀 수 있을 때	셀 수 없을 때
Chicken	닭 한 마리, 여러 마리 I saw three chickens on the farm. 나는 농장에서 닭을 세 마리 봤어.	닭고기 (음식) I ate some chicken for lunch. 나는 점심으로 닭고기를 먹었어.
Room	방 하나, 여러 개 We have three rooms in our house. 우리 집에는 방이 세 개 있어.	공간이라는 개념 There's no room in my bag. 내 가방에는 공간이 없어.
Hair	한 올, 여러 가닥의 머리카락 I found a hair in my soup. 나는 국에서 머리카락 한 가닥을 찾았어.	전체적인 머리카락 Her hair is long and shiny. 그녀의 머리카락은 길고 윤기가 나.
Time	횟수, 특정 순간 I've been there three times. 나는 거기에 세 번 가 봤어.	시간 (개념) Time flies so fast. 시간이 너무 빨리 가.
Coffee	커피 한 잔, 여러 잔 I ordered two coffees. 나는 커피 두 잔을 주문했어.	커피라는 물질 자체 Coffee is my favorite drink. 커피는 내가 가장 좋아하는 음료야.

인칭

인칭이란 '누가 말하는지', '누구에 대해 말하는지'를 알려 주는 말이에요. 말하는 사람 중심으로 나눠서 다음과 같이 정리할 수 있습니다:

인칭	뜻	단수	복수
1인칭	말하는 사람	I (나)	We (우리)
2인칭	듣는 사람	You (너)	You (너희들)
3인칭	그 외의 사람/사물	He, She, It (그, 그녀, 그것)	They (그들/그것들)

1인칭 (I, We)

I like pizza. 나는 피자를 좋아해.

We love pizza. 우리는 피자를 아주아주 좋아해.

2인칭 (You)

You like pizza. 너 피자 좋아하는구나.

You guys play soccer every Saturday. 너희는 매주 토요일마다 축구하는구나.

3인칭 (He, She, It, James, Diana…, They)

He likes pizza. 그는 피자를 좋아해.

Jessica doesn't like pizza. She likes fried chicken.
제시카는 피자를 좋아하지 않아. 그녀는 프라이드 치킨을 좋아해.

It looks delicious. 그것 맛있어 보인다.

They eat pizza every Friday. 그들은 매주 금요일마다 피자를 먹어.

* 주어가 3인칭 단수이고, 일반동사 현재형일 때는 일반동사 뒤에 -(e)s를 붙여요.

I eat → He eats   I like → She likes   I watch → Diana watches

반면 1인칭, 2인칭, 3인칭 복수는 동사 원형을 그대로 사용합니다.

인칭 대명사의 주격, 소유격, 목적격이 바뀐다는 것

영어에서 대명사는 사람이나 사물을 대신해 주는 단어입니다. 예를 들어 "James는 사과를 좋아해요. James는 어제 운동했어요. James는 TV도 봤어요."라고 James를 계속 반복해서 말하면, 문장이 어색하거나 불필요하게 길어지게 되죠. 그래서 자연스럽게 말하기 위해 먼저 James를 언급한 이후에는 James를 대신해서 he라고 바꿔 줍니다. 하지만 여기서 끝이 아니에요. 영어는 문장에서 어떤 역할을 하느냐에 따라 같은 사람을 가리키는 말도 형태가 바뀝니다. 다음의 3가지 형태를 꼭 기억해 주세요!

주격 - 문장의 주인공이 되는 역할

I like pizza. 나는 피자를 좋아해요.

She is kind. 그녀는 친절해요.

소유격 - 누구의 것인지 알려 주는 역할

This is **my** pizza. 이건 내 피자예요.

That is **his** phone. 저건 그의 핸드폰이에요.

목적격 – 동작을 받는 역할

Give **me** a slice. 나한테 한 조각 줘.

I like **her**. 나는 그녀를 좋아해.

주격 (문장의 주어 역할)	소유격 (~의: 누구의 것인지를 나타냄)	목적격 (동작을 받는 대상)
I(나는)	my(나의)	me(나를/나에게)
you(너는, 너희는)	your(너의, 너희의)	you(너를/너에게)
he(그는)	his(그의)	him(그를/그에게)
she(그녀는)	her(그녀의)	her(그녀를/그녀에게)
it(그것은)	its(그것의)	it(그것을/그것에게)
we(우리는)	our(우리의)	us(우리를/우리에게)
they(그들은)	their(그들의)	them(그들을/그들에게)

동사의 종류와 관련 용어

동사는 크게 be동사, 일반동사, 조동사로 나뉘어요.

be동사

주어의 상태를 나타내는 말과 보어를 연결하는 동사로, 우리말로 '~이다, ~(에) 있다'
로 해석됩니다.

일반동사

be동사를 제외한 모든 동사가 여기에 속해요. 주어의 상태나 움직임을 나타냅니다.

조동사

can(~할 수 있다), must(~해야 한다)처럼 동사에 의미를 더해 주는 역할을 합니다.

동사원형

동사에 -s나 -ing 같은 것이 아무것도 붙지 않은 원래 모습을 말해요.

8품사

영어 문장은 다양한 '말의 종류'로 이루어져 있어요. 우리가 피자 이야기를 하든, 날씨 이야기를 하든, 감정을 표현하든 항상 이 8가지 품사가 뼈대가 되어 문장을 만들어요. 이 8가지를 알고 있으면 단어를 어떻게 써야 할지, 어떤 자리에 어떤 말이 들어가야 자연스러운지 감이 생기게 됩니다.

이름	하는 역할	예시
명사	사람, 장소, 사물, 개념 이름 등을 나타냅니다. 즉, 우리가 보고, 만지고, 생각할 수 있는 것들의 이름이죠.	pizza, James, Seoul, love
대명사	명사를 대신하는 것으로, 영어는 같은 단어를 반복해서 말하는 걸 싫어하기 때문에, 사람 이름이나 사물 이름을 한 번 말한 뒤에는 대명사로 바꿔서 이야기하는 게 자연스럽습니다. 예: James → he / The cat → it	I, you, he, she, it, we, they
동사	동사는 사람이나 사물의 동작(움직임) 또는 상태(존재나 느낌)를 나타내는 말입니다. 즉, 문장에서 "무엇을 하느냐" 또는 "어떤 상태에 있느냐"를 말해 주는 핵심 역할을 하죠. 보통은 주어 뒤에 놓여요.	eat, like, is, run, go
형용사	보통은 명사를 꾸며 줍니다 a red apple 빨간 사과 사람이나 사물의 상태를 설명하기도 합니다. The house is big. 그 집은 커요.	big, delicious, happy, red
부사	동사/형용사/다른 부사를 꾸며 주며, '어떻게?'라는 물음에 답을 줍니다. 특히나 회화를 할 때 부사들을 쏙쏙 넣어 주면 말의 느낌과 강도, 감정까지 훨씬 풍부하게 표현할 수 있어요! He runs very fast. 그는 아주 빨리 달려요. (어떻게 달려요?에 대한 대답)	quickly, very, well, always
전치사	명사나 대명사 앞에 놓여서 다른 말(동사, 형용사 등)과의 '관계'를 보여 주는 말이에요. 위치, 시간, 방향, 방법 등을 표현할 때 자주 쓰여요. in the room 방 안에서 to the station 그 역까지	in, on, at, under, before
접속사	단어와 단어, 구와 구, 문장과 문장(절과 절)을 연결해 줍니다. I'm tall but my sister is short. 나는 키가 커요. 그런데 여동생은 키가 작아요..	and, but, or, because, so
감탄사	감탄사는 놀람, 기쁨, 슬픔, 반가움, 아픔, 실망 등 다양한 감정이나 반응을 짧고 강하게 표현해 주는 말이에요. 보통 문장과는 별개로 단독으로 쓰이거나, 문장 앞/뒤에서 감정을 강조해 주는 역할을 합니다. Alas, I'm so sad. 아, 너무 슬퍼.	wow, oh, hey, ouch, huh

문장으로 8품사를 분해해 보겠습니다!

Wow, I really like the hot pizza on the table, but it's too hot!

와, 테이블 위에 있는 뜨거운 피자 진짜 좋아하는데, 너무 뜨겁다!

Wow → 감탄사 I → 대명사(주어) really → 부사(동사 like를 꾸밈)

like → 동사 hot → 형용사(pizza를 꾸밈) pizza → 명사 on → 전치사

table → 명사(전치사 뒤에 옴) but → 접속사 it → 대명사(주어) is(동사)

too → 부사(형용사 hot을 꾸밈) hot → 형용사

LET'S GET STARTED!

UNIT 1

나 피곤해.

am/is/are에 맞는 짝꿍을 찾아라

MP3 001-0

영어 동사 중 가장 중요한 위치를 차지하는 것이 be동사입니다. be동사는 주인공(주어)이 누구인지, 또는 어떤 상태에 있는지, 과거에 어떤 상태에 있었는지 등을 알려 줄 때 쓰지요. 참고로, 우리말은 '예쁘다', '기쁘다'처럼 서술어가 다 포함되어 있지만, 영어는 우리말과 달라요. '예쁘다'라고 하려면 [be동사 + pretty(예쁜)], '기쁘다'라고 하려면 [be동사 + glad(기쁜)] 이렇게 표현합니다.

🐱 주어마다 어울리는 be동사 짝꿍

현 시점에서 "나는 지금 피곤한 상태이다(피곤해)."라는 문장을 영어로 표현하려면 주어 I에 맞는 짝꿍(be동사) am을 사용해야 합니다.

I am tired.
나는 피곤하다.

다 아는 것 같지만 막상 be동사를 쓰려면 쉽지가 않아요. 이번 기회에 be동사의 활용법을 확실히 익히고, 덩어리로 입에 붙도록 함께 연습해 보아요!

현재형 평서문	
주어 (주인공)	짝꿍 (be동사)
I	am *I am은 I'm으로 축약해서 써요.
He / She / It (1명) Jason / Jane / My friend	is *He is, She is, It is는 각각 He's, She's, It's로 축약해서 써요
You They / We (2명 이상) James and Diana / My friends / My parents	are *You are, They are, We are은 각각 You're, They're, We're로 축약해서 써요.

과거형 평서문	
주어 (주인공)	짝꿍 (be동사)
I	was *과거형은 축약형이 없어요.
He / She / It	
(1명) Jason / Jane / My friend	
You	were
They / We	
(2명 이상) James and Diana / My friends / My parents	

it의 특이한 성질

날씨나 시간, 거리, 기온 등을 말할 때 영어는 It을 형식상의 주어로 사용해요. 한국어는 "오늘 너무 춥다"처럼 주어 없이 자연스럽게 말하지만, 영어는 It을 넣는 것이 문법적으로 자연스럽고 필수적이에요.

It's hot outside. 밖이 더워요.

It's cold today. 오늘 춥네요.

It's 3 PM. 오후 3시예요.

It's raining. 비가 오고 있어요.

여기서 It은 실제 대상을 가리키는 것이 아니라, 날씨나 시간 등의 상황을 표현하기 위한 형식적인 주어예요. 그래서 "비 온다", "덥다", "지금 5시다" 같은 표현은 영어로는 꼭 It is ~ 구조를 써서 말해야 자연스럽답니다.

문장의 주어와 우리말 뜻에 맞게 be동사를 알맞은 형태로 넣으세요.   MP3 001-1   정답 p. 283

1   그녀는 선생님이에요.

She _____ a teacher.

2   그들은 내 친구들이었어요.

They _____ my friends.

3   그는 매우 친절해요.

He _____ very kind.

4   나는 학생이었어요.

I _____ a student.

5   이 책은 재미있어요.

This book _____ interesting.

6   하늘이 파래요.

The sky _____ blue.

7   당신은 매우 재능이 있네요.

You _____ very talented.

8   그 식당은 지금 붐벼요.

The restaurant _____ busy now.

9   우리 부모님은 엄격하셨어요.

My parents _____ strict.

10   오늘 날씨가 춥네요.

The weather _____ cold today.

다음 문장을 큰소리로 읽고, 지시문에 맞춰 말하고 써 보세요.
음원 파일을 듣고 답변을 확인해 보세요.

MP3 001-2 │ 정답 p. 283

1 I am very busy right now. 저 지금 매우 바빠요. very – 매우, 아주 busy – 바쁜

주어를 He로

___

2 She is my English teacher. 그녀가 제 영어 선생님이에요.

과거 시제로

___

3 They are on vacation. 그들은 휴가 중이예요. on vacation – 휴가 중인

과거 시제로

___

4 We are at the cinema now. 우리는 지금 영화관에 있어요.

주어를 You로

___

5 This coffee is too hot. 이 커피는 너무 뜨거워요. too – (과도할 정도로) 너무

주어를 These plates(이 접시들)로

___

6 You are my best friend. 네가 내 가장 친한 친구야.

과거 시제로

___

7 He is in a meeting now. 그는 지금 회의 중이에요. in a meeting – 미팅 중인

주어를 They로

___

8 My friend is allergic to mangoes. 제 친구는 망고 알레르기가 있어요.
be allergic to + 대상 – ~에 알레르기가 있다

주어를 I로

___

9 My parents are at home. 부모님은 집에 계세요.

과거 시제로

___

10 She is always kind to everyone. 그녀는 모두에게 늘 친절해요.
be kind to ~ – ~에게 친절하다

주어를 The students(그 학생들)로

다음 한글 문장을 보고 빈칸에 들어갈 올바른 주어와 그에 맞는 be동사를 넣어 보세요.   MP3 001-3   정답 p. 283

1 _____ ready. 나 준비 됐어.

2 _____ really good at math. 넌 수학을 진짜 잘하는구나.

be good at + (명사/동명사) – ～을 잘하다

3 _____ always late for work. 그는 항상 직장에 지각해.

be always late for + 장소/일정 – ～에 항상 늦다

4 _____ very expensive. 그 가방은 너무 비싸.

be expensive – 비싸다

5 _____ in a bad mood this morning. 오늘 아침에 나 기분 안 좋았어.

be in a bad mood – 기분이 안 좋다 ↔ be in a good mood 기분이 좋다

6 _____ too tired to go out. 나 너무 피곤해서 나갈 수가 없어.

be too + 형용사 + to + 동사원형 – 너무 ～해서 ...할 수가 없다

7 _____ very cold outside yesterday. 어제 밖이 엄청 추웠어.

8 _____ so loud last night. 어젯밤 너 엄청 시끄러웠어.

9 _____ very kind to me. 너는 나한테 정말 친절해.

10 _____ interested in sports. 그는 스포츠에 관심이 있어.

be interested in + (명사/동명사) – ～에 관심이 있다

너 졸리니?

am/is/are가 들어간 문장의 부정문, 의문문

이번에는 주어(주인공)에 맞는 be동사(짝꿍)를 활용하여 부정문과 의문문을 쉽게 만드는 법을 공부합니다. 부정문은 '아니다'의 의미가 들어 있는 문장입니다.

 ### be동사 부정문: 주어에 상관없이 be동사 뒤에 'not'만 넣으면 끝!

He is **not** a teacher.
그는 선생님이 아닙니다.

I am your boyfriend. 내가 네 남자 친구잖아.

→ I **am not** your boyfriend. 나는 네 남자 친구가 아니야.

You are my sister. 당신은 내 언니예요.

→ You **are not (= aren't)** my sister. 당신은 내 언니가 아니에요.

She is my friend. 그녀는 제 친구예요

→ She **is not (= isn't)** my friend. 그녀는 제 친구가 아닙니다.

* are not을 aren't, is not을 isn't로 줄여 쓰기도 합니다.

의문문을 만드는 것도 어렵지 않아요. 참고로, 의문문이 아닌 일반 문장은 평서문이라고 한답니다.

---

be동사 의문문:
be동사만 주어 앞으로 옮겨서 [be동사 + 주어 ~?] 형태로

You **are** sleepy.
Are you sleepy?

be동사 짝꿍을 먼저 앞으로 보내 주면 의문문 만들기 끝!

He is a student. 그는 학생이에요. → **Is he** a student? 그는 학생인가요?

You are sleepy. 너, 졸립구나. → **Are you** sleepy? 너, 졸리니?

She is kind. 그녀는 친절해요. → **Is she** kind? 그녀는 친절한가요?

이제부터 '사과' 하면 바로 apple이 떠오르는 것처럼, be동사 부정문과 의문문도 자연스럽게 튀어나올 때까지 반복 연습해 보세요! 이 부분이 단단히 잡혀 있어야, 긴장되는 순간에도 말을 바로 탁! 꺼낼 수 있거든요. 그럼 모두 파이팅입니다!

부정문

주어 (주인공)	be동사 (짝꿍)		be동사 현재형 부정문
I	am		I am not
He / She / It	is		He is not / She is not / It is not
(1명) Jason / My friend		+ not	Jason is not My friend is not
You	are		You are not
They / We			They are not / We are not
(2명 이상) James and Diana / My friends / My parents			James and Diana are not My friends are not My parents are not

의문문

be동사	주어 (주인공)	현재형 의문문
Am	I	Am I ~?
Is	he / she / it	Is he ~? / Is she ~? / Is it ~?
	(1명) Jason / my friend	Is Jason ~? Is my friend ~?
Are	you	Are you ~?
	they / we	Are they ~? / Are we ~?
	(2명 이상) James and Diana / my friends / my parents	Are James and Diana ~? Are my friends ~? Are my parents ~?

1 그는 의사가 아니에요.

_____ a doctor.

2 그분이 네 선생님이야?

_____ your teacher?

3 그들은 피곤한가요?

_____ tired?

4 그들은 배고프지 않아요.

_____ hungry.

5 그녀는 내 여동생(누나/언니)이 아니에요.

_____ my sister.

6 이것 네 가방이야?

_____ your bag?

7   그 영화는 재미있나요?   movie – 영화

_____ fun?

8 너는 혼자가 아니야.

_____ alone.

9   이 식당은 비싸지 않아요.   restaurant – 식당

_____ expensive.

다음 문장을 큰소리로 읽고, 지시문에 맞춰 말하고 써 보세요.
음원 파일을 듣고 답변을 확인해 보세요.

MP3 002-2　정답 p. 283

1　I'm not hungry right now. 나는 지금 배고프지 않아요.　hungry – 배고픈

주어를 She로
_____

2　She is not at home today. 그녀는 오늘 집에 없어요.

주어를 My parents
(우리 부모님)로
_____

3　The weather is not good for a picnic. 날씨가 소풍 가기에 좋지 않아요.
be not good for – ~에 안 좋다

주어를 The strong wind
(강한 바람)로
_____

4　He is not happy with his new job. 그는 새 직장이 만족스럽지 않아요.
be happy with – ~에 만족하다　new job – 새 직장

주어를 I로,
his를 my로
_____

5　I'm not a morning person. I'm a night owl.
저는 아침형 인간 아니에요. 저는 저녁형 인간이에요.　morning person – 아침형 인간　night owl – 저녁형 인간

주어를 She로
_____

6　Is the restaurant open on Mondays? 그 식당은 월요일에 문을 열어요?

주어를 the cafés
(그 카페들)로
_____

7　Are you free this weekend? 이번 주말에 시간 있어요?

주어를 the students
(그 학생들)로
_____

8　Are you allergic to any foods? 어떤 음식에 알레르기가 있어요?
allergic to ~ – ~에 알레르기가 있는

주어를 he로
_____

9　Are we late for the meeting? 우리가 회의에 늦었나요?　be late for ~ – ~에 늦다

주어를 they로
_____

10　Is it cold outside? 밖이 춥나요?

cold를 hot(더운)으로
_____

다음 대표 문장을 해석을 보고 다양하게 바꿔 말하고 써 보세요.
음원 파일을 듣고 정답을 확인해 보세요.

MP3 002-3 | 정답 p. 284

1 I'm not hungry right now.

부정문: 나는 지금 배가 안 고파요.

___

긍정 의문문: 제가 지금 배고프냐고요?

___

긍정 의문문: 지금 배고프세요?

___

긍정문: 나는 지금 배고파요.

___

2 She is not at home today.

부정문: 그녀는 오늘 집에 없어요.

___

긍정 의문문: 그녀는 오늘 집에 있나요?

___

긍정문: 그녀는 오늘 집에 있어요.

___

3 The weather is not good for a picnic.

부정문: 날씨가 소풍 가기에 좋지 않아요.

___

긍정 의문문: 날씨가 소풍 가기에 좋은가요?

___

긍정문: 날씨가 소풍 가기에 좋아요.

___

4 I am not free this weekend.

부정문: 저 이번 주말에 시간 없어요.

___

긍정 의문문: 제가 이번 주말에 시간 있냐고요?

___

긍정 의문문: 당신 이번 주말에 시간 있어요?

___

긍정문: 저 이번 주말에 시간 있어요.

___

테이블 위에 고양이가 있어요.

There is/are (～에) ～가 있어요

MP3 003-0

There is/are는 영어에서 **특정 상황이나 존재를 설명할 때** 사용합니다. 고양이가 먹이를 먹거나 걷는 동작(일반 동사)을 묘사하는 것이 아니라, 고양이가 테이블 위에 있다(존재) 같은 사실을 말하고 싶을 때 There is를 사용할 수 있어요.

 ### There is/are ～: '(～에) ～가 있다'로 특정 상황이나 존재를 설명

There is **a cat on the table.** 테이블 위에 고양이가 있어요.

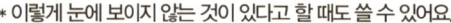

There is/are가 존재를 말할 때

There is + 단수 명사 하나인 무언가가 혹은 셀 수 없는 것이 존재할 때 사용합니다.

> **There is a bird** on the roof. 지붕 위에 새가 한 마리 있어요.
>
> **There is a chance** of rain tomorrow. 내일 비가 올 가능성이 있어요.
>
> * 이렇게 눈에 보이지 않는 것이 있다고 할 때도 쓸 수 있어요.
>
> **There is** strong trust between us. 우리 사이엔 강한 신뢰가 있어요.

There are + 복수 명사 두 개 이상의 것이 존재할 때 사용합니다.

> **There are** three apples in the basket. 바구니에 사과가 세 개 있어요.

There is/are가 상태를 말할 때

이때도 There is/are가 '～가 있다'의 기본 의미를 크게 벗어나지 않아요.

> **There's** heavy traffic today. 오늘 교통이 매우 혼잡하네.
>
> * 원래는 '오늘 심한 교통 체증이 있네.'이지만, '교통이 매우 혼잡하다'라는 상태를 부드럽게 표현합니다.
>
> **There is** a strange smell in the room. 방 안에서 이상한 냄새가 나네.
>
> * '방 안에 이상한 냄새가 있다.'는 원래 의미에서 상태를 설명하는 문장으로 쓰입니다.

There is/are ～ 역시 is나 are 뒤에 **not**을 놓아서 부정문을 만들고, **Is/Are**를 there 앞에 놓아서 의문문을 만듭니다.

다음 우리말 문장을 보고 빈칸에 알맞은 [There + be동사] 형태를 쓰세요. MP3 003-1 정답 p. 284

1 방에 의자가 하나 있다.

_____ a chair in the room.

2 테이블 위에 책이 두 권 있다.

_____ two books on the table.

3 의자 아래에 고양이가 세 마리 있다.

_____ three cats under the chair.

4 마당에 개가 한 마리 있다.

_____ a dog in the yard.

5 책상 위에 컴퓨터가 한 대 있다.

_____ a computer on the desk.

6 너에게 온 메시지가 다섯 개 있다.

_____ five messages for you.

7 주차장에 차가 많이 있다.

_____ a lot of cars in the parking lot.

8 접시 위에 샌드위치가 하나 있다.

_____ a sandwich on the plate.

9 차고에 차가 한 대 있다.

_____ a car in the garage.

1 There **is** a book on the table. 책상 위에 책이 한 권 있어요.

과거 시제로
_____

2 There **are** two cats in the garden. 정원에 고양이가 두 마리 있어요.

과거 시제로
_____

3 There is a lot of **homework** today. 오늘 숙제가 많아요.

homework를
events(행사들)로
_____

4 There **are** many people at the park. 공원에 사람들이 많아요.

과거 시제로
_____

5 There are **three restaurants** near my house. 우리 집 근처에 식당이 세 곳 있어요.

three restaurants를
a café(카페 하나)로
_____

6 There **is** a problem with my computer. 내 컴퓨터에 문제가 있어요.

과거 시제로
_____

7 There is **a sale** at the department store. 백화점에서 세일을 하고 있어요.
department store – 백화점

a sale을 customers(고객들)로
_____

8 There are many **stars** in the sky tonight. 오늘 밤 하늘에 별이 많아요.

stars를 birds(새들)로
_____

9 There **is** a long line at the bus stop. 버스 정류장에 긴 줄이 있어요.
a long line – 긴 줄

과거 시제로
_____

10 There **are** five members in my family. 우리 가족은 다섯 명이에요.

과거 시제로
_____

1 There is a book on the table.

평서문: 책상 위에 책이 한 권 있어요.

_____

의문문: 책상 위에 책이 있나요?

_____

부정문: 책상 위에 책이 없어요.

_____

2 There is a lot of homework today.

평서문: 오늘 숙제가 많아요.

_____

의문문: 숙제가 많나요?

_____

부정문: 오늘 숙제가 많지 않아요.

_____

3 There are five members in my family.

평서문: 우리 가족은 다섯 명이에요.

_____

의문문: 우리 가족은 다섯 명인가요?

_____

부정문: 우리 가족은 다섯 명이 아니에요.

_____

4 There is a sale at the department store.

평서문: 백화점에서 세일을 하고 있어요.

_____

의문문: 백화점에서 세일을 하고 있나요?

_____

부정문: 백화점에서 세일을 하지 않아요.

_____

UNIT 4 너 초콜릿을 아주 좋아하는구나.

짝꿍에 따라 일반동사 바꾸기

MP3 004-0

일반동사가 뭘까요? 지금은 be동사를 제외한 모든 동사는 일반동사라고 알고 있으면 돼요. 영어 공부할 때 가장 헷갈리는 부분이 언제 be동사를 쓰고 언제 일반동사를 쓰는 가 하는 걸 거예요. 먼저 일반동사의 정의를 알아봐요.

 일반동사는 몸을 움직이는 행동이나 머릿속에서 이뤄지는 것을 나타내는 동사

'움직이다, 노래하다, 밥을 먹다'의 행동과 '생각하다, 고민하다'처럼 머릿속에서 이뤄 지는 것은 일반동사로 나타냅니다. 이런 의미를 표현할 때 일반동사를 씁니다.

I **study** English every day. 나는 매일 영어를 공부해요.

You **love** chocolate. 너 초콜릿을 아주 좋아하는구나.

He **plays** soccer on weekends. 그는 주말마다 축구를 해요.

James and Diana **drink** coffee every morning.
제임스와 다이애나는 매일 아침 커피를 마셔요.

My friends **go** camping every weekend. 내 친구들은 주말마다 캠핑하러 가요.

 일반동사 쓰기: 3인칭 단수형은 동사에 -s나 -es 붙이기, 나머지는 원래 모습대로

그런데 다른 동사들은 동사 뒤에 아무것도 안 붙었는데, He 뒤에 나오는 play에는 s 가 붙은 게 보이시나요? 이 일반동사는 주어에 따라 형태가 조금씩 바뀝니다. be동 사처럼 많이 변하지 않고, 딱 he, she, it, James 같은 **3인칭 단수 주어**일 때만 동사에 **-s 또는 -es를 붙입니다**. 언제 -s를 붙이고 언제 -es를 붙이는지는 옆 페이지에서 확인하 세요.

처음에는 복잡해 보일 수 있지만 꼭 반복해서 입 밖으로 소리 내어 연습해 주세요! 그래야 실전에서 대화할 때 동사가 바뀌는 부분에서 막히지 않아요.

3인칭 단수 주어의 현재 시제 일반동사 변형 규칙		
조건	변형 방법	예시
동사가 -s, -x, -sh, -ch, -o로 끝나는 경우	-es 붙이기	watch → watch**es** go → go**es** fix → fix**es**
동사가 자음 + y로 끝나는 경우	y를 i로 바꾸고 -es 붙이기	study → stud**ies** carry → carr**ies** try → tr**ies**
동사가 모음 + y로 끝나는 경우	-s만 붙이기	play → play**s** enjoy → enjoy**s** say → say**s**

😺 일반동사 현재 시제 쓰기

지금까지 현재 시제라는 말이 여러 번 나왔죠? 일반동사에서 현재 시제는 **동사에 아무 것도 붙지 않거나** 3인칭 단수일 때 **-s나 -es가 붙은 형태**를 말해요. 그리고 현재 시제는 다음과 같은 상황일 때 쓰입니다.

모두가 다 아는 일반적인 사실일 때

Water **boils** at 100 degrees Celsius. 물은 100도에서 끓어요.

어제도 하고 오늘도 하고 내일도 하는 반복적인 행동, 습관을 나타낼 때

I **go** to work every day. 나는 매일 회사에 갑니다.

정해진 일정을 표현할 때

The train **leaves** at 8 AM. 기차는 오전 8시에 출발합니다.

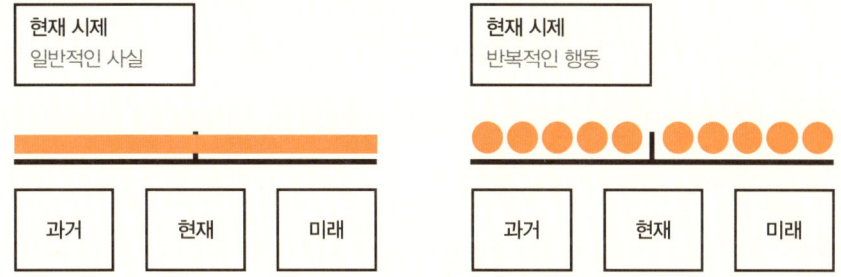

다음을 일반동사 3인칭 현재 시제로 바꿔 보세요.

MP3 004-1 정답 p. 285

1 I go(가다) → She _____

2 I do(하다) → My brother _____

3 I have(가지다) → Emily _____

4 I study(공부하다) → My teacher _____

5 I try(시도하다) → David _____

6 I fly(날다) → The bird _____

7 I watch(보다) → He _____

8 I fix(고치다) → My dad _____

9 I teach(가르치다) → Sarah _____

10 I play(놀다, 연주하다) → Jack _____

11 I say(말하다) → My friend _____

12 I buy(사다) → Emma _____

13 I cry(울다) → The baby _____

14 I enjoy(즐기다) → Daniel _____

15 I eat(먹다) → My sister _____

16 I like(좋아하다) → The student _____

17 I need(필요하다) → He _____

18 I make(만들다) → Sophia _____

19 I wash(씻다) → Tom _____

1 **She** studies English every day. 그녀는 매일 영어 공부를 해요.

주어를 I로
_____

2 **They** play soccer on weekends. 그들은 주말마다 축구를 해요. on weekends – 주말마다

주어를 Tom으로
_____

3 **My mom** always sings when **she** does chores.
우리 엄마는 집안일을 할 때 항상 노래를 부르세요. do chores – 집안일을 하다

주어를 You로
_____

4 **We** go to the gym three times a week. 우리는 일주일에 세 번 헬스장에 가요.
three times a week – 일주일에 세 번

주어를 She로
_____

5 **The sun** rises in the east. 해는 동쪽에서 뜨지요.

주어를 Stars(별들)로
_____

6 **The teacher** teaches math and science. 그 선생님은 수학과 과학을 가르치세요.

주어를 I로
_____

7 **I** brush **my** teeth twice a day. 나는 하루에 두 번 이를 닦아요. twice a day – 하루에 두 번

주어를 We로,
my를 our로
_____

8 **The cat** sleeps on the sofa. 그 고양이는 소파에서 자요.

주어를 The dogs(그 개들)로
_____

9 **He** drives to work every morning. 그는 매일 아침 운전해서 출근해요.

주어를 You로
_____

10 **They** visit **their** grandparents every Sunday.
그들은 매주 일요일마다 조부모님을 찾아봬요. visit – 방문하다 grandparents – 조부모

주어를 Jessica로,
their를 her로
_____

나 공부 안 해.

UNIT 5

일반동사 현재형 부정문 만들기

MP3 005-0

이번에는 일반동사를 활용해 부정문 만드는 방법을 알아볼게요. 부정문은 딱 2가지 형태만 기억하시면 됩니다.

일반동사 현재형 부정문: does not + 일반동사

주어가 3인칭 단수(그/그녀/그것, He, She, It, That 등)일 때 일반동사의 부정문은 does를 짝꿍으로 사용해요. 그래서 does 뒤에 not을 붙여서 does not을 동사 앞에 놓으면 됩니다. does not을 줄여서 doesn't로 씁니다.

She runs. 그녀는 뛰어. → She **doesn't** run. 그녀는 뛰지 않아.

He sings. 그는 노래해. → He **doesn't** sing. 그는 노래하지 않아.

Tom studies. 톰은 공부해. → Tom **doesn't** study. 톰은 공부하지 않아.

일반동사 현재형 부정문: do not + 일반동사

주어가 1인칭인 나(I)와 우리(we), 2인칭인 너(you), 그 외 3인칭 복수형(they, friends 등)일 때 일반동사의 부정문 짝꿍은 do 뒤에 not을 붙인 do not입니다. 이 do not을 동사 앞에 붙여 주면 됩니다. do not은 줄여서 don't로 사용하는데, 줄이지 않고 do not을 쓸 때는 부정을 더 강조하면서 말하는 느낌을 줄 수 있습니다.

I study. 나 공부해. → I **don't** study. 나 공부 안 해.

They run. 그들은 뛰어. → They **don't** run. 그들은 뛰지 않아.

You sing. 너는 노래해. → You **don't** sing. 너는 노래하지 않아.

I **study** English. 나 영어 공부 해. → I **don't study** English. 나 영어 공부 안 해.

*동사 앞에 **don't**만 쏙 넣어 주기

중요

don't, doesn't 뒤에는 항상 동사의 원형 형태가 와야 해요!

She studies. 그녀는 공부해요.

→ She doesn't study. (o) 그녀는 공부하지 않아요.

She doesn't studies. (x)

She drinks coffee. 그녀는 커피를 마셔요.

→ She doesn't drink coffee. (o) 그녀는 커피를 마시지 않아요.

She doesn't drinks coffee. (x)

She **drinks** coffee. → She **doesn't drink** coffee.

1) 동사 앞에 **doesn't**만 쏙 넣어 주기
2) 동사는 항상 원래 형태로 쓰기

일반동사 한눈에 정리

주어	부정문 형태	긍정문	부정문
1인칭, 2인칭, 3인칭 복수형 (I, We, You, They 등)	<u>do not</u> + 동사원형 (= don't)	I study.	I don't study.
		You study.	You don't study
		We study.	We don't study.
		They study.	They don't study.
3인칭 단수 (He, She, It, Tom 등)	<u>does not</u> + 동사원형 (= doesn't)	She drinks coffee.	She doesn't drink coffee.
		He drinks coffee.	He doesn't drink coffee.
		Tom drinks coffee.	Tom doesn't drink coffee.

빠른 문법 체크

다음 주어진 표현을 부정문으로 바꾸세요. MP3 005-1 정답 p. 285

1   I practice. 나는 연습해요. → _____

2   He wants. 그는 원해요. → _____

3   She likes. 그녀는 좋아해요. → _____

4   We need. 우리는 필요해요. → _____

5   Tom plays. 톰은 놀아요. → _____

6   They work. 그들은 일해요. → _____

7   My brother helps. 내 남동생은 도와줘요. → _____

8   I eat. 나는 먹어요. → _____

9   She studies. 그녀는 공부해요. → _____

10 We watch. 우리는 봐요. → _____

11 He goes. 그는 가요. → _____

12 They drink. 그들은 마셔요. → _____

13 Emily sings. 에밀리는 노래해요. → _____

14 I take. 나는 가져가요. → _____

15 You listen. 당신은 들어요. → _____

16 The baby cries. 그 아기는 울어요. → _____

17 He writes. 그는 글을 써요. → _____

18 She reads. 그녀는 읽어요. → _____

19 We run. 우리는 달려요. → _____

20 Ian teaches. 이안은 가르쳐요. → _____

1 I don't like spicy food. 저는 매운 음식을 좋아하지 않아요.

주어를 He로
_____

2 She doesn't speak Spanish fluently. 그녀는 스페인어를 유창하게 못해요.
fluently – 유창하게

주어를 You로
_____

3 They don't live in Seoul anymore. 그들은 이제 서울에 안 살아요.

주어를 I로
_____

4 He doesn't go to the gym regularly. 그는 헬스장에 규칙적으로 가지는 않아요.
regularly – 정기적으로

주어를 They로
_____

5 We don't watch TV every day. 우리는 매일 TV를 보지는 않아요.

주어를 She로
_____

6 The store doesn't open on Sundays. 그 가게는 일요일에는 문을 안 열어요.

주어를 The stores(그 가게들)로
_____

7 I don't drink coffee after 6 PM. 나는 저녁 6시 이후로는 커피를 안 마셔요.

coffee를 tea(차)로
_____

8 She doesn't eat meat. 그녀는 고기를 안 먹어요.

주어를 I로
_____

9 He doesn't know how to swim. 그는 수영할 줄 몰라요.   how to + 동사원형 – ～하는 법

주어를 I로
_____

10 She doesn't like to wear makeup. 그녀는 화장하는 걸 안 좋아해요.
wear makeup – 화장하다

주어를 They로
_____
*put on makeup은 화장을 하는 행위를, wear makeup은 화장을 하고 있는 상태를 나타낸다.

주어진 한국어 뜻을 참고하여 부정문을 완성하세요　　MP3 005-3　정답 p. 286

1　**I practice every day.** 나는 매일 연습해요.

나는 매일 연습하지 않아요.

2　**He wants a new phone.** 그는 새 휴대폰을 원해요.

그는 새 휴대폰을 원하지 않아요.

3　**She likes ice cream.** 그녀는 아이스크림을 좋아해요.

그녀는 아이스크림을 좋아하지 않아요.

4　**We need more time.** 우리는 시간이 더 필요해요.

우리는 시간이 더 필요하지 않아요.

5　**Tom plays soccer on Saturdays.** Tom은 토요일마다 축구를 해요.

Tom은 토요일마다 축구를 하지 않아요.

6　**My brother helps me with my homework.** 남동생은 내 숙제를 도와줘요.

남동생은 내 숙제를 도와주지 않아요.

7　**I eat breakfast every morning.** 나는 매일 아침 아침밥을 먹어요.

나는 매일 아침 아침밥을 먹지 않아요.

8　**She studies English at school.** 그녀는 학교에서 영어를 공부해요.

그녀는 학교에서 영어를 공부하지 않아요.

9　**He goes to the gym on Sundays.** 그는 일요일마다 헬스장에 가요.

그는 일요일마다 헬스장에 가지 않아요.

10　**They drink coffee in the morning.** 그들은 아침에 커피를 마셔요.

그들은 아침에 커피를 마시지 않아요.

실생활 대화문
(001 ~ 005)

다음 대화문을 다음과 같이 공부하세요.

1단계 큰 소리로 두 번 읽는다.
2단계 음원을 두 번 듣고 원어민 발음을 확인한다.
3단계 한 번은 A가 되었다가 한 번은 B가 되어 연습한다.

대화 1　　**1단계 체크** ☐ ☐　　**2단계 체크** ☐ ☐　　**3단계 체크** ☐ ☐

Lisa　Hey Tom, do you cook dinner on weekdays?
톰, 평일에는 저녁 만들어 먹어?

Tom　Sometimes. I usually order food because I don't like cooking after work.
가끔은. 보통 퇴근하고 나서는 요리하기 싫어서 시켜 먹어.

Lisa　I see. Do you want to try a new recipe together tomorrow?
그렇구나. 내일 같이 새로운 레시피 도전해 볼래?

Tom　That sounds fun, but I don't have many ingredients at home.
재밌겠다. 근데 집에 재료가 별로 없어.

Lisa　No worries! I'll bring everything. What do you think?
걱정하지 마! 내가 다 가져갈게. 어때?

Tom　Perfect! See you tomorrow after work.
좋아! 내일 퇴근하고 보자!

---

cook dinner 저녁을 요리하다　　on weekdays 평일에　　order food 음식을 주문하다, 시켜 먹다　　after work 퇴근 후
try a new recipe 새로운 레시피를 시도하다　　That sounds fun. (상대방의 제안에) 재밌겠다.
have ingredients 재료를 가지고 있다　　bring everything 모든 것을 가져오다
What do you think? (제안을 하고서) 어떻게 생각해? 어때?

톰은 애플에서 일해요?

일반동사 의문문 만들기

MP3 006-0

be동사를 이용해 의문문을 만들 때는 주어(주인공)와 be동사(짝꿍)의 위치만 쏙 바꿔 주었습니다. 이번에는 일반동사 현재형 의문문을 만들어 볼까요?

일반동사 현재형 의문문: Does + 문장 ~? (문장의 주어가 3인칭 단수일 때)

3인칭 단수 주어(he, she, it, Tom 등)일 경우 문장 앞에 Does를 붙이고, 동사는 원형으로 돌아갑니다.

He **studies** Spanish. 그는 스페인어를 공부해요.

→ **Does** he **study** Spanish? 그는 스페인어를 공부해요?

Tom **works** for Apple. 톰은 애플에서 일해요.

→ **Does** Tom **work** for Apple? 톰은 애플에서 일해요?

He **studies** Spanish. → **Does** he **study** Spanish? (studies에서 'ies'를 뺀 원래 형태 study)

*의문문은 Does를 문장 맨 앞에! 부정문은 does not을 동사 앞에!

중요

의문문에서 일반동사는 무조건 원래 기본 형태(동사원형)로 되돌아갑니다!

studies → study   works → work   goes → go

일반동사 현재형 의문문: Do + 문장 ~? (문장의 주어가 3인칭 단수 이외일 때)

3인칭 단수를 제외한 I, you, we, they 등 나머지는 모두 Do를 앞에 붙입니다!

They **drink** coffee every day. 그들은 매일 커피를 마셔요.

→ **Do** they **drink** coffee every day? 그들은 매일 커피 마셔요?

You **go** to school by bus. 넌 버스 타고 학교 가는구나.

→ **Do** you **go** to school by bus? 넌 버스 타고 학교 가?

They **drink** coffee every day. → **Do** they **drink** coffee every day?

*문장 앞에 do만 붙여 주면 끝!

일반동사 의문문 만들기 한눈에 정리

예시 (평서문)		주어 유형	예시 (의문문)
You study.	Do	1인칭, 2인칭, 복수형 (I, we, you, they 등)	Do you study?
They run.			Do they run?
She studies.	Does	3인칭 단수 (he, she, it, that 등)	Does she study?
Your friend runs.			Does your friend run?

PRACTICE 1 빠른 문법 체크

다음 표현을 의문문으로 바꾸세요.

MP3 006-1 정답 p. 286

1 I want. 나는 원해요. _____

2 He swims. 그는 수영해요. _____

3 She likes coffee. 그녀는 커피를 좋아해요. _____

4 We need help. 우리는 도움이 필요해요. _____

5 Logan plays soccer. 로건은 축구를 해요. _____

6 They work here. 그들은 여기서 일해요. _____

7 I eat vegetables. 나는 채소를 먹어요. _____

1 **Do you drink coffee in the morning?** 너 아침에 커피 마셔?

주어를 Jessica로
_____

2 **Does she speak English fluently?** 그녀가 영어를 유창하게 해?
fluently – 유창하게

주어를 they로
_____

3 **Do they live in Seoul?** 그들이 서울에 살아?

주어를 she로
_____

4 **Does he work at a bank?** 그가 은행에서 일해?   work at ... – ~에서 일하다
주어를 your friends
(네 친구들)로
_____

5 **Do you like sweets?** 너 단 음식 좋아해?   sweets – 단 것, 사탕

주어를 Tom으로
_____

6 **Does she enjoy traveling abroad?** 그녀가 해외 여행을 즐기나?
enjoy traveling – 여행하는 것을 즐기다   abroad – 해외에서

주어를 you로
_____

7 **Does the restaurant serve breakfast?** 그 식당에서 아침 식사 제공해?
serve – 제공하다, 봉사하다

주어를 the hotels
(그 호텔들)로
_____

8 **Does she often talk about her past?** 그녀가 자주 과거 얘기해?
talk about – ~에 대해 이야기하다

주어를 your parents
(너희 부모님)으로, her를 their로
_____

9 **Does he know how to swim?** 그가 수영할 줄 알아?
how to + 동사원형 – ~하는 법

주어를 they로
_____

10 **Do they often go to the movies?** 그들은 자주 영화 보러 가?
go to the movies – 영화 보러 가다

주어를 I로
_____

1　Do you drink coffee in the morning?

의문문: 넌 아침에 커피 마셔?

_____

평서문: 너는 아침에 커피를 마시는구나.

_____

부정문: 너는 아침에 커피를 안 마시는구나.

_____

2　Do they live in Seoul?

의문문: 그들은 서울에 살아?

_____

평서문: 그들은 서울에 살아.

_____

부정문: 그들은 서울에 살지 않아.

_____

3　Do you like spicy food?

의문문: 너 매운 음식 좋아해?

_____

평서문: 너 매운 음식 좋아하는구나.

_____

부정문: 너 매운 음식 안 좋아하는구나.

_____

4　Does he work at a bank?

의문문: 그가 은행에서 일해?

_____

평서문: 그는 은행에서 일해.

_____

부정문: 그는 은행에서 일하지 않아.

_____

너는 왜 영어 공부해?

[의문사 + 의문문]으로 마음껏 물어보기

`MP3 007-0`

이번에는 육하 원칙이라고도 하는 who(누가, 누구를), where(어디에서), when(언제), what(무엇이, 무엇을), how(어떻게), why(왜)와 이 외에 추가적인 의문사들을 활용하여 궁금한 것을 질문하는 방법을 알아보겠습니다.

우리말에서도 "너 영어 공부해?(Do you study English?)"라는 질문에 "언제 영어 공부해?", "어디서 영어 공부 해?", "왜 영어 공부 해?"처럼 더 구체적으로 질문하고 싶을 때 "언제, 어디서, 왜" 등을 앞에 붙이듯, 영어도 똑같이 의문문 앞에 이러한 의문사들을 붙여 주기만 하면 됩니다. 이렇게 의문사가 붙는 의문문을 wh-의문문이라고 하지요. how 빼고는 다 wh-로 시작하니까요.

🐱 Wh-의문문: 문장 앞에 의문사만 붙이면 만사 끝!

지금까지 배웠던 의문문 앞에 의문사만 붙여 주세요. 더 구체적인 의미가 됩니다.

Why / When / Where / How + do you study English?
(왜 / 언제 / 어디서 / 어떻게) + 너는 영어 공부해?

영어 회화에서 많이 쓰이는 의문사는 다음과 같습니다.

의문사	뜻	의문사	뜻
What	무엇이, 무엇을	How many	얼마나 많은 (셀 수 있는 명사의 수를 물을 때)
Who	누가, 누구를	How much	얼마나 많은 (셀 수 없는 명사의 양를 물을 때)
Where	어디에서	How often	얼마나 자주 (횟수)
When	언제	How long	얼마나 오래 (기간)
Why	왜	How far	얼마나 멀리 (거리)
How	어떻게	How old	몇 살
Which	어느 것 (선택지 중에서)	What time	몇 시에
Whose	누구의 (소유를 물을 때)	What kind of	어떤 종류의 (뒤에 명사가 위치)

UNIT 6에서 배웠던 의문문 맨 앞에 의문사를 붙여 주기만 하면 되니, 입에 익을 때까지 반복적으로 함께 연습해 보아요!

빠른 문법 체크

다음 문장을 먼저 의문문으로 바꾸고, 주어진 의문사를 넣어 의문문을 완성하세요.　MP3 007-1　정답 p. 287

1 They study. 그들은 공부해요.

그들은 공부해요? _____

그들을 무엇을 공부해요? _____ (What)

2 Jessica runs. 제시카는 달려요.

제시카는 달려요? _____

제시카는 왜 달려요? _____ (Why)

3 You swim. 너는 수영하는구나.

너는 수영하니? _____

너는 얼마나 자주 수영해? _____ (How often)

4 I sleep. 나는 자.

내가 잔다고? _____

내가 얼마나 오래 자냐고? _____ (How long)

5 We wake up. 우리는 (잠에서) 일어나.

우리가 일어나냐고? _____

언제 우리가 일어나냐고? _____ (When)

6 You like. 너희들은 좋아하는구나.

너희들은 좋아하니? _____

너희들은 누구를 좋아하니? _____ (Who)

7 Tom eats. 톰은 먹어.

톰은 먹니? _____

톰은 얼마나 많이 먹니? _____ (How much)

8 You read. 너는 읽는구나.

너는 읽니? _____

너는 얼마나 많은 책을 읽니? _____ (How many books)

1　When do you usually wake up? 보통 언제 일어나? 　wake up – 일어나다, 깨다

주어는 she로
_____

2　How often do you exercise? 운동 얼마나 자주 해?

의문사를 When으로
_____

3　What time does the movie start? 영화 몇 시에 시작해?

의문사를 When으로
_____

4　Why are you learning English? 너는 왜 영어를 배우고 있어?

의문사를 How로
_____

5　How much does this book cost? 이 책 얼마야? 　cost – 비용이 들다; 비용

주어를 those cookies
(저 과자들)로
_____

6　How many siblings do you have? 형제자매가 몇 명이야?

주어를 Thomas로
_____

7　How often do you eat out? 외식 얼마나 자주 해?

주어를 I 로
_____

8　How long does it take to get to the airport? 공항까지 가는 데 얼마나 걸려?
How long does it take to + 동사원형 ~? – ~하는 데 얼마나 걸려? 　get to 도착하다

the airport를
the subway station(지하철역)으로
_____

9　What do you usually do on weekends? 주말에 보통 뭐 해? 　on weekends – 주말에
의문사 What을 Who로,
두 번째 do를 meet(만나다)로
_____

10　How many languages do you speak? 몇 개 언어를 해?
주어를 the students
(그 학생들)로
_____

다음 대표 문장을 해석을 보고 다양하게 바꿔 말하고 써 보세요.
음원 파일을 듣고 정답을 확인해 보세요.

MP3 **007-3** 정답 p. 287

1 When do you usually wake up?

의문문: 보통 몇 시에 일어나세요?

_____

평서문: 보통 7시에 일어나시네요. (at 7 AM)

_____

부정문: 보통 일찍 일어나지는 않으시네요. (early)

_____

2 How often do you exercise?

의문문: 얼마나 자주 운동하세요?

_____

평서문: 자주 운동하시는군요. (often)

_____

부정문: 자주 운동하지는 않으시네요.

_____

3 How many languages do you speak?

의문문: 몇 개 언어를 구사하세요?

_____

평서문: 많은 언어를 구사하시는군요.

_____

부정문: 많은 언어를 구사하지는 않는군요.

_____

4 Why are you angry?

의문문: 왜 화가 나 있어요?

_____

평서문: 당신, 화가 나 있군요.

_____

부정문: 당신, 화나 있지 않네요.

_____

나 일하는 중이에요.

말하는 순간에 하고 있는 일 말하기 (현재진행형)

MP3 008-0

현재진행형은 지금 이 순간 일어나고 있는 동작이나 지속되고 있는 행동을 나타낼 때 사용하는 표현입니다. 이 패턴에서는 [주어 + be동사 + V-ing 형태]로 동사를 변형해요. 간단하게 말해서, **무언가를 "하고 있는 중"**이라는 의미를 전달할 때 쓰입니다.

🐱 현재진행형: 주어 + be동사 현재형(am/are/is) + 동사-ing

I am working.

나는 일하고 있는 중이에요.

She is running.

그녀는 뛰는 중이에요.

They are eating dinner.

그들은 저녁을 먹는 중이에요.

현재 진행형 시제
지금 일어나고 있는 일

| 과거 | 현재 | 미래 |

＊현재진행형의 부정문과 의문문

어렵지 않아요. be동사 뒤에 **not**을 쓰고, 주어 앞에 **be동사**를 두어서 만듭니다.

She **is not running.** 그녀는 뛰고 있지 않아요.

Is she **running**? 그녀는 뛰고 있나요?

한눈에 정리: 동사에 -ing 붙이는 규칙

일반적인 동사	동사에 -ing 붙이기	work → work**ing** talk → talk**ing**
동사가 **e**로 끝나는 경우	e를 빼고 -ing 붙이기	mak**e** → mak**ing** tak**e** → tak**ing**
한 음절이 [자음 + 모음 + 자음]으로 끝나는 동사	마지막 자음을 한 번 더 쓰고 -ing 를 붙이기	run → run**ning** sit → sit**ting**

＊ 이 동사 변화들을 자주 사용하면서 변화 형태가 눈에 익숙해지고 입에 익숙해지는 방법이 제일 좋습니다.

다음 표현을 현재진행형으로 바꾸세요.　　　　　　　MP3 008-1　정답 p. 287

1 **I go.** 나는 가요.

_____ . 나는 가고 있어요.

2 **He eats.** 그는 먹어요.

_____ . 그는 먹고 있어요.

3 **She studies.** 그녀는 공부해요.

_____ . 그녀는 공부하고 있어요.

4 **We watch TV.** 우리는 TV를 봐요.

_____ . 우리는 TV를 보고 있어요.

5 **Jacob runs.** 제이콥은 달려요.

_____ . 제이콥은 달리고 있어요.

6 **They play soccer.** 그들은 축구를 해요.

_____ . 그들은 축구를 하고 있어요.

7 **My brother sleeps.** 남동생은 자요.

_____ . 남동생은 자고 있어요.

8 **I read a book.** 나는 책을 읽어요.

_____ . 나는 책을 읽고 있어요.

9 **She listens to music.** 그녀는 음악을 들어요.

_____ . 그녀는 음악을 듣고 있어요.

10 **We write a letter.** 우리는 편지를 써요.

_____ . 우리는 편지를 쓰고 있어요.

11 **They talk on the phone.** 그들은 전화로 이야기해요.

_____ . 그들은 전화로 이야기하고 있어요.

12 **Sophia waits for the bus.** 소피아는 버스를 기다려요.

_____ . 소피아는 버스를 기다리고 있어요.

13 **I cook dinner.** 나는 저녁을 요리해요.

_____ . 나는 저녁을 요리하고 있어요.

다음 문장을 큰소리로 읽고, 지시문에 맞춰 말하고 써 보세요.
음원 파일을 듣고 답변을 확인해 보세요.

MP3 008-2   정답 p. 288

1   I'm heading out for lunch. 점심 먹으러 나가는 중이야.   head out – 나가다, 출발하다

주어를 My boss(내 상사)로
_____

2   I'm working from home these days. 요즘 재택근무하고 있어.
work from home – 재택근무하다   these days – 요즘에

주어를 My husband
(내 남편)로
_____

3   It's raining heavily outside. 밖에 비가 많이 오고 있어요.   rain heavily – 비가 많이 오다
raining을 snowing
(눈 오는)으로
_____

4   She's cooking dinner. 그녀는 저녁을 만들고 있어요.

주어를 Her parents
(그녀의 부모님)로
_____

5   They're binge-watching a new Netflix series.
그들이 넷플릭스 새 시리즈를 몰아 보고 있어.   binge-watch – (주로 TV 프로그램이나 영화를) 몰아서 보다

주어를 He로
_____

6   I'm charging my phone. 나 휴대폰 충전하고 있어.   charge one's phone – 휴대폰을 충전하다
주어를 My dad(우리 아빠)로,
my를 his로
_____

7   She's putting on makeup. 그녀는 화장하고 있어.   put on makeup – 화장하다

주어를 You로
_____

8   They're taking selfies. 그들은 셀카 찍고 있어.   take selfies – 셀카를 찍다

주어를 My friends(내 친구들)로
_____

9   She's reading a book in the library. 그녀는 도서관에서 책을 읽고 있어요.
read a book – 책을 읽다

주어를 I로
_____

10   We're listening to music while working. 우리는 일하면서 음악을 듣고 있어요.
listen to music – 음악을 듣다   while 동사-ing – ~하면서

주어를 They로
_____

1 It's raining heavily outside.

평서문: 밖에 비가 많이 오고 있어요.

의문문: 밖에 비가 많이 오고 있나요?

부정문: 밖에 비가 많이 오고 있지 않아요.

2 She's cooking dinner.

평서문: 그녀는 저녁을 만들고 있어요.

의문문: 그녀는 저녁을 만들고 있나요?

부정문: 그녀는 저녁을 만들고 있지 않아요.

3 I'm charging my phone.

평서문: 나 휴대폰 충전하고 있어.

의문문: 내가 휴대폰 충전하고 있냐고요?

당신 휴대폰 충전하고 있나요?

부정문: 나 휴대폰 충전하고 있지 않아.

4 She's putting on makeup.

평서문: 그녀는 화장하고 있어요.

의문문: 그녀는 화장하고 있나요?

부정문: 그녀는 화장하고 있지 않아요.

영어가 지루해. 나 피곤해.

V-ing, V-ed로 마음과 감정 표현하기

MP3 009-0

앞에서 '동작을 하고 있는 상태'를 나타낼 때 일반동사에 -ing를 붙여 현재진행형으로 사용했습니다. 이번에는 감정이나 상태를 나타내는 동사에 -(e)d를 붙인 형태와 -ing 형태를 사용하는 법을 배워 볼 거예요. 이렇게 동사에 -(e)d를 붙이는 걸 어려운 말로 과거분사, -ing를 붙이는 걸 현재분사라고 한다는 것, 참고로 알아두세요.

주어 + be동사 + 감정·상태동사-(e)d: 주어가 감정을 느끼는 상태

tire(피곤하게 하다)라는 동사가 있어요. 그런데 내가 일을 많이 해서 피곤함을 느끼는 상태가 되었어요. 이때는 "I am tire**d**.(나는 피곤하다.)"라고 표현할 수 있어요.
bore(지루하게 하다)라는 동사가 있어요. 그런데 할 일도 없고 그래서 내가 지루해졌어요. 이때는 "I'm bore**d**.(난 지루해.)"라고 표현할 수 있습니다. 내가 어떤 (감정) 상태가 된 것을 -ed 형태로 표현하는 거예요.

주어 + be동사 + 동사-ing: 주어가 감정을 발생시키는 상태

예를 들어, 영화가 사람들을 지루하게 할 수 있어요. 사람들에게 지루함을 발생시키는 상태인 거지요? 그럴 때는 동사에 -ing를 붙여서 "The movie is bor**ing**.(그 영화는 지루해.)" 으로 표현할 수 있습니다.

-ed 주어가 그 감정을 느낄 때 **I'm tired.** 나는 피곤해	-ing 주어가 그 감정을 불러일으킬 때 **He's tiring** 그는 사람들을 피곤하게 해.

"나 피곤해"를 말할 때 I'm tired를 써야 하는데, I'm tiring을 쓰게 되면 내가 피곤한 게 아니라 내가 주변 사람들을 피곤하게 만드는 사람이라는 뜻이 되기 때문에 의미가 확 바뀌어 버립니다!

[감정·상태동사-ed]는 주어(주인공)가 어떤 감정을 느끼고 있다는 것을, [감정·상태동사 -ing]는 주어(주인공)가 다른 대상에게 그 감정을 주는 상황을 나타냅니다.

다음 표현을 -ed 혹은 -ing형으로 바꾸세요.　　　MP3 009-1　정답 p. 288

1　**tired** 피곤한　＿＿＿＿＿＿＿＿＿＿＿　피곤하게 하는

2　**boring** 지루하게 하는　＿＿＿＿＿＿＿＿＿＿＿　지루해진

3　**exciting** 신나게 하는　＿＿＿＿＿＿＿＿＿＿＿　신이 난

4　**embarrassing** 창피/민망하게 하는　＿＿＿＿＿＿＿＿＿＿＿　창피한, 민망한, 당황한

5　**worried** 걱정하는　＿＿＿＿＿＿＿＿＿＿＿　걱정하게 하는

6　**interesting** 흥미롭게 하는　＿＿＿＿＿＿＿＿＿＿＿　관심 있는

7　**disappointing** 실망스럽게 하는　＿＿＿＿＿＿＿＿＿＿＿　실망한

8　**satisfying** 만족스럽게 하는　＿＿＿＿＿＿＿＿＿＿＿　만족한

9　**touching** 감동한　＿＿＿＿＿＿＿＿＿＿＿　감동받은

10　**amazed** 놀란　＿＿＿＿＿＿＿＿＿＿＿　놀라운

11　**confusing** 혼란스럽게 하는　＿＿＿＿＿＿＿＿＿＿＿　혼란스러운

12　**frustrated** 좌절한　＿＿＿＿＿＿＿＿＿＿＿　좌절감을 주는

13　**shocking** 충격적인　＿＿＿＿＿＿＿＿＿＿＿　충격받은

14　**annoying** 짜증나게 하는　＿＿＿＿＿＿＿＿＿＿＿　짜증난

15　**depressing** 우울하게 하는　＿＿＿＿＿＿＿＿＿＿＿　우울한

16　**terrifying** 무섭게 하는　＿＿＿＿＿＿＿＿＿＿＿　겁에 질린

17　**astonishing** 깜짝 놀라게 하는　＿＿＿＿＿＿＿＿＿＿＿　깜짝 놀란

18　**fascinating** 매료시키는　＿＿＿＿＿＿＿＿＿＿＿　매료된

1　I am tired after a long day at work. 직장에서 힘들게 일하고 지쳤어.

　　주어를 She로
___

2　They are excited about their upcoming trip. 그들은 다가오는 여행 때문에 들떠 있어.
　　upcoming trip – 다가오는 여행

　　주어를 We로, their를 our로
___

3　I am relieved that the exam is finally over. 시험이 드디어 끝나서 정말 후련해.
　　I'm relieved – ～라서 후련하다　finally – 마침내, 드디어

　　주어를 You로
___

4　They are worried about their son's health.
　　그들은 아들 건강 때문에 걱정이 이만저만 아니야.

　　주어를 I로,
　　their를 my로
___

5　I'm interested in becoming a firefighter. 전 소방관이 되는 것에 관심이 있어요.
　　be interested in - ～에 관심이 있다

　　주어를 He로
___

6　I am disappointed by his behavior. 그 애 행동에 나 실망했어.
　　behavior – 행동, 태도

　　주어를 You로
___

7　I am satisfied with my new apartment. 새로 이사 온 집이 마음에 쏙 들어.
　　be satisfied with – ～에 만족하다

　　주어를 They로, my를 their로
___

8　I was bored on the bus, so I listened to some music to pass the time. 버스
에서 지루해서 시간을 보내려고 음악을 들었습니다.

　　주어를 She로
___

9　You should call your parents soon. You are worrying them right now. 얼른
부모님께 전화해. 부모님 걱정시키고 있잖아.　worry – 걱정하다, 걱정시키다; 걱정, 염려

　　주어를 I로,
　　your를 my로
___

10　The new restaurant is disappointing; the food isn't good.
새로 생긴 식당 별로야. 음식이 맛이 없어.

　　주어를 The café(그 카페)로,
　　the food를 the coffee(커피)로
___

1 I am interested in becoming a firefighter.

평서문: 나는 소방관이 되는 것에 관심이 있어요.

_____

의문문: 내가 소방관이 되는 것에 관심이 있냐고요?

_____

소방관이 되는 것에 관심이 있나요?

_____

부정문: 나는 소방관이 되는 것에 관심이 없어요.

_____

2 He is disappointed by her behavior.

평서문: 그는 그녀의 행동에 실망했어요.

_____

의문문: 그는 그녀의 행동에 실망했나요?

_____

부정문: 그는 그녀의 행동에 실망하지 않았어요.

_____

3 The movie was boring.

평서문: 영화가 지루했어.

_____

의문문: 영화가 지루했어?

_____

부정문: 영화가 지루하지 않았어.

_____

4 They are excited about their upcoming trip.

평서문: 그들은 다가오는 여행에 들떠 있어요.

_____

의문문: 그들은 다가오는 여행에 들떠 있나요?

_____

부정문: 그들은 다가오는 여행에 들떠 있지 않아요.

_____

UNIT 10 너 왜 (평소와 달리) 착하게 굴어?

be nice와 be being nice의 차이

MP3 010-0

"영어 공부를 한다."는 "I study English."(UNIT 4)로 지금 이 순간 하고 있지 않더라도 평소 습관이나 일상적으로 영어 공부를 하고 있다는 뜻을 전달합니다. 그리고 지금 현재 영어 공부를 하고 있다는 상태를 말하고 싶을 때는 현재진행형을 활용하여 "I'm studying English."(UNIT 8)로 표현이 가능하죠.

She is nice.:
원래 평소에도 착하다는 것을 표현

이 형태 그대로 Diana가 평소에 성격 자체가 항상 착하고, 사람들을 배려할 줄 아는 멋진 사람일 때는 다음과 같이 현재 시제로 표현합니다.

She **is nice** and thoughtful. 그녀는 착하고 배려심이 있어.
(= She is a nice and thoughtful person.)

She is being nice.:
평소와 달리 일시적으로 착하게 구는 것을 표현

원래는 그렇지 않지만 착하게 행동하거나, 일시적으로 착하게 굴고 있다는 느낌을 주고 싶을 때 be동사의 -ing형태인 being을 넣어 주면 그 형용사의 행동을 '지금 하고 있다, 또는 그런 모습을 보이고 있다'라는 의미를 전달할 수 있습니다. 구어체로는 '(일시적으로) ~하게 굴고 있다, ~하게 행동하고 있다'로 사용할 수 있는 것이죠.

Why are you **being** so **rude**? 너 왜 (지금) 무례하게 굴어?
*원래는 그렇지 않는데 갑자기 무례하게 행동하거나 굴고 있다는 것을 표현

이렇게 being을 넣는 표현은 자신의 현재 상태를 강조하여 표현할 때도 사용합니다.

I'm **being honest**! 나는 솔직하게 말하고 있어!
*이야기를 나누고 있는 상대방에게 지금 정말 진실되게 이야기를 하고 있다는 것을 강조

1   They are kind. 그들은 친절해.
_____

그들이 (평소와 달리) 친절하게 구네.

2   You are smart. 너야 똑똑하지.
_____

네가 웬일로 똑똑하게 구냐.

3   He is rude. 그는 무례해.
_____

그가 (평소와 달리) 무례하게 굴고 있어.

4   She is lazy. 그녀는 게을러.
_____

그녀가 (평소와 달리) 게으름을 피우네.

5   We are careful. 우리는 신중해.
_____

우리는 (평소와 달리) 신중하게 행동해.

6   You are annoying. 너 짜증 나.
_____

네가 (평소와 달리) 짜증 나게 굴고 있어.

7   He is funny. 그는 웃겨.
_____

그가 (평소와 달리) 웃기게 행동하네.

8   She is serious. 그녀는 진지해.
_____

그녀가 (평소와 달리) 진지하게 굴고 있네.

9   They are helpful. 그들은 도움이 돼.
_____

그들이 왠일로 도움이 되네.

10   You are selfish. 넌 이기적이야.
_____

네가 (평소와 달리) 이기적으로 굴고 있어.

11   She is shy. 그녀는 수줍음을 타.
_____

그녀가 (평소와 달리) 수줍어하고 있네.

12   He is mean. 그는 못됐어.
_____

그가 (평소와 달리) 못되게 행동하네.

13   We are quiet. 우리는 조용해.
_____

우리는 정말 조용히 굴고 있어.

다음 문장을 큰소리로 읽고, 지시문에 맞춰 말하고 써 보세요.
음원 파일을 듣고 답변을 확인해 보세요.

MP3 010-2 정답 p. 289

1 **The baby** didn't sleep well last night, so **he** is being fussy today.
아기가 어젯밤에 잘 못 자서 오늘 까탈스럽게 굴고 있어요. fussy - 투정부리는, 까탈스러운

주어를 She로
_____

2 **Why is she** being so stubborn? (안 그랬는데) 왜 그녀는 이렇게 고집을 부리는 거야?
stubborn – 고집이 센, 완고한

주어를 You로
_____

3 **The kids** are being too noisy. 아이들이 너무 시끄럽게 굴고 있어요.
noisy – 시끄러운, 소란스러운

주어를 He로
_____

4 **I'm** being very patient right now, so please just listen to **me**.
나 지금 굉장히 참을성 있게 하고 있으니까, 제발 내 말 좀 들어 줘. patient – 참을성 있는, 인내심 있는

주어를 He로,
me를 him으로
_____

5 **He** is being picky about the issue. 그가 그 문제에 까다롭게 굴고 있어요.
picky - 까다로운

주어를 I로
_____

6 **She** is being too strict with the kids. 그녀는 아이들에게 너무 엄격하게 굴고 있어요.
strict with – ~에게 엄격한

주어를 You로
_____

7 **I am** being honest with you. 나는 너에게 솔직하게 말하고 있어.
honest with – ~에게 솔직한

주어를 She로
_____

8 **He** is being rude to the waiter. 그는 웨이터에게 무례하게 굴고 있어요.
rude to – ~에게 무례한

주어를 You로
_____

9 **He** is being quiet today. 그가 오늘은 조용하게 구네요.

주어를 We로
_____

10 **She** is being friendly to the new student.
그녀가 새 학생에게 친절하게 대해 주고 있어요. friendly – 친절한, 다정한

주어를 They로
_____

확장 말하기 훈련

다음 대표 문장을 해석을 보고 다양하게 바꿔 말하고 써 보세요.
음원 파일을 듣고 정답을 확인해 보세요.

MP3 010-3 | 정답 p. 289

1 He is being quiet today.

평서문: 그는 오늘 조용하게 행동하고 있어요.

_____

의문문: 그는 오늘 조용하게 행동하고 있나요?

_____

부정문: 그는 오늘 조용하게 행동하고 있지 않아요.

_____

2 Why is she being so stubborn?

의문문: 왜 그녀는 이렇게 고집을 부리는 거예요?

_____

평서문: 그녀가 그렇게 고집을 부리고 있어요.

_____

부정문: 그녀는 그렇게 고집을 부리고 있지 않아요.

_____

3 The kids are being too noisy.

평서문: 아이들이 너무 시끄럽게 굴고 있어요.

_____

의문문: 아이들이 너무 시끄럽게 굴고 있나요?

_____

부정문: 아이들이 너무 시끄럽게 굴고 있지 않아요.

_____

4 He is being rude to the waiter.

평서문: 그가 웨이터에게 무례하게 굴고 있어요.

_____

의문문: 그가 웨이터에게 무례하게 굴고 있나요?

_____

부정문: 그는 웨이터에게 무례하게 행동하고 있지 않아요.

_____

실생활 대화문
(006 ~ 010)

다음 대화문을 다음과 같이 공부하세요.　　**1단계** 큰 소리로 두 번 읽는다.
　　　　　　　　　　　　　　　　　　2단계 음원을 두 번 듣고 원어민 발음을 확인한다.
　　　　　　　　　　　　　　　　　　3단계 한 번은 A가 되었다가 한 번은 B가 되어 연습한다.

대화 1　　　**1단계 체크** ☐ ☐　　　　　**2단계 체크** ☐ ☐　　　　**3단계 체크** ☐ ☐

Emma　What are you drinking? It smells amazing!
　　　　뭐 마시는 거야? 냄새 진짜 좋다!

Jake　I'm having a caramel latte. Do you want to try it?
　　　　캐러멜 라떼 마시고 있어. 한 모금 마셔 볼래?

Emma　No, thanks. I just had lunch, so I'm too full to try it. Do you usually drink
　　　　coffee in the afternoon?
　　　　아니, 괜찮아. 방금 점심 먹었어. 너무 배불러서 못 마시겠어. 넌 보통 오후에 커피 마셔?

Jake　Not always, but today I needed a little pick-me-up.
　　　　항상은 아니지만, 오늘은 기운 좀 내려고 마셨지.

---

smell amazing 냄새가 정말 좋다　　I just had lunch. 나 방금 점심 먹었어. (여기서 just는 '방금'이라는 뜻으로 쓰여요.)
be too + 형용사 + to 동사원형 너무 ~해서 …할 수 없다
usually 보통, 일반적으로　　pick-me-up 기운을 내게 하는 것, 활력을 주는 것

Jake   Busy day?
바빴어?

Emma   Yeah, back-to-back meetings all morning. I barely had time for lunch.
응, 아침 내내 회의가 계속 있어서 점심도 거의 못 먹었어.

Jake   I know the feeling. I totally skipped lunch.
(비슷한 상황이라서) 어떤 건지 나도 알지. 난 점심을 아예 건너뛰었어.

Emma   That's not good! You should take better care of yourself.
그건 안 되지! 넌 건강 좀 더 챙겨야 해.

Jake   Yeah, I get what you mean. By the way, do you want to grab a sandwich?
They look fresh.
응, 무슨 말인지 알아. 참, 샌드위치 하나 먹을래? 저기 샌드위치 되게 신선해 보여.

Emma   No, I'm good. But maybe I'll get one to-go for later.
괜찮아. 근데 나중에 먹으려고 하나 포장할까 봐.

Jake   Good idea. Let's check out the display together.
좋은 생각이야. 같이 진열대 한번 보러 가자.

---

back-to-back 연이어, 계속되는   barely 거의 ~하지 않다, 가까스로   have time for ... ~할 시간이 있다
totally 완전히, 전적으로   take better care of ... ~를 더 잘 챙기다, 돌보다   by the way 그런데, 그나저나 (화제 전환 시)
to-go 포장용으로   I'm good. (상대방의 제안에) 괜찮아. 난 됐어.

UNIT 11

2022년엔 미혼이었는데, 지금은 결혼했어요.

was/were 짝꿍 찾기

MP3 011-0

'나 (예전엔) 통통했는데, 지금은 날씬해.'처럼 주어의 과거 상태를 나타낼 때가 있죠?
UNIT 1에서 잠깐 다뤘지만, be동사 현재형이 am/is/are이라면, 과거를 나타내기 위해서는 was와 were를 사용합니다.

🐱 be동사의 과거형: is/am → was, are → were

be동사의 과거형은 is와 am은 was로 바꿔 주면 되고, are은 were로 바꿔 주면 끝입니다!
앞에서 연습했던 be동사가 들어가는 그 수많은 문장들을 과거로 말하고 싶을 때, am, are, is를 각각 was, were, was로만 바꿔 주면 되는 거예요. 이 was와 were가 입 밖으로 바로 나올 수 있을 때까지 꼭 연습을 해 주세요.

I **was** single in 2022, but now I **am** married.
2022년엔 미혼이었는데, 지금은 결혼했어요.

They **were** single in 2022, but now they **are** married.
그 사람들, 2022년엔 미혼이었는데, 지금은 결혼했어요.

She **was** single in 2022, but now she **is** married.
그녀가 2022년엔 미혼이었는데, 지금은 결혼했어요.

🐱 be동사 과거형 부정문: was not (= wasn't), were not (= weren't)
be동사 과거형 의문문: Was + 주어 ~?, Were + 주어 ~?

be동사 과거형 was, were가 들어간 문장을 부정문으로 만들 때도 was나 were 뒤에 not 만 넣어 주면 됩니다. 의문문 역시 was, were를 주어 앞에 두면 끝!

I **wasn't** a college student in 2022. 나 2022년에 대학생 아니었어.

Were you a college student in 2022? 너 2022년에 대학생이었니?

다음 문장의 be동사를 과거형으로 바꿔 문장을 만드세요.　　　　MP3 011-1　정답 p. 290

1　**I am interested in that book.** 저 그 책에 관심이 있어요.

　→ _____　저 그 책에 관심 있었어요.

2　**She is tired after work.** 그녀는 퇴근 후에 피곤해요.

　→ _____　그녀는 퇴근 후에 피곤했어요.

3　**They are happy with the results.** 그들은 결과에 만족해요.

　→ _____　그들은 결과에 만족했어요.

4　**He is nervous before the test.** 그는 시험 전에 긴장해요.

　→ _____　그는 시험 전에 긴장했어요.

5　**We are late for the meeting.** 우리는 회의에 늦었어요.

　→ _____　우리는 회의에 늦었었어요.

6　**The food is delicious.** 음식이 너무 맛있어요.

　→ _____　음식이 너무 맛있었어요.

7　**He is busy with work.** 그는 일 때문에 바빠요.

　→ _____　그는 일 때문에 바빴어요.

8　**She is introverted.** 그녀는 내향적이에요.　introverted – 내향적인

　→ _____　그녀는 내향적이었어요.

9　**I am extroverted.** 저는 외향적이에요.　extroverted – 외향적인

　→ _____　저는 외향적이었어요.

다음 문장을 큰소리로 읽고, 지시문에 맞춰 말하고 써 보세요.
음원 파일을 듣고 답변을 확인해 보세요.

MP3 011-2　정답 p. 290

1　**I was a student, but now I'm a teacher.** 난 학생이었지만, 이제는 선생님이에요.

주어를 모두 She로
_____

2　**I was nervous before the presentation.** 발표 전에 긴장했어요.
nervous – 긴장한　presentation – 발표, 프레젠테이션

주어를 They로
_____

3　**I was touched by my friend's thoughtful gesture.**
친구의 사려 깊은 행동에 감동받았어요.　be touched by – ~에 감동하다　thoughtful – 사려 깊은

주어를 He로,
my는 his로
_____

4　**I was a beginner at cooking, but now I'm quite skilled.**
나는 요리 초보자였지만, 이제는 꽤 능숙해요.　quite – 꽤, 상당히　skilled – 숙련된, 능숙한

주어를 모두 You로
_____

5　**They were disappointed with the game results.**
그들은 경기 결과에 실망했어요.　game results – 게임 결과

주어를 I로
_____

6　**We were renters, but now we're homeowners.**
우리는 세입자였지만, 이제는 집주인이에요.　renter – 세입자　homeowner – 주택 소유자, 집주인

주어를 Tom's brothers
(톰의 형제들)로, we're를 they're로
_____

7　**The kitchen in our old apartment was too small for cooking.**
우리 옛날 아파트 주방은 요리하기에 너무 좁았어요.

주어를 The countertops
(주방 조리대)로
_____

8　**They were shocked when they heard the news.**
그들은 그 소식을 듣고 충격을 받았어요.　be shocked – 충격을 받다　hear the news – 소식을 듣다

주어를 I로
_____

9　**I was about to leave when you called.** 네가 전화했을 때 나는 막 떠나려던 참이었어.
be about to – 막 ~하려 하다　leave – 떠나다

I를 She로
_____

10　**The weather was perfect for our picnic.** 소풍 가기에 날씨가 완벽했어요.

현재 시제로
_____

1 **He was nervous before the presentation.**

평서문: 그는 발표 전에 긴장했어요.

_____

의문문: 그는 발표 전에 긴장했나요?

_____

부정문: 그는 발표 전에 긴장하지 않았어요.

_____

2 **The weather was perfect for our picnic.**

평서문: 소풍 가기에 날씨가 완벽했어요.

_____

의문문: 소풍 가기에 날씨가 완벽했나요?

_____

부정문: 소풍 가기에 날씨가 완벽하지 않았어요.

_____

3 **I was touched by my friend's thoughtful gesture.**

평서문: 저는 친구의 배려심 깊은 행동에 감동받았어요.

_____

의문문: 친구의 배려심 깊은 행동에 제가 감동받았냐고요?

_____

부정문: 저는 친구의 배려심 깊은 행동에 감동받지 않았어요.

_____

4 **He was about to leave when you called.**

평서문: 네가 전화했을 때 그는 막 떠나려던 참이었어.

_____

의문문: 네가 전화했을 때 그는 막 떠나려던 참이었어?

_____

부정문: 네가 전화했을 때 그는 막 떠나려던 참이 아니었어.

_____

UNIT 12

매표소에 긴 줄이 있었는데, 이제 없어졌어요.

There was/were ~가 있었어요

MP3 012-0

There is/are은 '어떤 상황이나 ~가 있다'라는 존재를 설명할 때 사용한다고 배웠어요. 그런데 여기에도 be동사가 있네요. 이때 과거형으로 바꿔서 '~가 있었다'라는 뉘앙스를 줄 때는 be동사를 is에서 was로, are에서 were로 바꿔서 표현이 가능합니다.

현재형에서 과거형으로:

There is → There was, There are → There were

보기엔 참 쉬운 표현이지만 막상 회화에서 입밖으로 꺼내기까지는 반복적인 연습이 꼭 필요합니다. 다음 예문들과 함께 반복적으로 연습해 보아요!

There is a long line at the ticket counter.
매표소에 긴 줄이 있네요. (현재 상황)

There was a long line at the ticket counter, but it's gone now.
매표소에 긴 줄이 있었는데, 이제 없어졌어요.

There was/were의 부정문 역시 was, were 뒤에 not을 넣으면 되고요, 의문문은 there 앞에 was, were을 놓아서 만듭니다.

There wasn't an empty seat in the train. 기차에 빈 좌석이 없었어요.
Was there an empty seat in the train? 기차에 빈 좌석이 있었어요?

★★★

영어에서 there은 어떤 것이 존재하거나 특정 장소나 시간에 있었다는 것을 자연스럽게 소개하는 역할을 해요. 어떤 존재 또는 수량, 상황을 설명할 때 아주 유용한 패턴입니다.

다음 문장의 be동사를 과거형으로 바꾸어서 문장을 만드세요.　　　MP3 012-1　정답 p. 290

1　**There is a book on the table.** 탁자 위에 책이 한 권 있어요.

→ _____

탁자 위에 책이 한 권 있었어요.

2　**There is a cat under the sofa.** 소파 밑에 고양이가 한 마리 있어요.

→ _____

소파 밑에 고양이가 한 마리 있었어요.

3　**There are some sandwiches on the plate.** 접시 위에 샌드위치가 몇 개 있어요.

→ _____

접시 위에 샌드위치가 몇 개 있었어요.

4　**There is a strange noise outside.** 밖에서 이상한 소리가 나요.

→ _____

밖에서 이상한 소리가 났어요.

5　**There are children playing in the playground.** 놀이터에서 아이들이 놀고 있어요.

→ _____

놀이터에서 아이들이 놀고 있었어요.

6　**There is a letter for you on the desk.** 책상 위에 당신에게 온 편지가 있어요.

→ _____

책상 위에 당신에게 온 편지가 있었어요.

7　**There is a traffic jam on the highway.** 고속도로에 교통 체증이 있어요.

→ _____

고속도로에 교통 체증이 있었어요.

8　**There are two missed calls on your phone.** 당신 휴대폰에 부재중 전화 두 통이 있어요.

→ _____

당신 휴대폰에 부재중 전화 두 통이 있었어요.

9　**There is an interesting article in the newspaper.** 신문에 흥미로운 기사가 있어요.

→ _____

신문에 흥미로운 기사가 있었어요.

PRACTICE 2 변형 말하기 훈련

다음 문장을 큰소리로 읽고, 현재 시제로 바꿔서 말하고 써 보세요.
음원 파일을 듣고 답변을 확인해 보세요.

MP3 **012-2**   정답 p. 291

1 There **was** a long line at the coffee shop this morning.

오늘 아침 커피숍에 긴 줄이 있었어요.   this morning – 오늘 아침

현재 시제로

---

2 There **were** many people at the park **yesterday**. 어제 공원에 사람들이 많았어요.

현재 시제로, yesterday를
today(오늘)로

---

3 There **were** beautiful flowers in the garden. 정원에 아름다운 꽃들이 있었어요.

현재 시제로

---

4 There **was** a power outage in our neighborhood **last night**.

어젯밤 우리 동네에 정전이 있었어요.   a power outage – 정전   neighborhood – 동네, 근처 지역

현재 시제로, last night을
tonight(오늘 밤)으로

---

5 There **were** too many cars in the parking lot. 주차장에 차가 너무 많았어요.

parking lot – 주차장

현재 시제로

---

6 There **was** a delicious smell coming from the bakery.

빵집에서 맛있는 냄새가 나고 있었어요.

현재 시제로

---

7 There **were** no seats left on the bus. 버스에 남은 자리가 없었어요.

현재 시제로

---

8 There **was** a big sale at the department store **last week**.

지난주 백화점에서 큰 세일이 있었어요.

현재 시제로, last week 대신
this week(이번 주)로

---

9 There **were** many questions after the presentation.

발표 후에 질문이 많았어요.

현재 시제로

---

10 There **were** no clouds in the sky **yesterday**. 어제 하늘에 구름 한 점 없었어요.

현재 시제로,
yesterday를 today(오늘)로

---

1 **There was a long line at the coffee shop this morning.**

평서문: 오늘 아침 커피숍에 긴 줄이 있었어요.

_____

의문문: 오늘 아침 커피숍에 긴 줄이 있었나요?

_____

부정문: 오늘 아침 커피숍에 긴 줄이 없었어요.

_____

2 **There were many people at the park yesterday.**

평서문: 어제 공원에 사람들이 많았어요.

_____

의문문: 어제 공원에 사람들이 많았나요?

_____

부정문: 어제 공원에 사람들이 많지 않았어요.

_____

3 **There was a power outage in our neighborhood last night.**

평서문: 어젯밤 우리 동네에 정전이 있었어요.

_____

의문문: 어젯밤 우리 동네에 정전이 있었나요?

_____

부정문: 어젯밤 우리 동네에 정전이 없었어요.

_____

4 **There were too many cars in the parking lot.**

평서문: 주차장에 차가 너무 많았어요.

_____

의문문: 주차장에 차가 너무 많았나요?

_____

부정문: 주차장에 차가 너무 많지 않았어요.

_____

나 어제 공부했거든.

일반동사의 과거형

MP3 013-0

"어제 뭐 했어?" "TV 봤어!"처럼 이미 지나간 과거 행동을 이야기할 때가 참 많습니다. 'did/worked/studied' 같은 **과거형 동사**는 과거에 이미 끝나서 현재와는 연관이 없는 행동이나 사건을 나타낼 때 쓰여요.

I **studied** yesterday. 나는 어제 공부했다. *어제를 끝으로 오늘과는 연관이 없음.

과거에 지속적으로 했던 일(현재와 관련 없음)

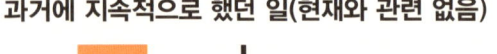

과거	현재	미래

과거에 완료된 일(현재와 관련 없음)

과거	현재	미래

일반동사의 과거형은 다음과 같습니다.

🐱 일반동사 과거형 1: 동사원형에 -(e)d 붙이기

일반동사의 원형에 -(e)d를 붙여서 과거형을 만드는 동사를 규칙동사라고 합니다.

play → play**ed** (놀다 → 놀았다)   cook → cook**ed** (요리하다 → 요리했다)

🐱 일반동사 과거형 2: 각각의 동사 형태를 따로 외우기

-(e)d를 붙여서 과거형을 만들 수 없는 동사를 불규칙 동사라고 해요. 불규칙 동사는 각각의 동사 형태를 따로 외울 수밖에 없답니다.

go → **went** (가다 → 갔다)   make → **made** (만들다 → 만들었다)

have → **had** (가지다, 먹다 → 가졌다, 먹었다)   buy → **bought** (사다 → 샀다)

see → **saw** (보다 → 봤다)   come → **came** (오다 → 왔다)

do → **did** (하다 → 했다)   eat → **ate** (먹다 → 먹었다)

> 일반동사 과거형의 부정문은 [did not (=didn't) + 동사원형], 의문문은 [Did + 주어 + 동사원형 ~?] 형태로 만듭니다.

1 go → went 가다 → 갔다   I _____. 나는 갔다.

2 come → came 오다 → 왔다   She _____. 그녀는 왔다.

3 have → had 가지다 → 가졌다   They _____. 그들은 가졌다.

4 eat → ate 먹다 → 먹었다   We _____. 우리는 먹었다.

5 see → saw 보다 → 보았다   I _____. 나는 보았다.

6 hear → heard 듣다 → 들었다   He _____. 그는 들었다.

7 do → did 하다 → 했다   She _____. 그녀는 했다.

8 catch → caught 잡다 → 잡았다   He _____. 그는 잡았다.

9 take → took 가지고 가다 → 가지고 갔다 I _____. 나는 가져갔다.

10 get → got 얻다 → 얻었다   She _____. 그녀는 얻었다.

11 make → made 만들다 → 만들었다   They _____. 그들은 만들었다.

12 say → said 말하다 → 말했다   He _____. 그는 말했다.

13 tell → told 말해 주다 → 말해 줬다 I _____. 나는 말해 줬다.

14 think → thought 생각하다 → 생각했다 She _____. 그녀는 생각했다.

15 know → knew 알다 → 알았다   He _____. 그는 알았다.

16 find → found 찾다 → 찾았다   They _____. 그들은 찾았다.

17 give → gave 주다 → 주었다   She _____. 그녀는 주었다.

18 write → wrote 쓰다 → 썼다   I _____. 나는 썼다.

19 read → read 읽다 → 읽었다   She _____. 그녀는 읽었다.
    * 발음: [riːd] → [rɛd]

20 speak → spoke 말하다 → 말했다   He _____. 그는 말했다.

21 run → ran 달리다 → 달렸다   They _____. 그들은 달렸다.

22 drive → drove 운전하다 → 운전했다   I _____. 나는 운전했다.

23 ride → rode 타다 → 탔다   She _____. 그녀는 탔다.

24 swim → swam 수영하다 → 수영했다   He _____. 그는 수영했다.

1 I did my homework last night. 어젯밤에 난 숙제를 했어요.
do one's homework – 숙제를 하다

주어를 She로,
my를 her로

---

2 She worked overtime yesterday. 그녀는 어제 야근을 했어요.
work overtime – 초과 근무하다

주어를 They로

---

3 We studied English for two hours. 우리는 2시간 동안 영어를 공부했어요.
for two hours – 두 시간 동안

주어를 I로

---

4 They played soccer in the park. 그들은 공원에서 축구를 했어요.
play soccer – 축구를 하다

주어를 We로

---

5 He cooked dinner for his family. 그는 가족을 위해 저녁을 요리했어요.

주어를 She로,
his를 her로

---

6 I watched a movie with my friends. 친구들과 영화를 봤어요.
watch a movie – 영화를 보다

주어를 You로, my를 your로

---

7 She cleaned her room this morning. 그녀는 오늘 아침에 방을 청소했어요.
clean one's room – 방을 청소하다

주어를 He로, her는 his로

---

8 We visited our grandparents last weekend.
우리는 지난 주말에 조부모님을 찾아뵀어요.
last weekend – 지난 주말

주어를 I로, our를 my로

---

9 He fixed the broken chair. 그는 고장 난 의자를 고쳤어요. fix – 수리하다

주어를 She로

---

10 I bought a new phone yesterday. 난 어제 새 휴대폰을 샀어요. buy – 사다

주어를 He로

다음 대표 문장을 해석을 보고 다양하게 바꿔 말하고 써 보세요.
음원 파일을 듣고 정답을 확인해 보세요.

MP3 013-3   정답 p. 292

1   I did my homework last night.

평서문: 난 어젯밤에 숙제를 했어요.

_____

의문문: 내가 어젯밤에 숙제를 했나요?

_____

당신, 어젯밤에 숙제했어요?

_____

부정문: 난 어젯밤에 숙제를 하지 않았어요.

_____

2   She worked overtime yesterday.

평서문: 그녀는 어제 야근을 했어요.

_____

의문문: 그녀는 어제 야근을 했나요?

_____

부정문: 그녀는 어제 야근을 하지 않았어요.

_____

3   We studied English for two hours.

평서문: 우리는 2시간 동안 영어를 공부했어요.

_____

의문문: 우리는 2시간 동안 영어를 공부했나요?

_____

부정문: 우리는 2시간 동안 영어를 공부하지 않았어요.

_____

4   He fixed the broken chair.

평서문: 그는 고장 난 의자를 고쳤어요.

_____

의문문: 그는 고장 난 의자를 고쳤나요?

_____

부정문: 그는 고장 난 의자를 고치지 않았어요.

_____

UNIT 14 나 운동하고 있었어.

과거진행형

MP3 014-0

UNIT 8에서 공부한 현재진행형이 "지금 밥 먹는 중이야"처럼 말하는 현재 시점에서 하고 있는 일을 묘사한다면, 과거진행형은 **과거의 특정 시점에서 하고 있었던 일을 말할 때** 사용합니다.

 과거 어느 시점에서 하고 있었던 일:
was + 동사-ing, were + 동사-ing

"어제 뭐 했어?(What did you do yesterday?)"와 같은 질문에는 어제라는 큰 범위 내에서 한 일을 말하기 때문에 과거 시제로 말하면 됩니다. "어제 일하고 TV 봤지.(I worked and watched TV.)"처럼 말이죠.

하지만 "어제 내가 전화했을 때 **뭐 하고 있었어?**(What were you doing when I called you?)"라는 질문에는 전화를 걸었던 그 시점에 하고 있었던 일을 말하기 때문에 "네가 전화했을 때 운동하고 있었지!(I was exercising when you called me!)"라고 답변하는 게 자연스럽습니다.

A What did you do yesterday? 어제 뭐 했어?
B I worked and watched TV. 어제 일하고 TV 봤어.

A What **were you doing** when I called you? 어제 내가 전화했을 때 뭐하고 있었어?
B I **was exercising** when you called me! 네가 전화했을 때 운동하고 있었어!

*과거 특정 시점에 하고 있었던 일을 알려 줄 때 사용!

과거진행형의 부정문 역시 was나 were 뒤에 not을 놓아서 만들고, 의문문은 was, were를 주어 앞에 두어서 만듭니다.

I **wasn't studying** when you came. 너 왔을 때 나 공부하는 중 아니었어.
Were you studying when I called you? 내가 전화했을 때 너 공부하는 중이었어?

다음 현재진행형을 과거진행형으로 바꾸어 말해 보세요.   MP3 014-1   정답 p. 292

1 **I am eating.** 나는 먹고 있어요.

→ _____   나는 먹고 있었어요.

2 **She is studying Spanish.** 그녀는 스페인어를 공부하고 있어요.

→ _____   그녀는 스페인어를 공부하고 있었어요.

3 **They are playing soccer.** 그들은 축구를 하고 있어요.

→ _____   그들은 축구를 하고 있었어요.

4 **He is watching TV.** 그는 TV를 보고 있어요.

→ _____   그는 TV를 보고 있었어요.

5 **We are talking on the phone.** 우리는 전화 통화를 하고 있어요.

→ _____   우리는 전화 통화를 하고 있었어요.

6 **You are driving.** 당신, 운전하고 있잖아요.

→ _____   당신, 운전 중이었잖아요.

7 **She is writing a letter.** 그녀는 편지를 쓰고 있어요.

→ _____   그녀는 편지를 쓰고 있었어요.

8 **He is sleeping.** 그는 자고 있어요.

→ _____   그는 자고 있었어요.

9 **I am reading a book.** 나는 책을 읽고 있어요.

→ _____   나는 책을 읽고 있었어요.

10 **They are listening to music.** 그들은 음악을 듣고 있어요.

→ _____   그들은 음악을 듣고 있었어요.

1 I was watching TV when the phone rang. 전화가 울렸을 때 TV를 보고 있었어요.
ring – 전화벨이 울리다; 반지

앞의 주어를 She로

---

2 They were having dinner when I arrived. 내가 도착했을 때 그들은 저녁을 먹고 있었어요.
arrive at / arrive in – ~에 도착하다

앞의 주어를 He로

---

3 She was studying for her exam all night. 그녀는 밤새 시험 공부를 하고 있었어요.
all night – 밤새

주어를 I로,
her를 my로

---

4 He was sleeping when the fire alarm went off.
화재 경보가 울렸을 때 그는 자고 있었어요. go off – 울리다; 폭발하다

앞의 주어를 We로

---

5 I was cooking dinner when the power went out.
정전이 되었을 때 저는 저녁을 만들고 있었어요. power goes out – 전력이 나가다

앞의 주어를 You로

---

6 She was reading a book while waiting for the bus.
그녀는 버스를 기다리면서 책을 읽고 있었어요. wait for ... – ~을 기다리다 while 동사-ing – ~하면서

앞의 주어를 They로

---

7 I was taking a shower when the doorbell rang.
초인종이 울렸을 때 저는 샤워하고 있었어요. take a shower – 샤워하다

앞의 주어를 He로

---

8 They were arguing when I walked into the room.
내가 방에 들어갔을 때 그들은 다투고 있었어요.

앞의 주어를 You로

---

9 I was getting dressed when I heard a loud crash outside.
밖에서 큰 충돌 소리를 들었을 때 저는 옷을 입고 있었어요. get dressed – 옷을 입다

주어를 모두 she로

---

10 The children were playing in the park when it started to rain.
비가 오기 시작했을 때 아이들은 공원에서 놀고 있었어요.

앞의 주어를 The students
(그 학생들)로

1　He was watching TV when the phone rang.

평서문: 전화가 울렸을 때 그는 TV를 보고 있었어.

_____

의문문: 전화가 울렸을 때 그는 TV를 보고 있었어?

_____

부정문: 전화가 울렸을 때 그는 TV를 보고 있지 않았어.

_____

2　They were having dinner when I arrived.

평서문: 내가 도착했을 때 그들은 저녁을 먹고 있었어.

_____

의문문: 내가 도착했을 때 그들은 저녁을 먹고 있었어?

_____

부정문: 내가 도착했을 때 그들은 저녁을 먹고 있지 않았어.

_____

3　He was sleeping when the fire alarm went off.

평서문: 화재 경보가 울렸을 때 그는 자고 있었어.

_____

의문문: 화재 경보가 울렸을 때 그는 자고 있었어?

_____

부정문: 화재 경보가 울렸을 때 그는 자고 있지 않았어.

_____

4　They were arguing when I walked into the room.

평서문: 내가 방에 들어갔을 때 그들은 다투고 있었어.

_____

의문문: 내가 방에 들어갔을 때 그들은 다투고 있었어?

_____

부정문: 내가 방에 들어갔을 때 그들은 다투고 있지 않았어.

_____

나 금요일까지 숙제 끝낼 거야.

will + 동사원형 (즉흥적인 느낌을 살려서!)

MP3 015-0

친구랑 운동을 하는데, 친구가 목이 말라 물을 마시고 싶어 하는 것 같아요. 그때, '내가 물 가져올게.'라고 할 때처럼 어떤 행동을 순간적으로 하겠다는 결심이나 의지를 말할 때가 있잖아요. 이때는 will을 사용해서 표현할 수 있어요. 이 will 뒤에는 주어 상관없이 반드시 동사원형을 씁니다. will을 언제 쓰는지, 크게 네 가지 상황으로 나눌 수 있습니다.

즉흥적인 결정: 어떤 행동을 하기로 순간적으로 결심했을 때

I **will** get some water for you. (운동하다가 갑자기 목이 마를 때) 제가 물 좀 가져올게요.

강한 의지: 무엇을 꼭 하겠다는 의지를 강조할 때

I**'ll** finish the homework by Friday. 나, 금요일까지 숙제를 끝낼 거야!

*will은 'll로 축약해서 쓸 수도 있습니다.

약속: 누군가에게 약속하거나 의지를 나타낼 때

I **will** help you with your homework. 내가 너 숙제하는 것 도와줄게.

미래에 대한 예측: 앞으로 일어날 일을 예측할 때

It **will** rain tomorrow. 내일 비가 올 거야.

반면에 뒤에서 배울 be going to는 이미 계획된 행동을 표현할 때 써요.

I **will** meet my friend next week!
다음 주에 친구를 만날 거야! (방금 결심한 상황)

I**'m going to** meet my friend next week!
다음 주에 친구 만날 예정이야. (이미 예전부터 계획이 된 상황. I will보다 확실성이 더 높게 들림)

will이 들어간 문장의 부정문은 will 뒤에 not을 써서, 의문문은 will을 주어 앞에 놓아서 만듭니다. will not은 won't로 줄여 쓰기도 합니다.

It **will not (= won't) rain** tomorrow.
내일 비 안 올 거예요.

Will it **rain** tomorrow?
내일 비가 올까?

★★★

will(~할 것이다), can(~할 수 있다), should(~해야 해, ~하는 게 좋겠어), may(~일지도 몰라, ~해도 돼) 같은 동사를 영어에서는 조동사라고 해요. 이런 조동사 뒤에는 항상 동사원형이 나오고, 주어가 무엇이 오든 조동사의 형태가 바뀌지 않습니다.

She will studies. (X), **She will** study. (O)
She shoulds eats more. (X), **She should** eat more. (O)

PRACTICE 1 빠른 문법 체크

다음 동사들 앞에 해당 조동사를 넣어 표현을 완성해 보세요.   MP3 015-1   정답 p. 293

1 **나, 갈 수 있어요.** can + (go)

2 **너 공부해야지** should + (study)

3 **너 운동해야 해.** should + (exercise)

4 **너 일찍 자야 해.** should + (sleep early)

5 **우리는 더 열심히 공부해야 해.**
should + (study harder)

6 **너 여기 앉아도 돼.** may + (sit here)

7 **너 밖에 나가도 돼.** may + (go outside)

8 **나 피아노 칠 수 있어.** can + (play the piano)

9 **그는 일본어를 할 수 있어.** can + (speak Japanese)

10 **우리는 수영할 수 있어.** can + (swim)

1 I'll call you tomorrow because it's too late today.
오늘은 너무 늦었으니까 내일 전화할게요.

앞의 주어를 He로

2 It'll probably rain later today. 아마 오늘 이따가 비가 올 것 같아요.
probably – (높은 확률로) 아마, 아마도

rain을 snow(눈이 오다)로

3 I'll help you with your homework. 내가 너 숙제 도와줄게.

주어를 She로

4 I'll never forget this moment. 전 이 순간을 절대 잊지 않을 거예요. this moment – 이 순간

forget(잊다)을
remember(기억하다)로

5 The concert will begin at 7:30 sharp. 콘서트는 7시 30분 정각에 시작할 거예요.

주어를 The class(그 수업)로

6 Don't worry, I'll take care of it. 걱정 마세요, 제가 처리할게요.

will을 be going to로

7 I'll call you as soon as I get home. 집에 도착하자마자 전화할게요.
as soon as – ~하자마자

주어를 they로

8 Wait a sec, I'll open the door. 잠깐만요, 제가 문 열게요.

open을 close(닫다)로

9 I'll text you the address later. 주소는 나중에 문자로 보낼게요.

주어를 She로

10 I'll let you know if anything changes. 뭔가 변동이 있으면 제가 알려 드릴게요
let someone know – ~에게 알리다, 알려 주다

will을 be going to로

1 They will arrive at the airport at 3 PM.

평서문: 그들은 오후 3시에 공항에 도착할 거예요.

_____

의문문: 그들이 오후 3시에 공항에 도착할까요?

_____

부정문: 그들은 오후 3시에 공항에 도착하지 않을 거예요.

_____

2 The concert will begin at 7:30 sharp.

평서문: 콘서트는 7시 30분 정각에 시작할 거예요.

_____

의문문: 콘서트가 7시 30분 정각에 시작할까요?

_____

부정문: 콘서트는 7시 30분 정각에 시작하지 않을 거예요.

_____

3 It'll probably rain later today.

평서문: 아마도 오늘 이따가 비가 올 것 같아.

_____

의문문: 아마도 오늘 이따가 비가 올까요?

_____

부정문: 아마도 오늘 이따가 비가 오지 않을 것 같아.

_____

4 I'll let you know if anything changes.

평서문: 뭔가 변동 있으면 내가 알려 줄게.

_____

의문문: (당신,) 뭔가 변동 있으면 나한테 알려 줄 거예요?

_____

부정문: 뭔가 변동이 있어도 알려 주지 않을 거야.

_____

실생활 대화문
(011 ~ 015)

다음 대화문을 다음과 같이 공부하세요.   1단계 큰 소리로 두 번 읽는다.
2단계 음원을 두 번 듣고 원어민 발음을 확인한다.
3단계 한 번은 A가 되었다가 한 번은 B가 되어 연습한다.

대화 1   1단계 체크 ☐ ☐   2단계 체크 ☐ ☐   3단계 체크 ☐ ☐

Mia   Hey, Jake! Can you believe the end of the year is just around the corner?
제이크! 연말이 벌써 코앞이라니 믿어져?

Jake   I know, right? This year flew by so fast. Are you doing anything special to celebrate?
그러니까! 올해 정말 빨리 지나갔어. 연말을 기념해서 특별히 하는 거 있어?

Mia   Not sure yet. There was a talk about a year-end party at work, but nothing's confirmed. What about you?
아직 잘 모르겠어. 회사에서 연말 파티 이야기가 있긴 했는데, 아직 확정된 건 없어. 너는?

Jake   My friends and I are planning to drop by a couple of parties. You should come with us!
내 친구들이랑 몇 군데 파티에 들를 계획이야. 같이 가는 게 어때?

Mia   Sounds fun! When is it?
재밌겠다! 언제야?

Jake   It'll probably be next Friday. I'll let you know the exact time.
아마 다음 주 금요일일 거야. 정확한 시간 알려 줄게.

Mia   Thanks. By the way, were you on your way to a bakery?
고마워. 그건 그렇고, 빵집 가던 길이었어?

Jake   Yeah, I was heading to the bakery. I need to pick up a cake for tonight's dinner.
응, 빵집에 가던 길이었어. 오늘 저녁 식사에 먹을 케이크를 사야 해서.

Mia   Nice! Who's cooking?
좋네! 누가 요리해?

Jake　My mom. She said she wanted to do something special to celebrate early.
우리 엄마. 연말을 미리 축하하고 싶다고 하시더라고.

Mia　That's sweet. Oh, speaking of celebrations, did you ever plan that New Year's trip you were talking about?
정말 좋다. 아, 축하 얘기가 나와서 말인데, 너가 말했던 새해 여행 계획은 세웠어?

Jake　Not yet. I was looking into flights last night, but they're so expensive right now.
아직이야. 어젯밤에 항공편을 찾아봤는데, 지금 너무 비싸더라.

Mia　Yeah, prices always go up around the holidays. Maybe you'll find a deal if you keep checking.
맞아, 휴일 시즌 즈음에는 항상 가격이 올라가. 계속 찾아보면 좋은 가격을 찾을 수도 있을 거야.

Jake　I hope so. Anyway, let me know if you decide to join us for the year-end party!
그랬으면 좋겠다. 어쨌든, 연말 파티에 가기로 하면 나한테 알려 줘!

---

the end of the year 연말　just around the corner 코앞에 임박한　fly by (시간이) 빨리 지나가다
year-end party 연말 파티　drop by 잠시 들르다　on one's way to ~로 가는 길인
pick up ~을 사다, 가져오다　speaking of ... ~ 얘기가 나와서 말인데　look into ~을 조사하다, 알아보다
around the holidays 휴일 시즌 즈음에　find a deal 좋은 가격/조건을 찾다　keep checking 계속 확인하다

다음 달에 파리로 여행 갈 예정이에요.

be going to + 동사원형 (어느 정도의 확신)

MP3 016-0

[be going to + 동사원형] 패턴은 다가오는 미래에 어떤 일을 확실히 할 예정일 때 사용합니다. 그러니까, 내일 오후 3시에 회의가 있는 것처럼 '미래에 어떤 계획이 확실히 잡혀 있어서 그 일을 할 예정이다'라고 표현할 수 있지요. 앞에서 배운 will과 비슷한 듯 다른 be going to의 미묘한 뜻을 알아보세요.

확실히 잡혀 있는 일을 할 예정이라고 말할 때

I**'m going to** attend the meeting at 3 PM tomorrow.
내일 오후 3시에 회의에 참석할 거예요.

She **is going to** travel to Paris next month.
그녀는 다음 달에 파리로 여행 갈 예정이에요.

*비행기와 호텔 예약까지 다 끝내서 확실히 여행 갈 거라는 의미를 표현

객관적인 정보를 가지고 앞으로의 일을 예측할 때

The team **is going to** win the next match. 그 팀, 다음 경기에서는 이길 겁니다.

*전력 보강 등 여러 객관적 데이터를 분석해 보니 다음 경기에서는 이길 것 같다는 의미

It **is going to** rain tomorrow. 내일 비가 오겠는데요.

*하늘의 구름과 기상예보 내용을 종합해서 비가 올 것 같다고 예측하는 의미

[be going to]의 부정문은 be동사 뒤에 not을 놓아 만들고, 의문문은 be동사를 주어 앞에 놓아서 만듭니다.

I**'m not going to** attend the meeting at 3 PM tomorrow.
내일 오후 3시 회의에 참석 안 할 거예요.

Is she **going to** travel to Paris next month?
그녀는 다음 달에 파리로 여행 갈 예정인가요?

		즉흥적인 의미로 말할 때 (will)	확실한 계획의 의미로 말할 때 (be going to)
1	나는 먹을 거야. (eat)		
2	그들은 참석할 거야. (attend)		
3	그녀는 들을 거야. (listen)		
4	그는 배울 거야. (learn)		
5	우리는 이사할 거야. (move)		
6	나는 여행 갈 거야. (travel)		
7	나는 친구를 만날 거야. (meet a friend)		
8	그녀는 청소할 거야. (clean)		
9	나는 운동할 거야. (exercise)		
10	그녀는 공부할 거야. (study)		
11	우리는 도울 거야. (help)		
12	그들은 영화를 볼 거야. (watch a movie)		
13	우리는 회의를 할 거야. (have a meeting)		
14	그가 요리할 거야. (cook)		
15	우리는 점심을 먹을 거야. (have lunch)		

변형 말하기 훈련

다음 문장을 큰소리로 읽고, 지시문에 맞춰 말하고 써 보세요.
음원 파일을 듣고 답변을 확인해 보세요.

MP3 **016-2**   정답 **p. 294**

1   **They're going to get married in June.** 그들은 6월에 결혼할 거야.
get married – 결혼하다,   in June – 6월에,   in + 달 이름 – ~월에

주어를 He로
_____

2   **I'm going to study for my exam tonight.** 오늘 밤에 나 시험 공부할 거야.

주어를 She로,
my를 her로
_____

3   **She's going to buy a new car next month.** 그녀는 다음 달에 새 차를 살 거야.

주어를 I로
_____

4   **We're going to have a party this weekend.** 우리는 이번 주말에 파티를 열 거야.

주어를 They로
_____

5   **They're going to move to a new house soon.** 그들은 곧 새집으로 이사 갈 거야.
move to + 장소 – ~로 이사가다

주어를 You로
_____

6   **He's going to start a new job next week.** 그는 다음 주에 새 직장에서 일을 시작할 거야.

주어를 I로
_____

7   **We're going to travel to Europe next summer.**
우리는 다음 여름에 유럽으로 여행 갈 거야.   travel to + 장소 – ~로 여행하다

주어를 My sister
(내 여동생)로
_____

8   **She's going to quit her job and start her own business.**
그녀는 직장을 그만두고 자기 사업을 시작할 거야.   quit one's job – 직장을 그만두다

주어를 They로,
her를 their로
_____

9   **She's going to take piano lessons starting next month.**
그녀는 다음 달부터 피아노 레슨을 받을 거야.   starting next month – 다음 달부터

주어를 I로
_____

10   **I'm going to wake up early and go for a run tomorrow.**
내일 일찍 일어나서 달리기하러 갈 거야.   go for a run – 달리기하러 가다

주어를 My mother
(엄마)로
_____

1 They're going to get married in June.

평서문: 그들은 6월에 결혼할 거예요.

_____

의문문: 그들이 6월에 결혼할 건가요?

_____

부정문: 그들은 6월에 결혼하지 않을 거예요.

_____

2 We're going to have a party this weekend.

평서문: 우리는 이번 주말에 파티를 할 거예요.

_____

의문문: 우리가 이번 주말에 파티를 할 건가요?

_____

부정문: 우리는 이번 주말에 파티를 하지 않을 거예요.

_____

3 We're going to travel to Europe next summer.

평서문: 우리는 내년 여름에 유럽을 여행할 거예요.

_____

의문문: 우리가 내년 여름에 유럽을 여행할 거냐고요?

_____

부정문: 우리는 내년 여름에 유럽을 여행하지 않을 거예요.

_____

4 She's going to buy a new car next month.

평서문: 그녀는 다음 달에 새 차를 살 거예요.

_____

의문문: 그녀가 다음 달에 새 차를 살 건가요?

_____

부정문: 그녀는 다음 달에 새 차를 사지 않을 거예요.

_____

저 내일 3시에 친구 만나요.

MP3 017-0

I'm coming은 우리가 배운 걸로 하면 '나는 오고 있는 중이야'죠? 그런데 원어민들은 이런 현재진행형에 미래를 나타내는 단어를 함께 써서, 미래에 할 일을 말하는 표현으로 사용해요. 원어민들이 미래 일을 말할 때 가장 많이 쓰는 시제가 이 현재진행형이라는 것도 참고로 알아두세요.

🐱 현재진행형 + 미래 표시 단어: ～해요(가까운 미래의 거의 결정된 일)

주로 이미 결정된 일정이나 확실하게 일어날 일을 표현하며, tomorrow(내일), next week(다음 주)처럼 미래를 나타내는 시간 표현들과 함께 사용합니다.

I'm meeting my friend at 3 PM in Seoul tomorrow.
나 내일 오후 3시에 서울에서 친구 만나.

* 내일 친구랑 3시에 만나기로 약속이 되어 있다는 의미.

| 과거 | 현재 | 미래 |

🐱 확실성이 높은 순서: 현재진행형 + 미래 표시 단어 〉 be going to 〉 will

---

1. 현재진행형 + 미래 표시 단어 (확정된 일정)

I'm meeting my professor at 10 AM tomorrow.
나 내일 오전 10시에 교수님 만나.

→ 약속이 확정된 상태이며, 개인의 의지가 아니라 이미 정해진 일정을 표현.

2. be going to (계획된 행동)

I'm going to meet my professor at 10 AM tomorrow.
내일 오전 10시에 교수님 만날 예정이야.

→ 스스로 미리 계획한 일이나 의도를 표현.

3. will (즉석에서 결정)

I'll meet my professor at 10 AM tomorrow. 내일 오전 10시에 교수님 만날 거야.

→ 지금 이 순간 결정한 행동임을 표현.

	현재진행형 (거의 결정된 일)	be going to (미리 계획된 일)	will (지금 결정한 내용)
1 I, go (가다)			
2 They, attend (참석하다)			
3 She, leave for (~로 떠나다)			
4 We, travel to (~로 여행하다)			
5 He, buy (사다)			
6 They, move (이사하다)			
7 He, fix (고치다)			
8 We, meet (만나다)			
9 They, build (짓다, 건설하다)			
10 She, study (공부하다)			
11 They, open (열다)			
12 I, call (전화하다)			

1 I'm getting married next week. 나 다음 주에 결혼해.
get married – 결혼하다

주어를 You로
_____

2 I'm starting a new job this coming Monday. 나, 오는 월요일에 새 직장에 출근해.   this
coming + 날짜 – 다가오는 ~ 특정 날짜를 나타냄

주어를 He로
_____

3 She's meeting her friends at the café tomorrow.
그녀는 내일 카페에서 친구들을 만나.

주어를 I로,
her는 my로
_____

4 He's flying to Paris this weekend. 그는 이번 주말에 비행기로 파리에 가.

주어를 They로
_____

5 I'm taking my driving test next week. 나 다음 주에 운전면허 시험 봐.
take one's driving test – 운전면허 시험을 치르다

주어를 My son(우리 아들)
으로, my는 his로
_____

6 We're moving to a new apartment next month.
우리는 다음 달에 새 아파트로 이사해.   move to – ~로 이사하다

주어를 My parents
(우리 부모님)로
_____

7 He's participating in a marathon next month. 그는 다음 달에 마라톤 참가해.
participate in – ~에 참가하다

주어를 I로
_____

8 She's attending her high school reunion next week.
그녀는 다음 주에 고등학교 동창회 가.   attend – ~에 참석하다

주어를 I로,
her를 my로
_____

9 We're redecorating our living room next week.
우리 다음 주에 거실 리모델링 해.   redecorate – 다시 꾸미다, 인테리어를 새롭게 하다

주어를 You로,
our를 your로
_____

10 I'm learning to play the guitar next month. 나 다음 달부터 기타 배워.

주어를 He로
_____

1 Jane is starting a new job on Monday.

평서문: 제인은 월요일에 새 직장에 출근해.

_____

의문문: 제인은 월요일에 새 직장에 출근해?

_____

부정문: 제인은 월요일에 새 직장에 출근하지 않아.

_____

2 He's flying to Paris this weekend.

평서문: 그는 이번 주말에 파리로 가.

_____

의문문: 그는 이번 주말에 파리로 가?

_____

부정문: 그는 이번 주말에 파리로 가지 않아.

_____

3 She is getting married next week.

평서문: 그녀는 다음 주에 결혼해.

_____

의문문: 그녀는 다음 주에 결혼해?

_____

부정문: 그녀는 다음 주에 결혼하지 않아.

_____

4 We're moving to a new apartment next month.

평서문: 우리는 다음 달에 새 아파트로 이사해.

_____

의문문: 우리는 다음 달에 새 아파트로 이사해?

_____

부정문: 우리는 다음 달에 새 아파트로 이사하지 않아.

_____

방 안에서, 카페에서

at + 장소, in + 장소

MP3 018-0

친구와 약속 장소를 잡을 때 '카페에서 만나자!'라거나 '내일 너희 집에서 만나자'라고 할 때가 참 많죠? 이때, '~에서'에 해당하는 말이 영어에서 at과 in인데요, 비슷한 듯하지만, 서로 다른 뉘앙스를 전합니다.

 ### at + 장소:
장소 전체 혹은 꼭 집어 말하는 특정 지점을 나타낼 때 사용

 ### in + 장소:
공간의 내부를 구체적으로 지칭할 때 사용

at   **in**

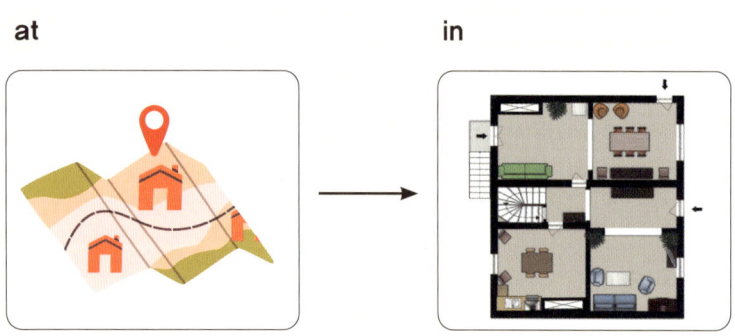

예를 들어, '집'을 나타낼 때, 집이라는 장소 전체를 통틀어서는 at home으로 표현해요. 그런데 집 안에 들어 있는 구체적인 공간을 나타낼 때, 예를 들어 거실, 부엌, 안방, 화장실 등은 in으로 표현할 수 있습니다.

in the living room 거실 (안)에

in the kitchen 부엌 (안)에

in the bedroom 방 (안)에

in the bathroom 화장실 (안)에

🐱 Let's meet at the café. vs. I'm in the café.

Let's meet at the café. (카페에서 만나자.)에서 at을 쓴 건 카페라는 특정 장소를 딱 집어서 말하는 거예요. 꼭 카페 안에 들어가야 하는 건 아니고, 카페 앞 공간까지 포함해서 카페라고 불리는 장소 전체를 말합니다. 이렇게 at은 특정 지점이나 위치를 나타낼 때 쓰인다는 점을 꼭 알아두세요. in보다는 해당 장소를 포괄적으로 말할 때 사용합니다.

I'm in the café. (나 카페에 있어.)는 카페 안에 들어와 있다는 느낌을 전합니다. 친구가 도착했냐고 전화가 와서 '나, 카페에 들어와 있어'라는 의미로 말하고 싶을 때는 이렇게 표현이 가능합니다.

Let's meet **at the café**.
카페에서 만나자.

I'm **in the café**.
나 카페 안에 있어.

PRACTICE 1　빠른 문법 체크

뉘앙스에 맞춰 표현을 만들어 보세요.　　　　　MP3 018-1　정답 p. 296

	장소 전체 및 포괄적 의미로 at	해당 장소 안에 있을 때 in
1 도서관 **the library**		
2 주차장 **the parking lot**		
3 공항 **the airport**		
4 건물 **the building**		
5 병원 **the hospital**		

1 She **is** at the bus stop waiting for the bus.
그녀는 버스 정류장에서 버스를 기다리고 있어요.   at the bus stop – 버스 정류장에서

과거 시제로

_____

2 He **is** in the living room watching TV. 그는 TV를 보면서 거실에 있어요.
in the living room – 거실에서

주어를 I로, 과거 시제로

_____

3 **They** are at school right now. 그들은 지금 학교에 있어요.

주어를 He로

_____

4 The shoes **are** in the closet. 신발이 옷장 안에 있어요.

과거 시제로

_____

5 We **arrived** at the airport early. 우리는 공항에 일찍 도착했어요.

will 미래 시제로

_____

6 The kids **are playing** in the garden. 아이들이 정원에서 놀고 있어요.

과거 진행형으로

_____

7 She **is studying** at the library. 그녀는 도서관에서 공부하고 있어요.
study at the library – 도서관에서 공부하다

be going to 미래 시제로

_____

8 There's **a cat** in the box. 상자 안에 고양이가 있어요.

a cat을 복수형 cats(고양이들)로

_____

9 **He** is at the entrance waiting for you. 그가 입구에서 당신을 기다리고 있어요.

주어를 They로

_____

10 The milk **is** in the fridge. 우유는 냉장고 안에 있어요.   in the fridge – 냉장고 안에

과거 시제로

_____

1 He is in the living room watching TV.

평서문: 그는 거실에서 TV를 보고 있어요.

_____

의문문: 그가 거실에서 TV를 보고 있어요?

_____

부정문: 그는 거실에서 TV를 보고 있지 않아요.

_____

2 They are at school right now.

평서문: 그들은 지금 학교에 있어요.

_____

의문문: 그들은 지금 학교에 있어요?

_____

부정문: 그들은 지금 학교에 있지 않아요.

_____

3 We arrived at the airport early.

평서문: 우리는 공항에 일찍 도착했어요.

_____

의문문: 우리가 공항에 일찍 도착한 건가요?

_____

부정문: 우리는 공항에 일찍 도착하지 않았어요.

_____

4 She is studying at the library.

평서문: 그녀는 도서관에서 공부하고 있어요.

_____

의문문: 그녀가 도서관에서 공부하고 있어요?

_____

부정문: 그녀는 도서관에서 공부하고 있지 않아요.

_____

우리 오후 5시에 만나자.

'~에'의 at + 시간, on + 시간, in + 시간

MP3 019-0

영어에서 시간을 나타낼 때 쓰이는 전치사는 크게 at, on, in입니다. 간단히 말하자면, at은 특정한 시간(초, 분, 시), on은 특정한 날이나 날짜(추석, 월요일, 화창한 날), in은 더 긴 시간을 나타낼 때(월, 년도, 계절) 사용합니다. 물론 예외도 있어요.

 ## at + 특정한 시간:
초, 분, 시처럼 짧고 구체적인 시간을 나타낼 때

---

at은 자체의 콕 집어 말하는 느낌을 살려 초/분/시를 나타내고, 딱 정해진 시각이나 특정한 순간을 말할 때 사용합니다.

> Let's meet **at 5 PM.** 우리 오후 5시에 만나자.
>
> We usually have lunch **at noon.** 우리 보통은 정오에 점심을 먹어.

예외로 '밤에'는 at night라고 씁니다! 하루의 특정 시간(예: 9시 ~ 6시까지)을 정확히 가리키기보다는 밖이 어두운 상태를 콕 찍어서 어두운 상태를 강조합니다.

> The stars are beautiful **at night.** 밤하늘의 별들이 아름다워.

 ## on + 특정한 날이나 날짜

---

on은 어떤 날 위로 내려앉는 느낌을 살려 특정한 날이나 날짜를 말할 때 사용합니다.

> on Monday 월요일에
>
> on my birthday 내 생일에
>
> on Christmas Day 크리스마스날에
>
> I'll call you **on Friday.** 제가 금요일에 전화드릴게요.
>
> Let's travel to New York **on Christmas.** 크리스마스에 뉴욕으로 여행 가자.

🐱 in + 더 긴 시간(월, 연도, 계절)

in은 긴 시간인 월, 년, 세기 등을 나타낼 때 써요.

in October 10월에   in 2024 2024년에

in the future 미래에   in the 21st century 21세기에

I was born **in April, 1991.** 저는 1991년 4월에 태어났어요.

영어에서 아침, 오후, 저녁은 특정 시간대를 포함하고 있어서 in과 함께 쓰입니다.

아침 시간대에 & 아침에: in the morning

오후 시간대에 & 오후에: in the afternoon

저녁 시간대에 & 저녁에: in the evening

PRACTICE 1 빠른 문법 체크

다음 표현 앞에 알맞은 전치사 at, on, in을 넣으세요.   MP3 019-1   정답 p. 297

1 7시에   _____ 7 o'clock

2 금요일 밤에   _____ Friday night

3 4월에   _____ April

4 7월 4일에   _____ July 4th

5 2025년도에   _____ 2025

6 한밤중에   _____ midnight

1 **Let's** meet at Bronx station at 3 PM. 오후 3시에 브롱크스역에서 만나자.

meet at + 장소 – ~에서 만나다

Let's not(~하지 말자) 부정문으로

2 **She** always gets up at 7 o'clock. 그녀는 항상 7시에 일어나.

get up at + 시간 – ~시에 일어나다

주어를 I로

3 **We** will have dinner at 6:30. 우리는 6시 30분에 저녁을 먹을 거야.

과거 시제로

4 **I'll** call you on Monday. 월요일에 전화할게.

will 대신 can
(~할 수 있다)으로

5 **I** was born in 2005. 나는 2005년에 태어났어.

be born in + 년도 – ~년에 태어나다

주어를 The twins
(그 쌍둥이들)로

6 **We** are going to travel in October. 우리는 10월에 여행 갈 거야.

지금 결정해서
말하는 will로

7 **Her** birthday is on May 15th. 그녀의 생일은 5월 15일이야.

Her를 His로

8 **We** have a meeting on Friday morning. 우리는 금요일 아침에 회의가 있어.

과거 시제로

9 **They** are getting married on Christmas Day. 그들은 크리스마스날 결혼해.

부정문으로

10 **She** always enjoys swimming in summer. 그녀는 항상 여름에는 수영하는 걸 즐겨.

주어를 They로

다음 대표 문장을 해석을 보고 다양하게 바꿔 말하고 써 보세요.
음원 파일을 듣고 정답을 확인해 보세요. `MP3 019-3` 정답 p. 297

---

1 We will have dinner at 6:30.

평서문: 우리는 6시 30분에 저녁을 먹을 거야.

_____

의문문: 우리가 6시 30분에 저녁을 먹을까?

_____

부정문: 우리는 6시 30분에 저녁을 먹지 않을 거야.

_____

2 I was born in 1995.

평서문: 나는 1995년에 태어났어.

_____

의문문: 너는 1995년에 태어났어?

_____

부정문: 나는 1995년에 태어나지 않았어.

_____

3 Her birthday is on May 15th.

평서문: 그녀의 생일은 5월 15일이야.

_____

의문문: 그녀의 생일이 5월 15일이야?

_____

부정문: 그녀의 생일은 5월 15일이 아니야.

_____

4 She always gets up at 7 o'clock.

평서문: 그녀는 항상 7시에 일어나.

_____

의문문: 그녀는 항상 7시에 일어나?

_____

부정문: 그녀는 항상 7시에 일어나는 건 아니야.

_____

영화관에서 친구들과 영화를 봤어.

문장을 길게 말하고 싶을 때의 패턴 암호, 방.장.시!

`MP3 020-0`

'나는 어제 가족과 영화관에서 영화를 보았어요.' 문장을 영어로 만들어 보세요. 가장 중요한 [주어 + 동사]인 '나는 영화를 봤다(I watched a movie)' 뒤에 어떻게 나머지를 나열해야 할지 많은 분들이 헷갈려 하고 고민합니다. 이번에 그 고민을 말끔히 해결하세요.

🐱 '주어 + 동사 + 방식 + 장소 + 시간' 순으로 배열

우선 주어와 동사를 먼저 말하고 그 뒤에 방식·방법(manner), 장소(place), 시간(time) 순으로 나열해 주면 길게 문장을 나열할 때 큰 도움이 됩니다.

나는 영화를 봤다.

I watched a movie.
나는 + 영화를 봤다

방식·방법(manner)은 누구랑 했는지, 어떻게 했는지 등 동사를 더 자세히 설명

나는 <u>친구들과</u> 영화를 봤다.

I watched a movie <u>with my friends</u>.
나는 + 영화를 봤다 + <u>친구들과</u>

장소(place)는 어디에서 했는지를 설명합니다.

나는 <u>영화관에서</u> <u>친구들과</u> 영화를 봤다.

I watched a movie <u>with my friends</u> <u>at a movie theater</u>.
나는 + 영화를 봤다 + <u>친구들과</u> + <u>영화관에서</u>

시간(time)은 언제 했는지를 설명

나는 <u>어제</u> 영화관에서 <u>친구들과</u> 영화를 봤다.

I watched a movie <u>with my friends</u> <u>at a movie theater</u> <u>yesterday</u>.
나는 + 영화를 봤다 + <u>친구들과</u> + <u>영화관에서</u> + <u>어제</u>

언어는 문맥에 따라 강조하고 싶은 내용이 달라지기 때문에 이 순서에 익숙해지면 시간을 먼저, 장소를 먼저 등 강조하고 싶은 부분을 문장 앞에 배치하여 말할 수 있습니다. 보통 시간을 강조할 때는 시간을 문장 맨 앞에 붙여서 많이 사용합니다.

> **Yesterday**, I watched a movie with my family at a movie theater.
> (시간 강조)

하지만 [방식 → 장소 → 시간] 순으로 말하는 부분이 익숙해지면, 처음에 특히 영어를 길게 말하기 뼈대를 잡는 데 큰 도움이 될 겁니다.

PRACTICE 1 빠른 문법 체크

다음 주어진 영어 어구를 바르게 놓아 문장을 만들어 보세요.　　MP3 020-1　정답 p. 297

1　in the music room(음악실에서),
　She practiced the piano(그녀는 피아노를 연습했어요), this morning(오늘 아침에),
　beautifully(아름답게)

2　carefully(신중하게), an hour ago(한 시간 전에),
　He wrote a letter(그는 편지를 한 통 썼어요), in his office(그의 사무실에서)

3　seriously(진지하게), They discussed the project(그들은 그 프로젝트를 논의했어요),
　at the café(그 카페에서), last night(어젯밤에)

---

1 I **studied** English with my friends at the library **yesterday**.
나는 어제 도서관에서 친구들과 영어를 공부했어. study with – ~와 함께 공부하다

will 미래 시제로,
yesterday는 tomorrow(내일)로

---

2 She **read** a book with her daughter on the sofa **last night**.
그녀는 어젯밤 소파에서 딸과 책을 읽었어.

시제를 현재형으로, last night은
every night(매일 밤)으로

---

3 We celebrate holidays with **our** family at home every year.
우리는 매년 집에서 가족과 함께 명절을 축하해. celebrate holidays with – ~와 함께 명절을 축하하다

주어를 Jessica로
our를 her로

---

4 She is going to meet **her** friend at a café this weekend.
그녀는 이번 주말 카페에서 친구를 만날 거야.

주어를 I로,
her를 my로

---

5 He is having breakfast with **his** parents in the kitchen now.
그는 지금 부엌에서 부모님과 함께 아침을 먹고 있어. have breakfast with – ~와 함께 아침을 먹다

주어를 You로,
his를 your로

---

6 This morning, **we** are cleaning the house, and **our** siblings are helping out in the living room. 오늘 아침에 우리는 집 청소를 하고 있고, 동생들은 거실에서 도와주고 있어요.

주어를 she로,
our를 her로

---

7 I'm going to go to the amusement park with **my** cousins next weekend. 나는 다음 주말에 사촌들과 놀이공원에 갈 거야.

주어를 They로,
my를 their로

---

8 She walks **her** dog with **her** dad in the park every morning.
그녀는 매일 아침 아빠와 함께 공원에서 반려견을 산책시켜. walk one's dog with – ~와 함께 개를 산책시키다

주어를 I로,
her를 my로

다음 대표 문장을 해석을 보고 다양하게 바꿔 말하고 써 보세요.
음원 파일을 듣고 정답을 확인해 보세요.

MP3 020-3   정답 p. 298

1 **I studied English with my friends at the library yesterday.**

평서문: 나는 어제 도서관에서 친구들과 영어를 공부했어.

_____

의문문: 내가 어제 도서관에서 친구들과 영어를 공부했어?

_____

부정문: 나는 어제 도서관에서 친구들과 영어를 공부하지 않았어.

_____

2 **She read a book with her daughter on the sofa last night.**

평서문: 그녀는 어젯밤 소파에서 딸과 함께 책을 읽었어.

_____

의문문: 그녀는 어젯밤 소파에서 딸과 함께 책을 읽었어?

_____

부정문: 그녀는 어젯밤 소파에서 딸과 함께 책을 읽지 않았어.

_____

3 **We celebrate holidays with our family at home every year.**

평서문: 우리는 매년 집에서 가족과 함께 명절을 축하해.

_____

의문문: 우리가 매년 집에서 가족과 함께 명절을 축하하냐고?

_____

부정문: 우리는 매년 집에서 가족과 함께 명절을 축하하지 않아.

_____

4 **She is going to meet her friend at a café this weekend.**

평서문: 그녀는 이번 주말 카페에서 친구를 만날 거야.

_____

의문문: 그녀는 이번 주말 카페에서 친구를 만날 거야?

_____

부정문: 그녀는 이번 주말 카페에서 친구를 만나지 않을 거야.

_____

실생활 대화문
(016 ~ 020)

다음 대화문을 다음과 같이 공부하세요.　1단계　큰 소리로 두 번 읽는다.
2단계　음원을 두 번 듣고 원어민 발음을 확인한다.
3단계　한 번은 A가 되었다가 한 번은 B가 되어 연습한다.

대화 1	1단계 체크 ☐ ☐	2단계 체크 ☐ ☐	3단계 체크 ☐ ☐

Emily　Hey, Lisa! How did your blind date go last night?
리사! 어젯밤 소개팅 어땠어?

Lisa　Oh my gosh, Emily, it was amazing! I think I fell in love with him at first sight.
세상에, 에밀리, 정말 놀라웠어! 나 그 사람한테 첫눈에 반한 것 같아.

Emily　Really? Who set you up on this blind date?
정말? 누가 소개팅을 주선한 거야?

Lisa　My coworker thought we'd be a good match and set me up with her cousin.
직장 동료가 우리가 잘 어울릴 것 같다면서 자기 사촌을 소개해 줬어.

Emily　Spill the beans! What did you guys do?
자세히 얘기해 봐! 너네 뭐 했어?

Lisa　Well, we met at a cozy little café downtown at 7 PM. and had dinner there.
음, 우리는 오후 7시에 시내에 있는 아늑한 작은 카페에서 만나서 거기서 저녁 먹었어.

Emily　Sounds romantic! Was he your type, or did he sweep you off your feet?
로맨틱한데! 그 사람 네 타입이었어, 아니면 널 완전히 반하게 만들었어?

Lisa　Totally my type! He was my Mr. Right—tall, kind, and funny.
완전히 내 타입! 내가 찾던 이상형이었어. 키 크고 친절하고 유머도 있고.

Emily　What about him? Did he like you too, or was he playing it cool?
그 사람은 어땠어? 너를 좋아했던 것 같아, 아니면 쿨한 척했어?

Lisa　He said I was his type too, and we're going to meet again next weekend.
그 사람도 내가 자기 이상형이라고 하더라고. 그리고 다음 주말에 다시 만나기로 했어.

Emily Wow, I'm over the moon for you! Where are you going to meet?
와, 너무 기쁘다! 어디서 만날 건데?

Lisa We're going to see a movie at the theater and then have dinner at his favorite restaurant.
영화 보러 극장에 갈 거야. 그리고 그 사람이 좋아하는 레스토랑에서 저녁 먹으려고 해.

Emily That sounds like a dream date! Fingers crossed it goes well.
정말 꿈 같은 데이트다! 잘되길 바랄게.

Lisa Thanks, Emily. I'll let you know how it goes!
고마워, 에밀리. 어떻게 되어 가는지 알려 줄게!

How ... did go? ~는 어떻게 됐어? blind date 소개팅 fall in love (with) (~와) 사랑에 빠지다
at first sight 첫눈에 set someone up (with) (~와) 소개팅을 주선하다
spill the beans (비밀이나 자세한 이야기를) 털어놓다 cozy 아늑한, 편안한
one's type 자기한테 맞는 상대방 (*style이라고 하지 않도록 조심)
sweep someone off one's feet (동사구) (~를) 완전히 반하게 만들다
Mr. Right 이상형, 완벽한 남자 ↔ Mrs. Right 이상형, 완벽한 여자 play it cool 쿨한 척하다, 감정을 숨기다
over the moon 매우 행복한, 기쁜 Fingers crossed + 주어 + 동사 ~가 잘되길 바래(좋은 일을 기원할 때 쓰는 표현)
let someone know ~에게 알려 주다

호주 멜버른에 있는 대형 동물원에서

비슷한 카테고리를 나열할 때는 작은 범위에서 큰 범위로!

MP3 021-0

앞의 UNIT 20에서 [주어 + 동사] 이후에 여러 어구가 놓이게 될 때의 패턴 나열 암호는 [방.장.시]라고 했습니다. 그런데 이렇게 알고 나면 궁금증이 생겨요. 예를 들어, '2024년 9월 22일 일요일', 또는 '호주 멜버른에 있는 대형 동물원에서' 등 시간이나 장소가 여러 개 나올 때, 어떻게 나열을 해야 할지 말이죠. 우리말과 조금 다르지만, 이번 기회에 확실히 알아두세요.

🐱 한국어는 큰 순서부터, 영어는 작은 순서부터 나열한다!

한국어 (큰 범위부터 작은 범위로 좁혀 가는 느낌)

시간: 2024년 → 9월 22일 → 일요일
장소: 호주 → 멜버른 → 대형 동물원

영어 (작은 범위부터 큰 범위로 퍼져 나가는 느낌)

시간: on Sunday(일요일에) → September 22nd(9월 22일) → 2024(2024년)
장소: at the big zoo(대형 동물원에서) → in Melbourne(멜버른) → Australia(호주)

> I had a blast with my family at the big zoo in Melbourne, Australia, on Sunday, September 22nd, 2024.
> 저는 2024년 9월 22일 일요일, 호주 멜버른에 있는 대형 동물원에서 가족들과 즐거운 시간을 보냈습니다.

회화에서는 장소나 시간 같은 정보를 나열할 때, 같은 전치사(in, at, on 등)가 반복되면 처음 한 번만 쓰고 생략하는 경우가 많아요.

> I arrived at the museum **in** Paris, France.
> 나는 프랑스 파리의 박물관에 도착했어요.

> The meeting is **on** Monday, May 15th, 2025.
> 회의는 2025년 5월 15일 월요일에 있어요.

> *시간 정보는 하나의 날짜 덩어리로 보며, **on** 한 번으로 충분해요.

다음 주어진 영어 어구를 바르게 놓아 문장을 만들어 보세요.

MP3 021-1   정답 p. 298

1   우리는 2024년 3월 15일 금요일에 프랑스 파리에 있는 유명한 식당에서 동료들과 환상적인 저녁 식사를 즐겼어요.

We enjoyed a fantastic dinner with our colleagues

in Paris(파리에서), at a famous restaurant(유명한 식당에서), March 15th(3월 15일),
2024(2024년), on Friday(금요일에), France(프랑스)

2   그들은 2023년 5월 20일 월요일에 일본 도쿄에 있는 학교 운동장에서 반 친구들과 축구를 했어요.

They played soccer with their classmates

Japan(일본), on Monday(월요일에), in Tokyo(도쿄에서),
at the school field(학교 운동장에서), May 20th(5월 20일), 2023(2023년)

3   그녀는 2025년 1월 5일 화요일 미국 뉴욕의 고급 호텔에서 자기 팀장과 비즈니스 회의에 참석했어요.

She attended a business conference with her manager

2025 (2025년), the U.S. (미국), at a luxury hotel (고급 호텔에서), on Tuesday (화요일에),
in New York (뉴욕에서), January 5th (1월 5일)

4   그는 2023년 12월 10일 일요일에 영국 런던에 있는 거대한 스타디움에서 자기 동생과 라이브 콘서트를 관람했어요.

He watched a live concert with his brother

December 10th(12월 10일), at a huge stadium(거대한 스타디움에서),
England(영국), on Sunday(일요일에), 2023(2023년), in London(런던에서)

1 **I had coffee with my best friend at a cozy café in London on a rainy Saturday morning, October 14th.**
나는 10월 14일 비 오는 토요일 아침에 런던의 한 아늑한 카페에서 가장 친한 친구와 커피를 마셨어.

have coffee with – ~와 커피를 마시다

cozy를 modern(모던한)으로

_____

2 **We watched a soccer game at the stadium in Madrid on a sunny Sunday afternoon, April 9th.**
우리는 4월 9일 화창한 일요일 오후에 마드리드 경기장에서 축구 경기를 봤어.

watch a soccer game at + 장소 – ~에서 축구 경기를 보다

Madrid를 Rome(로마)로

_____

3 **She celebrated her birthday at a family restaurant in Tokyo on Friday evening, November 17th.**
그녀는 11월 17일 금요일 저녁에 도쿄의 패밀리 레스토랑에서 자신의 생일을 축하했어.

celebrate one's birthday at + 장소 – ~에서 생일을 축하하다

a family restaurant을
a luxury hotel(고급 호텔)로

_____

4 **I went shopping at a street market in Bangkok on a warm Thursday afternoon, February 2nd.**
나는 2월 2일 따뜻한 목요일 오후에 방콕의 거리 시장에서 쇼핑을 했어.

go shopping at + 장소 – ~에서 쇼핑을 하다

warm을 hot(뜨거운, 더운)으로,
February 2nd를 June 16th(6월16일)로

_____

5 **They walked their dog at the park in Chicago on a chilly Wednesday morning, December 6th.**
그들은 12월 6일 쌀쌀한 수요일 아침에 시카고의 공원에서 개를 산책시켰어.

walk one's dog at + 장소 – ~에서 개를 산책시키다

chilly를 windy(바람이 부는)로

_____

6 We had lunch at a small diner in San Francisco on a busy Monday afternoon, August 21st.

우리는 8월 21일 바쁜 월요일 오후에 샌프란시스코의 작은 식당에서 점심을 먹었어.

have lunch at + 장소 – ~에서 점심을 먹다

Monday를 Tuesday(화요일)로

---

7 He studied for his exam at the library in New York on a quiet Sunday evening, March 12th.

그는 3월 12일 조용한 일요일 저녁에 뉴욕의 도서관에서 시험 공부를 했어.

study for + 목적 – ~를 위해 공부하다

주어를 I로, his를 my로

---

8 I went jogging along the river in Berlin on a cool Tuesday morning, September 19th.

나는 9월 19일 서늘한 화요일 아침에 베를린의 강변을 따라 조깅했어.

go jogging along + 장소 – ~을 따라 조깅을 하다

cool을 hot(더운)으로,
September를 August(8월)로

---

9 She attended a yoga class at the studio in Sydney on a bright Thursday morning, June 8th.

그녀는 6월 8일 화창한 목요일 아침에 시드니의 스튜디오에서 요가 수업에 참석했어.

attend a yoga class at + 장소 – ~에서 요가 수업에 참석하다

yoga를 cooking(요리)으로

---

10 We cooked dinner together at my friend's apartment in Toronto on a rainy Friday evening, May 5th.

우리는 5월 5일 비 오는 금요일 저녁에 토론토에 있는 내 친구 아파트에서 함께 저녁을 요리했어.

cook dinner together at + 장소 – ~에서 함께 저녁을 요리하다

rainy를 foggy(안개 낀)으로

1 They walked their dog at the park in Chicago on a chilly Wednesday morning, December 6th.

평서문: 그들은 12월 6일 쌀쌀한 수요일 아침에 시카고의 공원에서 강아지를 산책시켰어.

_____

_____

의문문: 그들은 12월 6일 쌀쌀한 수요일 아침에 시카고의 공원에서 강아지를 산책시켰어?

_____

_____

부정문: 그들은 12월 6일 쌀쌀한 수요일 아침에 시카고의 공원에서 강아지를 산책시키지 않았어.

_____

_____

2 He studied for his exam at the library in New York on a quiet Sunday evening, March 12th.

평서문: 그는 3월 12일 조용한 일요일 저녁에 뉴욕의 도서관에서 시험 공부를 했어.

_____

_____

의문문: 그는 3월 12일 조용한 일요일 저녁에 뉴욕의 도서관에서 시험 공부를 했어?

_____

_____

부정문: 그는 3월 12일 조용한 일요일 저녁에 뉴욕의 도서관에서 시험 공부를 하지 않았어.

_____

_____

3 We watched a soccer game at the stadium in Madrid on a sunny Sunday afternoon, April 9th.

평서문: 우리는 4월 9일 화창한 일요일 오후에 마드리드의 경기장에서 축구 경기를 봤어.

_____

_____

의문문: 너는 4월 9일 화창한 일요일 오후에 마드리드의 경기장에서 축구 경기를 봤어?

_____

_____

부정문: 우리는 4월 9일 화창한 일요일 오후에 마드리드의 경기장에서 축구 경기를 보지 않았어.

_____

_____

4 I had coffee with my best friend at a cozy café in London on a rainy Saturday morning, October 14th.

평서문: 나는 10월 14일 비 오는 토요일 아침에 런던의 아늑한 카페에서 가장 친한 친구와 커피를 마셨어.

_____

_____

의문문: 너는 10월 14일 비 오는 토요일 아침에 런던의 아늑한 카페에서 가장 친한 친구와 커피를 마셨니?

_____

_____

부정문: 나는 10월 14일 비 오는 토요일 아침에 런던의 아늑한 카페에서 가장 친한 친구와 커피를 마시지 않았어.

_____

_____

You are too nice.는 긍정적인 뜻이 아니에요!

MP3 022-0

우리는 누군가가 호의를 베풀었을 때, 감사의 의미로 "너무 친절하시네요"라고 말하기도 합니다. 이때 우리말 그대로 You are very nice. 대신 You are too nice.를 쓰게 되면 상대방이 오해할 수도 있으니 조심해야 해요.

🐱 So vs. Really vs. Very vs. Too의 미묘한 뉘앙스

so는 감탄이나 강조를 표현할 때

> You are **so** kind to everyone. 넌 모두에게 참 친절해.

really는 (특히 구어체에서) 감정과 개인적인 느낌을 강하게 전달

> You are **really** kind to everyone. 정말 모두에게 친절하시네요.

* so, really, very는 긍정적인 의미로 강조하고 싶을 때 사용

very는 비교적 중립적이고 사실을 강조하는 데 적합

> You are **very** kind to everyone. 모두에게 매우 친절하시네요.

too는 부정적인 의미로 칭찬보다는 주로 경고나 불만을 의미

> You are **too** kind to everyone. 너는 모두에게 너무 과하게 친절해.

too의 이런 의미 때문에 일상에서는 [too + 형용사 + to + 동사원형: '~하기에는 (부정적) 너무 (과하게) ~하다]가 정말 자주 쓰입니다. 다음 예문을 꼭 외워 두세요.

> That car is **too** expensive **to** buy. 그 차는 너무 비싸서 살 수가 없다.
> * 그 차는 일반인들이 사기에는 너무 비싸다는 뉘앙스를 전달

위의 문장에 내가 사기에 비싸다고 하고 싶을 때는?

> This car is **too** expensive **for me to** buy. 이 자동차는 너무 비싸서 내가 살 수가 없다.

학생들이 사기에 비싸다고 하고 싶을 때는?

> This car is **too** expensive **for students to** buy.
> 이 자동차는 너무 비싸서 학생들이 살 수가 없다.
> * 이렇게 to부정사[to 동사원형] 앞에 for me, for you 등이 나오면 부정사의 행동을 하는 주체를 나타내요.

1   그거 뜨거워. (it, hot) → _____

   그거 참 뜨거워. (so) → _____

   그거 너무 뜨거운 걸. (too) → _____

2   이 방은 작아. (this room, small) → _____

   이 방이 참 작아. (so) → _____

   이 방이 너무 작아. (too) → _____

3   그는 키가 커. (he, tall) → _____

   그는 참 키가 커. (so) → _____

   그는 키가 너무 커. (too) → _____

4   이 커피는 쓰다. (this coffee, bitter) → _____

   이 커피 참 쓰다. (so) → _____

   이 커피는 너무 써. (too) → _____

5   네 가방은 무거워. (your bag, heavy) → _____

   네 가방 참 무겁네. (so) → _____

   네 가방 너무 무거워. (too) → _____

6   그녀는 바빠. (she, busy) → _____

   그녀가 참 바쁘네. (so) → _____

   그녀는 너무 바빠. (too) → _____

7   그녀는 친절해. (she, kind) → _____

   그녀는 참 친절하네. (so) → _____

   그녀는 과하게 친절해. (too) → _____

1   This food is too spicy for me to eat. 이 음식은 너무 매워서 내가 먹을 수가 없어.

spicy – 매운

for me를 for him으로

---

2   This book is too hard for children to understand without help.

이 책은 너무 어려워서 아이들이 도움 없이는 이해할 수가 없다.

for children을
for beginners(초보자들)로

---

3   The dress is too small for her to wear properly.

그 드레스는 너무 작아서 그녀가 제대로 입을 수 없다.   properly – 제대로, 적절히

시제를 과거로

---

4   This room is too hot to sleep in peacefully at night.

이 방은 너무 더워서 밤에 평화롭게 잠을 잘 수가 없다.   peacefully – 평화롭게

잠을 자는 주체로
for guests(투숙객들) 추가

---

5   That car is too expensive for me to even consider buying.

그 차는 너무 비싸서 내가 사는 것을 고려조차 할 수 없다.   consider + 동명사 – ~을 고려하다

과거 시제로

---

6   This bag is too heavy to carry around all day.

이 가방은 너무 무거워서 온종일 들고 다닐 수 없다.

과거 시제로

---

7   The movie was too long to watch in one sitting.

그 영화는 너무 길어서 한 번에 볼 수 없었다.   in one sitting – 한 번에, 한 자리에서

주어를 The book(그 책)으로,
will 미래 시제로, watch를 read(읽다)로

---

8   This problem is too difficult to solve without additional resources. 이 문제는
추가 자료 없이는 풀기에 너무 어렵다.

과거 시제로

---

9   He was too nervous to speak clearly in front of everyone.

그는 너무 긴장해서 모두 앞에서 분명히 말할 수 없었다.

주어를 They로,
현재 시제로

---

1 This food is too spicy for me to eat.

평서문: 이 음식은 너무 매워서 내가 먹을 수가 없어.

_____

의문문: 이 음식이 너무 매워서 네가 먹을 수 없어?

_____

부정문: 이 음식은 내가 먹기에 너무 맵지 않아.

_____

2 This bag is too heavy to carry around all day.

평서문: 이 가방은 너무 무거워서 온종일 들고 다닐 수 없어.

_____

의문문: 이 가방이 온종일 들고 다니기엔 너무 무거운 거야?

_____

부정문: 이 가방은 온종일 들고 다니기에 너무 무겁지 않아.

_____

3 The coffee was too hot to drink right away without burning my tongue.

평서문: 그 커피는 너무 뜨거워서 바로 마시면 혀를 데일 것 같았다.

_____

의문문: 그 커피가 너무 뜨거워서 바로 마시면 혀를 데일 것 같았니?

_____

부정문: 그 커피는 바로 마셔도 혀를 데이지 않을 정도로 너무 뜨겁지 않았다.

_____

4 The movie was too long to watch in one sitting.

평서문: 그 영화는 너무 길어서 한 번에 볼 수 없었다.

_____

의문문: 그 영화가 너무 길어서 한 번에 볼 수 없었니?

_____

부정문: 그 영화는 한 번에 볼 수 없을 만큼 너무 길지는 않았다.

_____

UNIT 23

나는 쉬지 않고 10km를 뛸 수 있어.

can ~할 수 있어요

MP3 023-0

조동사 하면 '~할 수 있다' can이 가장 먼저 떠오르지요? 하지만 can은 그 뜻 외에도 여러 가지 의미가 있습니다. 이번에 확실히 알아두세요.

can의 뜻 1: 능력 '~할 수 있다'

can은 어떤 능력이 있는지를 나타낼 때 쓸 수 있습니다.

> I **can** run 10 kilometers without stopping. 나는 쉬지 않고 10km를 뛸 수 있어요.

can의 뜻 2: 허가, 허락 '~해도 돼'

can은 누군가에게 허락을 해 줄 때, 혹은 Can I ~?의 형태로 허락을 요청할 때 씁니다.

> A **Can I** sit here? 나 여기 앉아도 돼? (허락 요청)
>
> B Sure, you **can** sit here. 응, 여기 앉아도 돼. (허가)
>
> * 더 정중하게 물어보려면 Can I ~? 대신 May I ~?를 사용하여 표현할 수 있습니다!

can의 뜻 3: 가능성 '~일 수도 있어'

can은 어떤 일이 일어날 수도 있고, 아닐 수도 있는 가능을 나타내기도 합니다.

> This road **can** be very busy during rush hour.
> 이 도로는 출퇴근 시간에 꽤 막힐 수도 있어.

can의 부정문은 cannot을 써서 표현합니다. cannot은 축약해서 can't로 쓸 수도 있어요. 의문문은 [Can + 주어 + 동사원형 ~?(~할 수 있어요?/~해도 될까요?)]만 기억하면 됩니다.

> I **cannot** (= can't) swim very well. 나는 수영을 잘 못해요. (능력)
>
> **Can** you help me with this? 나 이거 도와줄 수 있어요? (요청)
>
> **Can** I help you? 도와드릴까요? (허락 요청)

빠른 문법 체크

다음 주어 옆에 [can + 동사원형] 형태로 써 보세요.　　　MP3 023-1　정답 p. 301

1　eat(먹다): **먹을 수 있다** (능력)

I		We	
You(단수)		You(복수)	
He/She		They	

2　swim(수영하다): **수영할 수 있다** (능력)

I		We	
You(단수)		You(복수)	
He/She		They	

3　run fast(빨리 뛰다): **빨리 뛸 수 있다** (능력)

I		We	
You(단수)		You(복수)	
He/She		They	

4　write beautifully(예쁘게 쓰다): **예쁘게 쓸 수 있다** (능력)

I		We	
You(단수)		You(복수)	
He/She		They	

5　play the guitar(기타를 치다): **기타를 칠 수 있다** (능력)

I		We	
You(단수)		You(복수)	
He/She		They	

6　do the project(프로젝트를 하다): **프로젝트를 할 수 있다** (능력)

I		We	
You(단수)		You(복수)	
He/She		They	

다음 문장을 큰소리로 읽고, 지시문에 맞춰 말하고 써 보세요.
음원 파일을 듣고 답변을 확인해 보세요.

MP3 **023-2** 정답 p. 302

1 **I can speak three languages.** 저는 세 가지 언어를 구사할 수 있어요.

주어를 She로

___

2 **She can play the saxophone very well.** 그녀는 색소폰을 아주 능숙하게 불 수 있어요.

주어를 They로

___

3 **He can lift heavy weights easily.** 그는 무거운 것을 쉽게 들어올릴 수 있어요.

주어를 I로

___

4 **She can't eat sour food.** 그녀는 신 음식을 먹지 못해요. sour – 신, 시큼한; 상하다

주어를 You로

___

5 **We can't afford to buy a new car right now.** 우리는 지금 새 차를 살 형편이 안 돼요.
afford – 구매할 수 있는 금전적 능력·여유가 있다

긍정문으로

___

6 **He can run a marathon in under 3 hours.** 그는 3시간 안에 마라톤을 완주할 수 있어요.

주어를 We로

___

7 **Can you drive a manual car?** 수동 변속기 차를 운전할 수 있어요?
drive a manual car – 수동차를 운전하다

주어를 he로

___

8 **Can you see that building in the distance?** 저 멀리 건물이 보이시나요?
in the distance – 멀리서, 먼 곳에서, 멀리

in the distance를
over there(저기)로

___

9 **Can I borrow your pen for a moment?** 잠깐 펜 좀 빌릴 수 있을까요?
borrow – 빌리다   for a moment – 잠시 동안

your pen을
your laptop(노트북)으로

___

10 **Can I ask you a question?** 질문 하나 드려도 될까요?

a question을
a favor(부탁)로

___

1 **I can speak three languages.**

평서문: 저는 세 가지 언어를 구사할 수 있어요.

_____

의문문: (당신은) 세 가지 언어를 구사할 수 있나요?

_____

부정문: 저는 세 가지 언어를 구사하지 못해요.

_____

2 **He can lift heavy weights easily.**

평서문: 그는 무거운 것을 쉽게 들어 올릴 수 있어요.

_____

의문문: 그가 무거운 것을 쉽게 들어 올릴 수 있나요?

_____

부정문: 그는 무거운 것을 쉽게 들어 올리지 못해요.

_____

3 **She can't eat sour food.**

부정문: 그녀는 신 음식을 먹지 못해요.

_____

긍정 의문문: 그녀가 신 음식을 먹을 수 있나요?

_____

긍정문: 그녀는 신 음식을 먹을 수 있어요.

_____

4 **We can't afford to buy a new car right now.**

부정문: 우리는 지금 새 차를 살 형편이 안 돼요.

_____

긍정 의문문: 우리가 지금 새 차를 살 형편이 되나요?

_____

긍정문: 우리는 지금 새 차를 살 형편이 돼요.

_____

물을 더 많이 마시는 게 좋아.

should ~하는 게 좋겠어요

MP3 024-0

사실, 조언은 하는 사람은 좋은 마음이지만 듣는 사람에게는 잔소리일 수도 있습니다. 그런데 영어에는 듣는 사람 기분을 상하지 않게 하면서 '~하면 좋겠는데'의 의미로 넌지시 권유하거나 충고할 때 쓰는 조동사가 있습니다. 바로 should예요.

🐱 should: ~하는 게 좋겠어, ~해야지 (넌지시 권유하는 느낌)

이 should를 사용하면 상대방에게 '꼭 ~해야 해!'보다는 '~하는 게 좋겠어, ~해야지'처럼 부드럽게 권유하는 느낌을 줍니다. 예를 들어, "건강 생각해서 과일을 많이 먹어야 해"라고 할 때, You should eat more fruits for your health.라고 표현할 수 있죠. 여기서 should는 꼭 해야 하는 것이 아니라, **하는 게 좋겠다는 조언의 뉘앙스**로 쓰입니다. 일상에서 많이 쓰이는 권유나 조언의 문장을 아래에 소개하니 꼭 알아두세요.

> You **should** drink more water. 물을 더 많이 마시는 게 좋아.
>
> You **should** try this restaurant. (음식이 맛있으니) 이 식당 한번 가 봐.
>
> You **should** call your mom. 너 엄마한테 전화하는 게 좋겠어.
>
> You **should** take an umbrella. 너 우산 챙기는 게 좋겠어.
>
> You **should** exercise regularly. 운동을 규칙적으로 하는 게 좋아.

I should는 스스로에게 충고하거나 스스로 해야 할 일을 말할 때 써요.

> I **should** eat healthier. 좀 더 건강하게 먹어야겠어.
>
> I **should** go to bed earlier. 좀 더 일찍 자야겠어.

should의 부정문과 의문문

should의 부정문은 should not으로 표현합니다. 짧게 줄이면 shouldn't라고 할 수 있어요. 의문문은 [Should + 주어 + 동사원형 ~?]만 기억하세요.

> You **shouldn't** eat too much fast food. 패스트푸드를 너무 많이 먹지 않는 게 좋겠어.
>
> **Should** we take a taxi or walk? 택시를 타는 게 좋을까, 아니면 걸어가는 게 좋을까?

다음 주어 옆에 [should + 동사원형] 형태로 써 보세요.   MP3 024-1   정답 p. 302

1   eat(먹다): 먹는 게 좋겠어

I		We	
You(단수)		You(복수)	
He/She		They	

2   swim(수영하다): 수영하는 게 좋겠어

I		We	
You(단수)		You(복수)	
He/She		They	

3   run fast(빨리 뛰다): 빨리 뛰는 게 좋겠어

I		We	
You(단수)		You(복수)	
He/She		They	

4   write beautifully(예쁘게 쓰다): 예쁘게 쓰는 게 좋겠어

I		We	
You(단수)		You(복수)	
He/She		They	

5   play the guitar(기타를 치다): 기타를 치는 게 좋겠어

I		We	
You(단수)		You(복수)	
He/She		They	

6   do the project(프로젝트를 하다): 그 프로젝트를 하는 게 좋겠어

I		We	
You(단수)		You(복수)	
He/She		They	

1 **We** should leave early to avoid traffic. 교통 체증을 피하게 우리 일찍 떠나는 게 좋겠어.
avoid traffic – 교통 체증을 피하다

주어를 You로

---

2 **I** should apologize to Jane for **my** mistake. 실수한 것에 제인에게 사과해야겠어.
apologize to – ~에게 사과하다   apologize for – ~에 대해 사과하다

주어를 We로,
my를 our로

---

3 **You** should wear a jacket. It's cold outside. 밖이 추우니까 재킷을 입는 게 좋겠어.

앞의 주어를 She로

---

4 **You** should take a break **if you're feeling tired.** 피곤하면 너 잠깐 쉬는 게 좋겠어.
take a break – 쉬다, 잠깐 쉬어 가다

if you're feeling tired를
if necessary(필요하다면)로

---

5 **You** should drink more water throughout the day.
온종일 물을 더 많이 마시는 게 좋겠어.   throughout the day – 온종일

주어를 Athletes
(운동 선수들)로

---

6 I think **you** should consider their offer carefully.
그들의 제안을 네가 신중히 고려하는 게 좋을 것 같아.   carefully – 조심스럽게, 신중히

you를 my sister
(내 여동생)로

---

7 **You** shouldn't skip breakfast. 아침 식사를 거르지 않는 것이 좋아.
skip breakfast – 아침을 거르다

주어를 Students(학생들)로

---

8 **He** should join a gym to stay fit. 건강을 유지하게 그 사람, 헬스장에 등록하는 게 좋겠어.
join a gym – 헬스장에 가입하다   stay fit – 건강을 유지하다

주어를 I로

---

9 **You** shouldn't procrastinate on **your** assignments.
너, 숙제를 미루지 않는 게 좋겠다.   procrastinate on – ~을 미루다

주어를 They로, your를 their로

---

10 **He** should practice **his** speech before the presentation.
그 사람, 발표 전에 연설 연습을 하는 게 좋겠어.

주어를 You로, his를 your로

1   I should apologize to Jane for my mistake.

평서문: 내 실수에 대해 제인에게 사과하는 게 좋겠어.

_____

의문문: 내 실수에 대해 제인에게 사과해야 할까?

_____

부정문: 내 실수에 대해 제인에게 사과하지 않는 게 좋겠어.

_____

2   You should wear a jacket. It's cold outside.

평서문: 밖이 추우니까 재킷을 입는 게 좋겠어.

_____

의문문: 밖이 추우니까 내가 재킷을 입어야 할까?

_____

부정문: 밖이 따뜻하니까 재킷을 입지 않는 게 좋겠어. (cold → warm)

_____

3   He should consider their offer carefully.

평서문: 그가 그들의 제안을 신중히 고려하는 게 좋겠어.

_____

의문문: 그가 그들의 제안을 신중히 고려해야 할까?

_____

부정문: 그가 그들의 제안을 신중히 고려하지 않는 게 좋겠어.

_____

4   You shouldn't skip breakfast.

부정문: 너 아침 식사를 거르지 않는 게 좋겠어.

_____

긍정 의문문: 내가 아침 식사를 걸러야 할까?

_____

긍정문: 너 아침 식사를 거르는 게 좋겠어.

_____

UNIT 25 너 그 초콜릿 케이크 꼭 먹어 봐야 해.

have to vs must (1) ~해야 해요

MP3 025-0

일상 회화에서 must와 have to는 많이 혼용되어 쓰입니다. 구어체에서는 have to가 더 자주 쓰이고, 안내 표지판, 공식 문서, 글쓰기 등 공식적인 자리에서는 must가 많이 쓰여요. 그래서 회화에서 must를 쓰면 have to보다 더 강한 의무감의 뉘앙스를 줄 수 있답니다. 여기서 have to와 must의 사용법과 뉘앙스를 확실히 잡아 보세요.

must와 have to가 같이 쓰이는 경우

개인적인 의견으로 '~해야 한다'고 말할 때

개인적인 의견으로 무언가를 추천하거나 권장할 때 사용합니다.

- You **must** try the chocolate cake! It's the best in town!
- You **have to** try the chocolate cake! It's the best in town!
  그 초콜릿 케이크를 꼭 먹어 봐! 이 동네에서 제일 맛있어!

- You **must** see this movie! It's absolutely fantastic!
- You **have to** see this movie! It's absolutely fantastic!
  너, 이 영화 꼭 봐야 해! 정말 환상적이야!

공식적인 규칙에 따른 의무

must는 일반적으로 법적, 규정상 강한 의무를 나타내고, have to는 일상에서 지켜야 할 규칙들을 이야기 할 때 자주 쓰입니다.

- You **must** wear a helmet when riding a motorcycle. (교통법규를 따르는 느낌)
- You **have to** wear a helmet when riding a motorcycle.
  (일상적인 규칙을 말하는 느낌) 오토바이 탈 때는 헬멧을 꼭 써야 해.

- You **must** have a visa to enter the country. (공식적인 입국 규정)
- You **have to** have a visa to enter the country. (일반적인 여행 규칙)
  그 나라에 입국하려면 비자가 꼭 필요해.

must만 쓰이는 경우

문서나 표지판 등 공식적인 내용에 사용 (더 엄격하다는 걸 강조)

공항, 박물관, 호텔, 관공서 등에서 must가 포함된 문구를 자주 볼 수 있어요.

> You **must not** enter this area. 이 구역은 들어가면 안 됩니다.
>
> All visitors **must** show identification before entering.
> 모든 방문객은 입장하기 전에 신분증을 보여 줘야 합니다.

주관적인 의무 (강한 권유일 뿐 법적 강제성이 없음)

부모님이 아침마다 비타민을 챙겨 주시면서 '이거 꼭 먹어라' 하시는 것처럼 주관적으로 느끼는 의무나 필요성을 담아내기도 합니다.

> You **must** take vitamins! It's good for you.
> 비타민 꼭 먹어야 해! 이게 몸에 좋아.

have to가 일반적으로 쓰이는 경우

외부 요인에 따른 의무 (강제성이 있고, 안 하게 되면 규칙 위반이 됨)

독감에 걸리면 (외부 요인이나 규칙) 꼭 약을 챙겨 먹어야 하죠? 그런 측면에서 말할 때 have to를 씁니다.

> You **have to** take this medicine, so you can get better from the flu.
> 이 약 꼭 챙겨 먹어야 해. 그래야 독감에서 나을 수 있어.
>
> I **have to** finish this report by tomorrow. 나 내일까지 이 보고서를 끝내야 해.
>
> I **have to** attend the meeting tomorrow. 나 내일 회의에 참석해야 해.

개인적인 의무

have to를 사용해서 개인적으로 해야 하는 의무나 책임을 나타낼 때 사용합니다.

> I **have to** pick up the kids after school. 방과 후에 아이들을 데리러 가야 해.
>
> We **have to** leave early to avoid traffic. 교통 체증을 피하게 우리 일찍 떠나야 해.
>
> She **has to** study hard for the exam. 그녀는 시험 공부를 열심히 해야 해.
>
> * have to는 앞에 오는 주어가 3인칭 단수일 때는 has to로 써야 하는 것에 주의

빠른 문법 체크

다음 주어 옆에 지시문에 따라 [have to + 동사원형], [must + 동사원형] 형태로 써 보세요.　MP3 025-1　정답 p. 304

1 eat this cake(이 케이크를 먹다): **must** + 동사원형 '이 케이크를 꼭 먹어야 해' (주관적 의무)

I	We
You (단수)	You (복수)
He/She	They

2 swim(수영하다): **have to** + 동사원형 '꼭 수영해야 해' (외부 요인에 따른 의무)

I	We
You (단수)	You (복수)
He/She	They

3 run fast(빨리 뛰다): **have to** + 동사원형 '빨리 뛰어야 해' (개인적인 의무)

I	We
You (단수)	You (복수)
He/She	They

4 write beautifully(예쁘게 쓰다): **must** + 동사원형 '예쁘게 써야 합니다' (공식적인 내용)

I	We
You (단수)	You (복수)
He/She	They

5 play the guitar(기타를 치다): **have to** + 동사원형 '기타를 쳐야 해' (개인적인 의무)

I	We
You (단수)	You (복수)
He/She	They

6 do the project(프로젝트를 하다): **have to** + 동사원형 '그 프로젝트를 해야 해' (외부 요인에 따른 의무)

I	We
You (단수)	You (복수)
He/She	They

1 **They** must be at least 18 years old to vote.

투표를 하려면 그들이 최소 18세 이상이어야 해. at least – 최소한

주어를 You로

---

2 **You** must not smoke in this area. 이 구역에서는 담배를 피우면 안 돼.

주어를 Everyone
(모두)으로

---

3 **All visitors** must show identification before entering the building.

모든 방문객은 건물에 들어가기 전에 신분증을 보여 줘야 해.

주어를 Everyone
(모두)으로

---

4 **You** must take **your** shoes off before entering the house.

집에 들어가기 전에 신발을 꼭 벗어야 해. take off shoes – 신발을 벗다

주어를 They로, your를 their로

---

5 **Students** must complete **their** assignments on time.

학생들은 과제를 제때 완료해야 합니다. on time – 정시에

주어를 The student
(그 학생)로, their를 his로

---

6 **I** have to finish **my** homework before **I** can go out.

나는 외출하기 전에 숙제를 끝내야 해.

주어를 My son
(우리 아들)으로

---

7 **You** have to wear a uniform at school.

너는 학교에서 교복을 입어야 해. wear a uniform – 유니폼을 입다

주어를 She로

---

8 **She** has to attend the meeting tomorrow. 그녀는 내일 회의에 참석해야 해.

주어를 You로

---

9 **He** has to pay **his** rent by the end of the month. 그는 이달 말까지 집세를 내야 해.

pay one's rent – 월세를 지불하다 the end of the month 이달 말

주어를 We로, his를 our로

---

10 **They** have to pay a fine for parking in a no-parking zone.

그들은 주차 금지 구역에 주차한 것에 대해 벌금을 내야 해요. pay a fine – 벌금을 내다

주어를 I로

실생활 대화문
(021 ~ 025)

다음 대화문을 다음과 같이 공부하세요.   **1단계** 큰 소리로 두 번 읽는다.
                                                2단계 음원을 두 번 듣고 원어민 발음을 확인한다.
                                                3단계 한 번은 A가 되었다가 한 번은 B가 되어 연습한다.

대화 1	1단계 체크 ☐ ☐	2단계 체크 ☐ ☐	3단계 체크 ☐ ☐

Anna Jake, can you go grocery shopping with me? It's too heavy for me to carry everything.
제이크, 나랑 장 보러 가 줄래? 나 혼자 다 들기엔 너무 무거워.

Jake Of course! What should we buy?
그럼! 뭐 사야 해?

Anna Let's start with vegetables, then get some frozen food.
채소 먼저 사고, 그다음 냉동식품 사자.

Jake Sounds good. Do we need to buy drinks too?
좋아. 음료도 사야 해?

Anna Yes! And don't forget the milk. I have to make breakfast tomorrow.
응! 우유도 잊지 마. 내일 아침밥 만들어야 하거든.

Jake You always do so much. You should take it easy sometimes.
자기는 항상 너무 열심히 해. 가끔은 좀 쉬엄쉬엄 해.

Anna I know, but I must cook dinner tonight. We have guests coming.
알아, 그런데 오늘 저녁은 꼭 만들어야 해. 손님 오잖아.

Jake Okay, okay. Then let's make it quick. I'll carry the heavy bags.
알았어, 알았어. 그럼 빨리 끝내자. 무거운 가방은 내가 들게.

Anna Thanks! Can you help me choose the best apples too?
고마워! 사과도 좋은 거 고르는 것 좀 도와줄래?

Jake Sure! Red or green?
그래! 빨간 거? 초록색인 거?

Anna　Both! I like red, but the kids love green ones.

둘 다! 난 빨간 거 좋아하는데 애들은 초록색인 거 좋아하잖아.

Jake　Got it. Anything else?

알겠어. 또 뭐 필요해?

Anna　Oh, we should get some snacks too. But not too many!

아, 간식도 조금 사자. 너무 많이는 말고!

Jake　Haha, okay. And when we get home, I'll help put everything away.

하하, 알겠어. 집에 가면 정리도 도와줄게.

Anna　Really? That would help a lot.

정말? 진짜 도움이 될 거야.

Jake　You do too much already. Just relax today.

자기는 평소에도 너무 열심히 하잖아. 오늘은 좀 쉬어.

Key Expressions

go grocery shopping 장 보러 가다   too heavy 너무 무거운   carry everything 모든 것을 들다
start with … ~부터 시작하다   frozen food 냉동식품   Do we need to…? ~해야 해?
Don't forget to… ~하는 것을 잊지 마   take it easy 쉬다, 무리하지 않다
help put everything away 모든 걸 정리하는 걸 도와주다   you do too much 너는 너무 많은 것을 한다
just relax 그냥 쉬다

지금 당장 대답 안 해도 돼요.

have to vs must (2) 뜻이 아예 달라지는 부정문

`MP3 026-0`

have to와 must는 긍정문일 때와 달리 부정문이 될 때 뜻이 완전히 달라집니다. 하나
하나 차근차근 살펴볼게요.

---

 must의 부정형: (강한 금지)
must not = mustn't

---

must의 부정문은 '~하면 (절대) 안 돼'의 의미로, 강한 금지의 뉘앙스를 지닙니다.

You **must not** smoke in here. 여기서 담배를 피우면 안 됩니다.

You **must not** park in the no-parking zone. 주차 금지 구역에 차를 세우면 안 됩니다.

You **must not** throw trash here. 쓰레기를 여기 버리면 안 됩니다.

---

 have to 부정형: (의무 없음)
do not have to = don't have to (주어가 3인칭 단수 이외)
does not have to = doesn't have to (주어가 3인칭 단수일 때)

---

have to의 부정문은 '~할 필요가 없다'로 의무가 없음을 나타냅니다.

You **don't have to** come if you don't want to. 오고 싶지 않으면 안 와도 됩니다.

She **doesn't have to** answer right now. 그녀는 지금 당장 대답 안 해도 돼요.

I **don't have to** attend the meeting tomorrow. 나는 내일 회의에 참석할 필요가 없어.

have to ~의 의문문은 [Do + 주어 + have to + 동사원형 ~?]인데, 주어가 3인칭
단수일 때는 [Does + 주어 + have to + 동사원형 ~?]입니다. must의 의문문은,
문법적으로는 [Must + 주어 + 동사원형 ~?]이지만, 실제로 이렇게는 잘 쓰지
않고요, [Do/Does + 주어 + have to + 동사원형 ~?]으로 표현합니다.

Do I have to come here? 내가 여기에 와야 해요?

Does he have to work on the project? 그가 그 프로젝트를 맡아야 해요?

PRACTICE 1　빠른 문법 체크

다음 주어 옆에 지시문에 따라 [don't have to + 동사원형],
[must not + 동사원형] 형태로 써 보세요.

MP3 026-1　정답 p. 305

1　eat this cake(이 케이크를 먹다): **must not** + 동사원형 '이 케이크 먹으면 안 돼'

I		We	
You(단수)		You(복수)	
He/She		They	

2　swim(수영하다): **don't have to** + 동사원형 '수영 안 해도 돼'

I		We	
You(단수)		You(복수)	
He/She		They	

3　run fast(빨리 뛰다): **don't have to** + 동사원형 '빨리 뛰지 않아도 돼'

I		We	
You(단수)		You(복수)	
He/She		They	

4　write beautifully(예쁘게 쓰다): **don't have to** + 동사원형 '예쁘게 안 써도 돼'

I		We	
You(단수)		You(복수)	
He/She		They	

5　play the guitar(기타를 치다): **must not** + 동사원형 '기타를 치지 말아야 해'

I		We	
You(단수)		You(복수)	
He/She		They	

6　do the project(프로젝트를 하다): **don't have to** + 동사원형 '그 프로젝트 하지 않아도 돼'

I		We	
You(단수)		You(복수)	
He/She		They	

1 **You** must not use **your** phone while driving.
운전 중에는 휴대폰을 사용해서는 안 됩니다.

주어를 All drivers(모든 운전자들)로,
your를 their로

---

2 **Pets** must not be left unattended in the park.
공원 내에 반려동물을 방치해서는 안 됩니다.   unattended – 방치된, 주인이 없는

주어를 Little kids
(어린아이들)로

---

3 **Employees** must not share confidential information.
직원들은 기밀 정보를 공유해서는 안 됩니다.   share – 공유하다 confidential information – 기밀 정보

주어를 Directors
(이사들)로

---

4 **Guests** must not bring outside food into the venue.
손님들은 외부 음식을 행사장에 가져와서는 안 됩니다.   bring outside food – 외부 음식을 가져오다 venue – 장소

주어를 You로

---

5 **You** must not feed the animals in the zoo.
동물원에서 동물에게 먹이를 주어서는 안 됩니다.   feed – 먹이를 주다

주어를 We로

---

6 **You** don't have to come to the meeting if you're busy.
바쁘면 회의에 올 필요 없어요.

주어를 He로

---

7 **She** doesn't have to finish **her** homework tonight. It's due next week.
그녀는 오늘 밤 숙제를 끝낼 필요가 없어요. 다음 주가 마감일이에요.   due + 날짜 – ~가 기한인

앞의 주어를 I로,
her를 my로

---

8 **We** don't have to wear uniforms on Fridays. 금요일에는 교복을 입을 필요가 없어요.

주어를 Students
(학생들)로

---

9 **They** don't have to pay for parking on weekends.
그들은 주말에는 주차 요금을 낼 필요가 없어요.   pay for – 비용을 지불하다

주어를 We로

---

10 **You** don't have to apologize. It was a misunderstanding.
사과할 필요 없어요. 오해였잖아요.   misunderstanding – 오해

주어를 He로

1 We don't have to wear uniforms on Fridays.

부정문: 우리 금요일에는 교복을 입을 필요가 없어요.

_____

긍정 의문문: 우리 금요일에 교복을 입어야 하나요?

_____

긍정문: 우리 금요일에는 교복을 입어야 해요.

_____

2 They don't have to pay for parking on weekends.

부정문: 그들은 주말에는 주차 요금을 낼 필요가 없어요.

_____

긍정 의문문: 그들은 주말에 주차 요금을 내야 하나요?

_____

긍정문: 그들은 주말에 주차 요금을 내야 해요.

_____

3 Guests mustn't bring outside food into the venue.

부정문: 손님들은 외부 음식을 행사장에 가져와서는 안 돼요.

_____

긍정 의문문: 손님들이 외부 음식을 행사장에 가져와야 하나요?

_____

긍정문: 손님들은 외부 음식을 행사장에 가져와야 해요.

_____

4 You must not feed the animals in the zoo.

부정문: 동물원에서 동물에게 먹이를 주어서는 안 돼요.

_____

긍정 의문문: 내가 동물원에서 동물에게 먹이를 주어야 하나요?

_____

긍정문: 동물원에서 동물에게 먹이를 줘야 해요.

_____

내일 비가 올 수도 있어.

may/might ~일 수도 있어요

MP3 027-0

조동사 may와 might 모두 '~일 수도 있고, 아닐 수도 있다'는 뜻으로 불확실성을 나타냅니다. 확실성과 관련해 will과 차이가 있는데요, 이들 조동사가 주는 미묘한 뉘앙스를 확실히 알아보세요.

 ### 확실성으로 본 Will vs. May vs. Might

will은 확실성을 더 강하게 나타낼 때

> It **will** rain tomorrow. 내일 비가 올 거예요.
>
> * 내일 비가 올 게 확실하다는 걸 상대에게 전달

may는 공식적이거나 정중한 뉘앙스를 줄 때

> It **may** rain tomorrow. 내일 비가 올 수도 있어요.
>
> * 비가 올지 안 올지 확실하지 않아서 50% 정도의 확신을 가지고 있다는 걸 상대방에게 전달

might는 구어체에서 더 흔히 쓰이며 약간 낮은 확률을 나타낼 때

> It **might** rain tomorrow. 내일 비가 올지도 모르겠네.
>
> * 50%보다 더 낮은 확률로 확신하고 있다는 뉘앙스를 상대방에게 전달

 ### may/might의 부정문: may/might + not + 동사원형

> The store **may not** be open today. 그 가게는 오늘 문을 열지 않을 수도 있어.
>
> You **may not** need a visa to visit that country.
> 그 나라를 방문하는 데 비자가 필요하지 않을 수도 있어.
>
> * 50%의 확률로 가능성이 있다는 뉘앙스를 상대방에게 전달

> This idea **might not** work. 이 아이디어가 효과가 없을 수도 있어요.
>
> She **might not** be home right now. 그녀가 지금 집에 없을 수도 있어.
>
> * may보다 더 낮은 50% 미만의 확률로 가능성이 있다는 뉘앙스를 상대방에게 전달

may/might의 의문문: May I ~? 외에는 거의 쓰이지 않음

원칙적으로 주어 앞에 May나 Might를 놓아서 의문문을 만들 수도 있지만, 일상 회화에서는 May I ~?(제가 ~해도 될까요?)를 제외하면 거의 쓰이지 않습니다. I 외에는 [Do you think 주어 + may ~?] 또는 [Can + 주어 ~?] 표현이 더 자연스럽습니다.

> **May I** open the door? 제가 문 좀 열어도 될까요?
>
> **Do you think he may come** to the party?
> 당신 생각에 그가 파티에 올 것 같아요? (자연스러운 표현)
>
> **Can he come** to the party? 그가 파티에 올 수 있을까요? (더 일반적인 표현)

 ## 의문문에서의 May I ~? vs. Can I ~?

어떤 것을 부탁하거나 허락을 구하는 의문문에서 May I ~?를 사용하면 Can I ~?를 사용하는 것보다 더 정중하게 들릴 수 있습니다. 이는 확실성이 낮기 때문에 상대방에게 그만큼 더 선택권을 주는 느낌으로 전달되기 때문입니다. 누구에게 쓰느냐에 따라 달리 활용해 보세요.

상황	Can I ~? (캐주얼한 표현)	May I ~? (더 정중한 표현)
친구나 가족에게 요청할 때	**Can I** borrow your book? 책 좀 빌려도 돼?	**X** 너무 격식적이라 자연스럽지 않을 수 있어요.
회사 회의나 비즈니스 상황	**Can I** ask a question? 질문 하나 해도 돼요? *가능하긴 하지만 상사에게는 덜 적절할 수도 있음	**May I** ask a question? 질문 하나 드려도 될까요? *공식적인 자리에서 더 적절
식당, 호텔, 공항 등 공공장소	**Can I** have some water? 물 좀 주세요. *캐주얼하지만 많이 쓰임	**May I** have some water? 물 한 잔 부탁드립니다 *더 정중한 요청
공식적인 허락을 구할 때	**Can I** leave early? 일찍 가도 되나요? *친한 사이에서는 가능하지만, 격식 있는 자리에서는 May I~?가 더 적절	**May I** leave early? 제가 일찍 가도 되겠습니까? *공식적인 자리에서 더 적합

1   eat this cake(이 케이크를 먹다): **may + 동사원형** '이 케이크 먹을지도 몰라요' (공손한 느낌)

I		We	
You(단수)		You(복수)	
He/She		They	

2   swim(수영하다): **might + 동사원형** '수영할지 모르겠네' (구어체에서)

I		We	
You(단수)		You(복수)	
He/She		They	

3   run fast(빨리 뛰다): **may + 동사원형** '빨리 뛸지도 몰라요' (공손한 느낌)

I		We	
You(단수)		You(복수)	
He/She		They	

4   write beautifully(예쁘게 쓰다): **might + 동사원형** '예쁘게 쓸지 모르겠네' (구어체에서)

I		We	
You(단수)		You(복수)	
He/She		They	

5   play the guitar(기타를 치다): **Can + 주어 + 동사원형** ~? '기타를 칠 수도 있을까요?'

I		we	
you(단수)		you(복수)	
he/she		they	

6   do the project(프로젝트를 하다): **Can + 주어 + 동사원형** ~? '그 프로젝트를 할 수 있을까요?'

I		we	
you(단수)		you(복수)	
he/she		they	

* 5/6번의 경우 Can I ~?는 '제가 ~해도 될까요?'의 의미

1   It may rain later today. 오늘 이따가 비가 올 수도 있어.

rain을
snow(눈이 오다)로
_____

2   She might be late for the meeting. 그녀가 회의에 늦을지도 몰라.

주어를 He로
_____

3   We might go to the beach this weekend. 우리, 이번 주말에 해변에 갈지도 몰라.
go to the beach – 해변에 가다

주어를 They로
_____

4   The package may arrive tomorrow. 택배가 내일 도착할 수도 있어.

tomorrow를
today(오늘)로
_____

5   The movie might be sold out. 영화가 매진될 수도 있어.   sold out – 매진된

주어를 The concert
(그 콘서트)로
_____

6   He might not come to the party. 그가 파티에 안 올 수도 있어.

주어를 She로
_____

7   The price might go up next month. 다음 달에 가격이 오를 수도 있어.
the price goes up – 가격이 오르다

주어를 The gas prices
(기름 값)로
_____

8   We may have to work overtime this week. 이번 주에 우리, 야근해야 할 수도 있어.
work overtime – 초과 근무하다

주어를 The employees
(그 직원들)로
_____

9   May I use your phone for a moment? 잠깐 네 전화 좀 써도 될까?

phone을 brush(빗)로
_____

10   May I leave early today? 오늘 일찍 퇴근해도 될까요?   leave early – 일찍 떠나다
leave early를 take a day off
(하루 연차를 쓰다)로
_____

1 **We might go to the beach this weekend.**

평서문: 우리 이번 주말에 해변에 갈지도 몰라.

의문문: 우리 이번 주말에 해변에 갈 수도 있을까?

부정문: 우리 이번 주말에 해변에 가지 않을 수도 있어.

2 **The package may arrive tomorrow.**

평서문: 택배가 내일 도착할 수도 있어.

의문문: 택배가 내일 도착할 수도 있을까?

부정문: 택배가 내일 도착하지 않을 수도 있어.

3 **The movie might be sold out.**

평서문: 영화가 매진될 수도 있어.

의문문: 영화가 매진될 수도 있을까?

부정문: 영화가 매진되지 않을 수도 있어.

4 **The price might go up next month.**

평서문: 다음 달에 가격이 오를 수도 있어.

의문문: 다음 달에 가격이 오를 수도 있을까?

부정문: 다음 달에 가격이 오르지 않을 수도 있어.

전 파리에 가 본 적 있어요.

have/has p.p. 현재완료 이해하기

`MP3 028-0`

이 현재완료라는 말, 많이 들어봤을 거예요. 한국어에는 딱 떨어지는 말이 없는 시제로, 개념 이해가 중요해요.

현재완료의 필수 개념: 과거가 현재까지 이어져 있다

과거는 과거일 뿐, 현재와 이어져 있지 않음을 표현할 때는 과거형을 쓰면 돼요. 하지만 과거와 현재가 이어져 있음을 표현하고 싶을 때는 이 현재완료를 쓰면 됩니다.

I lived in Seoul 5 years ago. 5년 전에 서울에 살았어요.

* 5년 전의 사실만을 이야기할 뿐 현재도 살고 있는지는 문장만 보고는 알 수 없습니다.

현재완료의 형태:
have + p.p.(과거분사)**/has + p.p.**(과거분사)—(주어가 3인칭 단수)

현재완료는 다음과 같은 상황에서 쓰입니다.

과거에 시작되었던 일이 현재까지 이어질 때

I have lived in Seoul for 10 years. 서울에서 10년 동안 살고 있어요.

* 10년 전에 살기 시작한 것이 지금도 계속되고 있음을 의미

과거에 일어난 일이 현재에 영향을 미칠 때

I have lost my keys. 열쇠를 잃어버렸어요.

* 과거에 열쇠를 잃어버렸고, 그로 인해 현재에도 열쇠가 없는 상태라서 어디를 들어가지 못하고 있음을 의미

과거에 경험했던 일을 말할 때

과거에 한 번 이상 경험했던 일을 표현할 때 이 시제를 사용합니다.

I have visited Paris. 전 파리에 가 본 적 있어요.

최근에 완료된 일을 말할 때

막 끝난 일을 이야기할 때 이 패턴을 씁니다.

> I **have** just **finished** my homework. 저 방금 숙제 끝냈어요.

p.p.(과거분사)란?

과거분사라고 하는 p.p.는요, 동사의 3단 변화 중 제일 마지막에 오는 것을 말해요. 다음 변화에서 볼드체로 된 부분이 과거분사죠. 규칙동사의 경우에는 과거형과 과거분사형이 똑같아요. 하지만 불규칙동사일 경우에는 과거형과 모습이 다르기 때문에 다 외우는 수밖에 없어요.

> love(사랑하다) – loved – **loved**   like(좋아하다) – liked – **ked**
>
> go(가다) – went – **gone**   come(오다) – came – **come**

과거분사와 과거형의 차이

동사의 과거형은 단독으로 과거에 있던 일을 표현할 수 있어요. 하지만 과거분사형은 특수한 경우를 제외하고는 늘 여기서 배운 have 동사와 함께 쓰이거나, be동사와 함께 쓰이는 경우가 대부분이에요.

> I **went** to school at that time. 나는 그때 학교에 다녔어요. (O)
>
> I **gone** to school at that time. 나는 그때 학교에 다녔어요. (X)

have + p.p.(과거분사)에서 have의 의미와 역할

have를 '가지고 있다', '먹다'의 의미로 알고 있지요? 하지만 현재완료 시제를 만들 때 쓰는 have는 그런 뜻이 아니에요. 형태는 같지만 완전히 다른 역할을 한답니다. 영어 문법에서는 뒤에 나오는 과거분사를 도와 현재완료 시제를 만든다고 해서 이때 쓰인 have를 '조동사'라고 부른다는 것도 참고로 알아두세요.

> I **have** a dog. 전 개가 한 마리 있어요. ('가지고 있다'의 의미)
>
> I **have studied** English for 2 years.
> 2년째 영어를 공부하고 있어요. (현재완료의 '조동사'로 쓰임)

현재완료의 부정문은 have/has 뒤에 not을 두어서, 의문문은 have/has를 주어 앞에 놓아서 만들어요. have not, has not은 줄여서 각각 haven't, hasn't로 씁니다.

> I **haven't** visited Paris. 전 파리에 가 본 적이 없어요.
>
> **Have you** visited Paris? 파리에 가 본 적이 있어요?

1   **eat this cake**(이 케이크를 먹다): '**이 케이크 먹어 본 적이 있어요**' (eat의 p.p.는 eaten)

I		We	
You(단수)		You(복수)	
He/She		They	

2   **swim**(수영하다): '**막 수영을 했어요**' (swim의 p.p.는 swum. swum 앞에 just를 넣어서)

I		We	
You(단수)		You(복수)	
He/She		They	

3   **run fast**(빨리 뛰다): '**빨리 뛰고 있어요**' (run의 p.p.는 run)

I		We	
You(단수)		You(복수)	
He/She		They	

4   **write beautifully**(예쁘게 쓰다): '**예쁘게 썼어요**' (write의 p.p.는 written)

I		We	
You(단수)		You(복수)	
He/She		They	

5   **play the guitar**(기타를 치다): '**기타를 친 적이 있어요**' (play의 p.p.는 played)

I		We	
You(단수)		You(복수)	
He/She		They	

6   **do the project**(프로젝트를 하다): '**그 프로젝트를 했어요**' (do의 p.p.는 done)

I		We	
You(단수)		You(복수)	
He/She		They	

1   **I have worked at this company for 5 years.** 이 회사에서 5년째 일하고 있어요.

주어를 She로

_____

2   **She has lived in New York since 2010.** 그녀는 2010년부터 뉴욕에 살고 있어요.

주어를 They로

_____

3   **They have been married for 20 years.** 그들은 20년째 결혼 생활을 하고 있어요.

married를 friends(친구)로

_____

4   **I have lost my wallet.** 지갑을 잃어버렸어요. – 지금도 못 찾은 상태
lose one's wallet – 지갑을 잃어버리다

주어를 He로, my를 his로

_____

5   **She has broken her arm.** 그녀가 팔이 부러졌어요. – 아직 낫지 않은 상태

주어를 I로, her를 my로

_____

6   **I have caught a cold.** 감기에 걸렸어요. – 아직 회복 중인 상태   catch a cold – 감기에 걸리다

주어를 They로

_____

7   **Have you ever tried sushi?** 초밥 먹어 본 적 있어요?

tried를 made(만들었다)로

_____

8   **They have met the president in person.** 그들은 대통령을 직접 만난 적이 있어요.
in person – 직접, 얼굴을 맞대고, 대면하여

주어를 She로

_____

9   **She has never been to Europe.** 그녀는 유럽에 가 본 적이 없어요.

주어를 I로

_____

10   **She has recently graduated from college.** 그녀가 최근에 대학을 졸업했어요.
recently – 최근에 graduate from college – 대학을 졸업하다

주어를 They로

_____

11   **We have already eaten dinner.** 우리는 이미 저녁을 먹었어요.   already – 이미
eaten 대신에
planned(계획했다)로

_____

1 **They have been married for 20 years.**

평서문: 그들은 결혼한 지 20년이 됐어요.

_____

의문문: 그들이 결혼한 지 20년 됐나요?

_____

부정문: 그들은 (아직) 결혼한 지 20년은 안 됐어요.

_____

2 **She has broken her arm.**

평서문: 그녀가 팔이 부러졌어요.

_____

의문문: 그녀가 팔이 부러졌나요?

_____

부정문: 그녀가 팔이 부러지지는 않았어요.

_____

3 **She has never been to Europe.**

부정문: 그녀는 유럽에 한 번도 안 가 봤어요.

_____

긍정 의문문: 그녀는 유럽에 가 본 적이 있나요? (never → ever)

_____

긍정문: 그녀는 유럽에 가 본 적이 있어요.

_____

4 **She has recently graduated from college.**

평서문: 그녀가 최근에 대학을 졸업했어요.

_____

의문문: 그녀는 최근에 대학 졸업했나요?

_____

부정문: 그녀는 아직 대학 졸업한 게 아니에요. (recently → yet(아직))

_____

147

나는 3시간 동안 공부하고 있어.

have been V-ing 현재완료진행형 이해하기

MP3 029-0

우리말에 똑 떨어지는 말이 없는 시제 두 번째로, 현재완료진행형입니다. 과거가 현재까지 이어져 있다는 현재완료 개념에 진행의 의미를 더한 것이죠. 차근차근 이해해 보세요.

🐱 현재완료진행 필수 개념: 과거가 현재까지 이어져 있다 + 진행의 의미

현재완료진행형은 과거에 시작되어 현재까지 계속 진행 중인 행동이나 상태를 나타냅니다. 이 뜻이 가장 크지만, 계속 진행되던 것이 현재에 영향을 미치는 것을 나타내기도 합니다.

🐱 현재완료진행형의 형태: have/has been + 동사-ing

현재완료진행형은 주로 다음과 같은 상황에서 쓰입니다.

과거의 특정 시점부터 현재까지 계속 진행 중인 행동을 표현할 때

> I **have been studying** for 3 hours. 나는 3시간 동안 공부하고 있어.
>
> * 3시간 전에 공부를 시작해서 말하고 있는 지금 순간에도 공부하는 상태를 의미

최근의 지속적인 활동이 현재의 결과나 상태에 영향을 미칠 때

> I **have been exercising**, so I'm all sweaty. 나는 운동을 하고 있어서 땀에 젖었어.
>
> He **has been working out** regularly, so he looks much fitter.
> 그는 꾸준히 운동을 해 와서 몸이 훨씬 좋아 보인다.

반복적으로 일어나는 행동이 현재까지 이어질 때

> He **has been working** late for weeks. 그는 몇 주 동안 늦게까지 일하고 있어.
>
> I **have been taking** tennis lessons lately. 나는 요즘 테니스 수업을 듣고 있어.

현재완료진행형의 부정문 역시 have/has 뒤에 not을 넣어 만들고요, 의문문은 have/has를 주어 앞에 놓아서 만듭니다.

> I **haven't been sleeping** well lately. 나는 요즘 잠을 잘 못 자고 있어.
>
> **Have** you **been going** to the gym regularly? 너 꾸준히 헬스장 다니고 있어?

다음 주어 옆에 [have/has been + 동사-ing] 형태로 써 보세요. **MP3 029-1** 정답 **p. 311**

1 eat this cake(이 케이크를 먹다): '이 케이크를 (아까부터 계속) 먹고 있어요'

I		We	
You(단수)		You(복수)	
He/She		They	

2 swim(수영하다): '수영을 하고 있어요 (그랬더니 건강해졌어요)'

I		We	
You(단수)		You(복수)	
He/She		They	

3 run fast(빨리 뛰다): '(아까부터 계속) 빨리 뛰고 있어요'

I		We	
You(단수)		You(복수)	
He/She		They	

4 write beautifully(예쁘게 쓰다): '(반복해서) 예쁘게 쓰고 있어요'

I		We	
You(단수)		You(복수)	
He/She		They	

5 play the guitar(기타를 치다): '(아까부터 계속) 기타를 치고 있어요'

I		We	
You(단수)		You(복수)	
He/She		They	

6 do the project(프로젝트를 하다): '(예전부터 계속) 그 프로젝트를 하고 있어요'

I		We	
You(단수)		You(복수)	
He/She		They	

1   I have been waiting for the bus for 30 minutes.
내가 30분 동안 버스를 기다리고 있어요.

주어를 She로
_____

2   She has been working on this report since Monday.
그녀가 월요일부터 이 보고서를 작성하고 있어요.   work on – ~에 대해 작업하다, ~을 개선하다

주어를 The employees
(그 직원들)로
_____

3   We have been living in this apartment for five years.
우리는 5년 동안 이 아파트에 살고 있어요.

주어를 The tenant
(그 세입자)로
_____

4   They have been traveling around Europe for the past month.
그들은 지난 한 달 동안 유럽을 여행하고 있어요.   for the past month – 지난 한 달 동안

주어를 He로
_____

5   I have been cooking all day, so the house smells amazing.
온종일 요리를 하고 있어서 집 안이 좋은 냄새로 가득해요.

주어를 She로
_____

6   He has been working out regularly, and now he's in great shape.
그는 꾸준히 운동을 해 왔고, 지금은 몸 상태가 아주 좋아요.   in great shape – 몸이 좋은, 건강한

주어를 I로
_____

7   We have been painting the house, so our clothes are covered in paint. 집
을 페인트칠하고 있어서 옷 사방에 페인트가 묻었어요.   be covered in – ~로 덮여 있다

주어를 My parents
(우리 부모님)로, our를 their로
_____

8   She has been practicing the piano, and her skills have really improved. 그
녀는 피아노 연습을 계속해 왔고, 실력이 정말 늘었어요.

주어를 The participants
(그 참가자들)로, her를 their로
_____

9   I have been going to bed late every night this week.
내가 이번 주는 매일 밤 늦게 자고 있어요.

주어를 He로
_____

1 I have been waiting for the bus for 30 minutes.

평서문: 30분 동안 버스를 기다리고 있어요.

_____

의문문: 제가 30분 동안 버스를 기다리고 있냐고요?

_____

부정문: 나는 30분 동안 버스를 기다리고 있지는 않아요.

_____

2 He has been working out regularly.

평서문: 그는 꾸준히 운동을 해 왔어요.

_____

의문문: 그는 꾸준히 운동을 해 왔나요?

_____

부정문: 그는 꾸준히 운동해 오지 않고 있어요.

_____

3 We have been eating out more often lately.

평서문: 최근 우리가 외식을 더 자주 하고 있어요.

_____

의문문: 우리가 최근에 외식을 더 자주 하고 있나요?

_____

부정문: 우리는 최근에 외식을 더 자주 하지 않고 있어요.

_____

4 We have been living in this apartment for five years.

평서문: 우리는 5년 동안 이 아파트에 살고 있어요.

_____

의문문: 우리가 5년 동안 이 아파트에 살고 있냐고요?

_____

부정문: 우리는 5년 동안 이 아파트에 살고 있지는 않아요.

_____

UNIT 30 그녀가 나에게 서두르라고 말했어.

She told me that ~ 그녀가 ~라고 말했다

MP3 030-0

내 생각을 직접 상대방에게 말하는 것이 아니라 "(남이) ~라고 (말)했다"처럼 타인이 한 이야기를 인용할 때, 영어에서는 두 가지 방식을 취합니다.

🐱 주어 + said (that) + 주어 + 동사

---

said는 say(말하다)의 과거형으로 무엇을 말했는지 말한 내용에 더 초점을 두고 전달합니다. 보통 뒤에 듣는 사람을 명시하지 않아도 괜찮아서 [주어 + said (that) + 주어 + 동사]로 많이 쓰여요. 이때 두 번째 주어는 said의 주어와 같을 수도, 다를 수도 있어요.

> **She said** (that) she was tired. 그녀는 피곤하다고 말했다. (간접 화법)
> **She said,** "I'll be there soon." 그녀가 "곧 갈게"라고 말했다. (직접 화법)

누군가에게 말했는지 명시하기 위해서 said 뒤에 [to + 대상]을 넣을 수도 있지만, 일상적으로는 뒤에 누군가를 명시할 때는 told를 활용합니다.

> 그녀가 **나한테** 그 회의에 늦을 거라고 **말했다.**
> (약간 어색) She **said to me** that she would be late for the meeting.
> (더 자연스럽게는) She **told** me that she would be late for the meeting.

🐱 주어 + told + 대상 (that) + 주어 + 동사
주어 + told + 대상 + to 동사원형

---

told는 tell의 과거형으로 말을 누구에게 했는지를 꼭 표현해야 해서 늘 뒤에 '누구에게'를 나타내는 대상이 나와야 합니다.

> She **told me** (that) she was tired. 그녀는 나에게 피곤하다고 말했다.
> She **told us** to hurry up. 그녀가 우리에게 서두르라고 말했다.
> The weather forecast **told us** to stay inside, so we cancelled our picnic. 일기예보에서 우리에게 안에 있으라고 해서 우리는 피크닉을 취소했다.

* said/told의 주어로 사람뿐만 아니라 일기예보처럼 사람이 아닌 것도 올 수 있습니다.

1 she was busy today

그녀는 오늘 바쁘다고 했다.

She said _____

그녀는 나한테 오늘 바쁘다고 했다.

She told me _____

2 he would call me later

그가 나중에 전화하겠다고 했다.

He said _____

그가 나한테 나중에 전화하겠다고 했다.

He told me _____

3 Jessica didn't know the answer

그가 제시카는 정답을 몰랐다고 했다.

He said _____

그가 나한테 제시카는 정답을 몰랐다고 했다.

He told me _____

4 the meeting would be canceled

그들이 회의가 취소될 거라고 했다.

They said _____

그들이 나한테 회의가 취소될 거라고 했다.

They told me _____

5 she looked tired

그녀가 피곤해 보인다고 그가 말했다.

He said _____

그가 나한테 그녀가 피곤해 보인다고 말했다.

He told me _____

1 **My mom** said **she**'s proud of me. 엄마는 나를 자랑스럽게 여긴다고 말씀하셨다.
be proud of ~ – ~을 자랑스러워 하다

주어를 My dad(우리 아빠)로,
she를 he로

---

2 The teacher said the test would be **next week.**
선생님은 시험이 다음 주에 있을 거라고 하셨다.

next week를
next month(다음 달)로

---

3 Sarah said **she**'s moving to New York next month.
사라는 다음 달에 뉴욕으로 이사한다고 말했다.

she를 they로

---

4 The doctor said **I** need more rest. 의사는 내가 더 많은 휴식이 필요하다고 말했다.
need more rest – 더 많은 휴식이 필요하다

I를 Nora로

---

5 **Tom** said **he**'s sorry for being late. 톰은 늦어서 미안하다고 말했다. be late – 늦다

Tom을 Jessica로, he를 she로

---

6 **I told my** parents **I** passed the exam. 나는 부모님께 시험에 합격했다고 말씀드렸다.
pass the exam – 시험에 합격하다

I를 Sam/he로, my를 his로

---

7 The police officer told **us** to pull over. 경찰관은 우리에게 차를 세우라고 말했다.
pull over – 차를 도로 한쪽으로 대다, 차를 세우다

us를 them(그들에게)으로

---

8 The guide told the tourists not to **feed** the animals.
가이드는 관광객들에게 동물에게 먹이를 주지 말라고 말했다. feed – 먹이다, 급여하다

feed를 touch(만지다)로

---

9 **The flight attendant** told the passengers to fasten their seatbelts.
승무원은 승객들에게 안전벨트를 매라고 말했다. fasten one's seatbelt – 안전벨트를 매다

The flight attendant를
The taxi driver(택시 기사)로

---

10 My **grandmother** told us stories from **her** childhood.
할머니는 우리에게 할머니의 어린 시절 이야기를 들려주셨다.

grandmother를 grandfather
(할아버지)로, her를 his로

1   Sarah said she's moving to New York next month.

평서문: 사라가 다음 달에 뉴욕으로 이사한다고 말했어요.

_____

의문문: 사라가 다음 달에 뉴욕으로 이사한다고 말했나요?

_____

부정문: 사라는 다음 달에 뉴욕으로 이사한다고 말하지 않았어요.

_____

2   The doctor said I need more rest.

평서문: 의사는 내가 더 많은 휴식이 필요하다고 말했어요.

_____

의문문: 의사가 내가 더 많은 휴식이 필요하다고 말했나요?

_____

부정문: 의사는 내가 더 많은 휴식이 필요하다고 말하지 않았어요.

_____

3   Tom said he's sorry for being late.

평서문: 톰이 늦어서 미안하다고 말했어요.

_____

의문문: 톰이 늦어서 미안하다고 말했나요?

_____

부정문: 톰은 늦어서 미안하다고 말하지 않았어요.

_____

4   I told my parents I passed the exam.

평서문: 부모님께 내가 시험에 합격했다고 말씀드렸어요.

_____

의문문: 부모님께 내가 시험에 합격했다고 말씀드렸냐고요?

_____

부정문: 부모님께 내가 시험에 합격했다고 말씀드리지 않았어요.

_____

실생활 대화문
(026 ~ 030)

다음 대화문을 다음과 같이 공부하세요.　　1단계　큰 소리로 두 번 읽는다.
　　　　　　　　　　　　　　　　　　　2단계　음원을 두 번 듣고 원어민 발음을 확인한다.
　　　　　　　　　　　　　　　　　　　3단계　한 번은 A가 되었다가 한 번은 B가 되어 연습한다.

대화 1	1단계 체크 ☐ ☐	2단계 체크 ☐ ☐	3단계 체크 ☐ ☐

Sophie　I've been thinking about taking a trip to Europe. Have you ever been there?
나 유럽 여행을 할까 생각 중인데, 너 유럽 가 본 적 있어?

Jake　Yeah, I went there last year. You should definitely visit Paris—it's a must-see!
응, 나 작년에 갔었어. 파리는 꼭 가 봐야 해. 정말 볼 만한 곳이야!

Sophie　I might visit Paris, but I'm still debating. I may also go to Italy since I've heard the food is amazing.
파리에 갈 수도 있는데 아직 고민 중이야. 음식이 정말 좋다고 들어서 이탈리아도 갈 수도 있어.

Jake　Good idea. But remember, you have to book your tickets in advance. Last-minute flights can be crazy expensive.
좋은 생각이야. 그런데 티켓은 미리 예약해야 해. 막바지 항공권은 정말 비싸거든.

Sophie　Got it. By the way, do I have to apply for a visa to visit Italy?
알겠어. 그런데 이탈리아에 가려면 비자 신청해야 해?

Jake　No, you don't have to. But you must have a valid passport.
아니, 신청할 필요 없지만, 유효 기한이 남은 여권은 반드시 있어야 해.

Sophie　Makes sense. Oh, I've been saving up for this trip for months. I can't wait!
그렇구나. 나 이 여행을 위해 몇 달 동안 돈을 모았거든. 얼른 가고 싶다.

Jake　That's exciting. When I was there, someone told me that the Eiffel Tower looks even better at night.
멋지다. 나 거기 갔을 때 누군가가 에펠탑은 밤에 더 멋지다고 말해 줬어.

Sophie Good tip! I'll make sure to see it at night. But what about the language? They said it's hard to get by without knowing French.

좋은 팁이네! 밤에 꼭 봐야겠다. 그런데 언어는 어때? 사람들이 프랑스어를 모르고는 다니기 어렵다고 하던데.

Jake That might be true, but I managed fine with English and a translation app. You'll be okay.

맞을 수도 있지만, 나는 영어와 번역 앱으로 잘 지냈어. 너도 괜찮을 거야.

Sophie Thanks for the advice, Jake. I'll let you know how it goes!

고마워, 제이크. 다녀오면 어떻게 됐는지 알려 줄게!

---

take a trip to ... ~로 여행을 가다   have you ever been to ...? ~에 가 본 적 있어?
a must-see 꼭 봐야 할 것
I'm still debating 아직 고민 중이야 (debate는 '토론하다, 논의하다'라는 뜻 외에 '고민하다'라는 뜻도 있습니다.)
book tickets in advance 티켓을 미리 예약하다   last-minute flights 막바지 항공편   apply for a visa 비자를 신청하다
have a valid passport 유효한 여권을 가지고 있다   save up for ... ~을 위해 돈을 모으다
can't wait 정말 기대되다, 못 기다리겠다   look better at night 밤에 더 멋져 보이다
get by without ... ~ 없이 그럭저럭 지내다   translation app 번역 앱
let someone know how it goes 어떻게 됐는지 ~에게 알려 주다

누구 망고 좋아하는 사람?

주어를 모를 때 의문사 넣어서 질문하기!

UNIT 6에서 Does Diana have a boyfriend?(다이애나 남자 친구 있어?)처럼 뭔가를 확인하고 싶을 때 do나 does 또는 시제에 따라 did를 이용해 의문문 만드는 법을 배웠습니다. 그런데 이야기를 하다 보면 정보를 얻고 싶을 때가 있어요. 그래서 이번에는 주어가 확실하지 않을 때, 예를 들어서 손에 망고를 들고 "누가 망고 좋아하지?"라고 말하고 싶을 때 질문하는 패턴을 배워 보겠습니다.

😺 Who + 동사 ~?: 누가 ~하지?

"누가 망고 좋아하지?" 문장은 주어 자리에 'who'를 넣고, 시제가 현재형이고 주어가 who일 경우는 단수로 취급하니까 '좋아하다'의 likes를 붙여 주면 됩니다. 만약에 '누가 망고를 좋아했지?'처럼 과거로 묻는다면 과거형 동사를 넣을 수도 있습니다.

Who likes mangoes? 누구 망고 좋아하는 사람?

Who wants to play basketball with me?
누구 나랑 농구하고 싶은 사람?

Who called you last night? 누가 어젯밤에 너한테 전화했어?

이렇게 주어 자리에 올 수 있는 의문사로는 Who(누가), What(무엇이), Which(어떤 것) 등이 있어요. what, which의 경우 what subject(무슨 과목), which place(어떤 장소)처럼 '어떤, 무슨'의 의미로도 쓰일 수 있습니다. 다른 의문사 Where, When, Why, How 등은 주어 역할이 불가능합니다.

그 행사는 언제 열려요?

When happens the event? (X)   When does the event happen? (O)

기차는 언제 도착해요?

When arrives the train? (X)   When does the train arrive? (O)

1　**know the answer** / 누가 답을 알고 있니?

_____

2　**want some coffee** / 누구 커피 마실 사람?

_____

3　**make this decision** / 누가 이 결정을 내렸니?

(과거 시제로
- make의 과거형 made)

_____

4　**take my pen** / 누가 내 펜 가져갔니?

(과거 시제로
- take의 과거형 took)

_____

5　**write this book** / 누가 이 책을 썼니?

(과거 시제로
- write의 과거형 wrote)

_____

6　**leave the door open** / 누가 문을 열어 놓았니?

(과거 시제로
- leave의 과거형 left)

_____

7　**invite you to the party** / 누가 너를 파티에 초대했어?

(과거 시제로
- invite의 과거형 invited)

_____

8　**teach your English class** / 누가 네 영어 수업을 가르쳐?

_____

9　**forget to turn off the lights** / 누가 불 끄는 걸 깜박했어?

(과거 시제로
- forget의 과거형 forgot)

10　**help you move last weekend** / 누가 지난 주말에 너 이사하는 걸 도와줬어?

(과거 시제로
- help의 과거형 helped)

_____

1   Who **wants** to join our study group? 누구 우리 스터디 그룹에 참여하고 싶은 사람?

   과거 시제로
   _____

2   Which tastes better, **red or white wine**?
   레드와인과 화이트와인 중 어느 것이 더 맛있어?

   red or white wine을
   steak or salmon(스테이크나 연어)로
   _____

3   Which **place** sells the best coffee in this neighborhood?
   이 동네에서 어디가 제일 맛있는 커피를 팔아?   sell – 팔다, 판매하다

   place를 café(카페)로
   _____

4   Who **left** their umbrella in the office? 사무실에 누가 우산을 두고 갔나요?

   left를 forgot(잊어버렸다)으로
   _____

5   Who is interested in learning how to **play the guitar**?
   누구 기타 배우는 데 관심 있는 사람?   how to + 동사원형 – ~하는 방법

   play the guitar를
   cook(요리하다)으로
   _____

6   Who knows how to **fix** this computer? 누구 이 컴퓨터 고치는 법 아는 사람?

   fix를 assemble(조립하다)로
   _____

7   What makes this restaurant so **popular**?
   뭐가 이 식당을 이렇게 인기 있게 만드는 거지?   popular – 인기 있는

   popular를 famous(유명한)로
   _____

8   What time works best for everyone to **meet**?
   몇 시가 모두가 만나는 데 가장 좋은 시간이야?

   meet를 hang out(어울려 놀다)으로
   _____

9   What inspired you to **start painting**?
   뭐가 네가 그림을 그리기 시작하게 한 계기가 됐어?   inspire – 영감을 주다

   start painting을
   write a book(책을 쓰다)으로
   _____

10   Who brought **snacks** to the meeting? 누가 회의에 간식을 가져왔어?

   snacks를 drinks(음료)로
   _____

1   Who wants to join our study group?

의문문: 누구 우리 스터디 그룹에 참여하고 싶은 사람?

평서문: 누군가 우리 스터디 그룹에 참여하고 싶어 해.

Someone

부정문: 아무도 우리 스터디 그룹에 참여하고 싶어 하지 않아.

No one

2   Who knows how to fix this computer?

의문문: 누구 이 컴퓨터 고치는 법 아는 사람?

평서문: 누군가 이 컴퓨터를 고치는 방법을 알고 있어요.

Someone

부정문: 아무도 이 컴퓨터를 고치는 법을 몰라요.

No one

3   Who left their umbrella in the office?

의문문: 누가 사무실에 우산을 두고 갔어?

평서문: 누군가 사무실에 우산을 두고 갔어.

Someone

부정문: 아무도 사무실에 우산을 두고 가지 않았어.

No one

4   Who is interested in learning how to play the guitar?

의문문: 누구 기타 배우는 데 관심 있는 사람?

평서문: 누군가 기타 배우는 데 관심이 있어.

Someone

부정문: 아무도 기타 배우는 데 관심 있는 사람은 없어.

No one

너 지금 뭐 먹고 있어?

대상을 모를 때 의문사로 질문하기

이번에도 who, what, where 등의 의문사를 넣어 궁금한 것을 물어보는 문장을 연습합니다. 특히 현재진행형과 과거형을 활용해 보겠습니다.

🐱 의문사 + 동사(be동사, do/does/did …) + 주어 ~?

다이애나가 전화로 누군가와 이야기를 나누고 있는데, 통화하는 대상을 모르겠어요. 그럴 땐 의문사 Who를 맨 앞에 붙여서 다음 문장을 만들어 볼 수 있습니다.

Diana is talking to **someone**. 다이애나는 누군가와 이야기를 나누고 있습니다.

Who is Diana talking to? 다이애나는 누구와 이야기를 나누고 있나요?

* **talk to**처럼 동사와 전치사가 짝꿍처럼 함께 쓰이는 경우, 전치사를 생략하지 않고 문장 끝에 넣어 줍니다!

다양한 의문사로 물어보기 – '무엇'은 what

You are eating **something** now. 너 지금 뭐 먹고 있구나.

What are you eating right now? 지금 뭐 먹고 있어?

다양한 의문사로 물어보기 – '어디로'는 where

We are going **somewhere**. 우리는 어딘가로 가고 있어요.

Where are we going? 우리가 어디로 가고 있나요?

다양한 의문사로 물어보기 – '언제'는 when

They arrived **yesterday**. 그들은 어제 도착했어요.

When did they arrive? 그들은 언제 도착했어요?

다양한 의문사로 물어보기 – '어떻게'는 how

He solved the problem **by himself**. 그는 그 문제를 스스로 풀었어요.

How did he solve the problem? 그는 문제를 어떻게 풀었어요?

밑줄 친 표현을 의문사를 이용해 물어보는 문장을 만들어 보세요. MP3 032-1 정답 p. 314

1 She is painting a beautiful landscape. (→ what)
그녀는 멋진 풍경화를 그리고 있어요.

→ 그녀는 무엇을 그리고 있나요?

_____

2 They are having a picnic in the garden. (→ where)
그들은 정원에서 소풍을 하고 있어요.

→ 그들은 어디에서 소풍을 하고 있나요?

_____

3 He is studying for his final exams. (→ why) 그는 기말 시험을 위해 공부하고 있어요.

→ 그는 왜 공부를 하고 있나요?

_____

4 My dog is barking at the mailman. (→ who) 우리 개가 우편배달부에게 짖고 있어요.

→ 우리 개가 누구한테 짖고 있나요?

_____

5 She is learning English by watching movies. (→ how)
그녀는 영화를 보는 것으로 영어를 배우고 있어요.

→ 그녀는 어떻게 영어를 배우고 있나요?

_____

6 She is cooking dinner for her family. (→ who)
그녀는 가족을 위해 저녁 식사를 요리하고 있어요.

→ 그녀는 누구를 위해 저녁 식사를 요리하고 있나요?

_____

7 Jessica is watching a documentary on TV. (→ what)
제시카는 TV로 다큐멘터리를 보고 있어요.

→ 제시카는 TV로 뭘 보고 있나요?

_____

8 They are going to the bookstore. (→ where) 그들은 서점에 가고 있어요.

→ 그들은 어디로 가고 있나요?

_____

1 What are you watching on TV? TV에서 뭐 보고 있니?

주어를 he로

_____

2 Where is she running to in such a hurry? 그녀가 그렇게 급하게 어디로 가는 거야?
in a hurry – 서둘러, 급히

주어를 they로

_____

3 Who are you texting right now? 지금 누구한테 문자 보내고 있어?

주어를 I로

_____

4 Why is the baby crying? 아기가 왜 울고 있어? cry – 울다

crying을 screaming
(소리지르는)으로

_____

5 What are you cooking for dinner? 저녁으로 뭐 만들고 있어? cook – 요리하다

주어를 she로

_____

6 What kind of music are you listening to right now? 지금 어떤 음악 듣고 있어?
listen to – ~을 듣다

listening to를 composing
(작곡하는)으로

_____

7 Where are you thinking of moving to? 어디로 이사 갈 생각하고 있어?

주어를 she로

_____

8 What time are we meeting for lunch tomorrow?
우리 내일 점심 먹게 몇 시에 만날 거야?

What time을
Where(어디서)로

_____

9 How long are you staying in Paris? 파리에 얼마나 머물 예정이야?
how long – 얼마나 오래

주어를 they로

_____

10 When are you starting your new job? 새 직장은 언제부터 시작해?

주어를 I로, your는 my로

_____

1 What are you watching on TV?

평서문: 너는 TV에서 뭐를 보고 있구나. (something)

_____

의문문: TV에서 뭐 보고 있니?

_____

부정문: 너는 TV에서 아무것도 보고 있지 않구나. (anything)

_____

2 Where is she running to in a hurry?

평서문: 그녀는 급하게 어디론가 달려가고 있어. (somewhere)

_____

의문문: 그녀가 급하게 어디로 달려가는 거야?

_____

부정문: 그녀는 급하게 어디로도 달려가고 있지 않아. (anywhere)

_____

3 Who are you texting right now?

평서문: 너 지금 누군가에게 문자 보내고 있구나. (someone)

_____

의문문: 지금 누구한테 문자 보내고 있어?

_____

부정문: 너 지금 아무에게도 문자 보내고 있지 않잖아. (anyone)

_____

4 Why is the baby crying?

평서문: 아기가 무슨 이유에서인지 울고 있어.

_____

의문문: 아기가 왜 울고 있어?

_____

부정문: 아기는 아무 이유 없이 울고 있어. (for no reason)

_____

＊for no reason이 부정의 의미를 만들기 때문에 앞의 동사에 not을 붙이지 않음.

165

UNIT 33 그 사람 지금 뭐 하고 있는지 알아?

Do you know + 의문사 + 주어 + 동사? 활용으로 질문하기!

MP3 033-0

우리도 "지금 몇 시야?"라고 묻기도 하고, "지금 몇 시인지 알아?"처럼 묻기도 하죠? 영어도 마찬가지입니다. 일상에서 참 많이 쓰는 패턴인데요, 그럴 때 쓸 수 있는 표현이 Do you know ~?(~ 알고 있나요?)입니다.

 Do you know 의문사 + 주어 + 동사 ~?: 누가/왜/언제/어디서/어떻게/무엇을⁽이⁾ ~인지 알아요?

이때, 앞에서 배운 where, why와 같은 의문사를 먼저 붙인 후, [주어 + 동사 형태]로 말하고 싶은 내용을 이어 주시면 됩니다. 그래서 "지금 몇 시인지 알아?"는 Do you know what time is it?이 아니라 Do you know what time it is?로 말해야 하는 것이죠. 이 부분이 영어 공부할 때 많이 헷갈리는 것 중 하나니까 확실히 잘 알아두세요.

Do you know **what time is it**? (X)
Do you know **what time it is**? (O) 몇 시인 줄 알아요?

Do you know **what is he doing**? (X)
Do you know **what he is doing**? (O) 그가 지금 뭐 하고 있는지 알아요?

Do you know **how can I get there**? (X)
Do you know **how I can get there**? (O) 거기에 어떻게 가는지 알아요?

Do you know **when does she have breakfast**? (X)
Do you know **when she has breakfast?**(O) 그녀가 언제 아침 먹는지 알아요?

Do you know + **who did Tom love?** 톰이 누구를 사랑했어?

의문사로 시작한 문장이 과거 시제로 쓰였죠? 이것을 한 문장으로 만들 때는 Do you know who Tom loved?처럼 주어 뒤의 동사를 과거 시제로 써서 표현합니다.

다음 의문문을 Do you know 뒤에 넣어 '~ 알아요?' 문장으로 만들어 보세요. MP3 033-1 정답 p. 315

1 **What does he usually eat on weekends?** 그는 주말에 대개 무엇을 먹어?

Do you know _____

2 **Where did your mother buy that jacket?** 너희 어머니는 그 재킷 어디서 사셨어?

Do you know _____

3 **When is he planning to visit his parents?** 그는 언제 부모님을 찾아뵐 계획인 거야?

Do you know _____

4 **Why did she cancel the meeting?** 왜 그녀는 그 회의를 취소했어?

Do you know _____

5 **Who is your daughter's favorite author?** 당신 딸이 가장 좋아하는 작가가 누구예요?

Do you know _____

6 **Which movie does Tom want to watch tonight?**
톰이 오늘밤 어떤 영화를 보고 싶어 해?

Do you know _____

7 **How do they prepare for the presentation?** 그들은 프레젠테이션을 어떻게 준비해?

Do you know _____

8 **Whose phone is ringing?** 누구 폰이 울리고 있는 거야?

Do you know _____

9 **How much does this book cost?** 이 책 가격이 얼마야?

Do you know _____

1 **Do you know where the nearest subway station is?**
가장 가까운 지하철역이 어디에 있는지 아세요? 　the nearest − 가장 가까운

의문사 문장을 과거 시제로

2 **Do you know what time the movie starts?** 영화가 몇 시에 시작하는지 아세요?

starts를 finishes(끝나다)로

3 **Do you know how much this shirt costs?** 이 셔츠가 얼마인지 아세요?
cost − 비용, 가격; 비용이 들다

Do you know를
Did you know로

4 **Do you know when the next bus arrives?** 다음 버스가 언제 도착하는지 아세요?

arrives를 leaves(떠나다)로

5 **Do you know why Sarah didn't come to work today?**
Sarah가 오늘 왜 출근하지 않았는지 아세요?

come to work를 answer
your calls(전화를 받다)로

6 **Do you know how long it takes to get to the airport?**
공항까지 가는 데 얼마나 걸리는지 아세요? 　get to + 목적지 − ~에 도착하다, ~에 가다

get to the airport를 complete
the project(프로젝트를 완료하다)로

7 **Do you know who wrote this book?** 이 책을 누가 썼는지 아세요? 　write − 쓰다
wrote를 reviewed
(검토했다)로

8 **Do you know where I left my keys?** 제가 열쇠를 어디에 두었는지 아세요?

my keys를
my phone(내 전화)으로

9 **Do you know how to use this coffee machine?** 이 커피 머신 쓰는 법 아세요?
use를 clean
(청소하다)으로

10 **Do you know what time the store closes?** 가게가 몇 시에 문 닫는지 아세요?
closes를
opens(열다)로

1   Do you know where the nearest subway station is?

평서문: 당신, 가장 가까운 지하철역이 어디에 있는지 알고 있잖아요.

_____

의문문: 가까운 지하철역이 어디에 있는지 아세요?

_____

부정문: 당신, 가장 가까운 지하철역이 어디에 있는지 모르는군요.

_____

2   Do you know what time the movie starts?

평서문: 당신, 영화가 몇 시에 시작하는지 알고 있잖아요.

_____

의문문: 영화가 몇 시에 시작하는지 아세요?

_____

부정문: 당신, 영화가 몇 시에 시작하는지 모르는군요.

_____

3   Do you know how much this shirt costs?

평서문: 당신, 이 셔츠가 얼마인지 알고 있잖아요.

_____

의문문: 이 셔츠가 얼마인지 아세요?

_____

부정문: 당신, 이 셔츠가 얼마인지 모르는군요.

_____

4   Do you know when the next bus arrives?

평서문: 당신, 다음 버스가 언제 도착하는지 알잖아요.

_____

의문문: 다음 버스가 언제 도착하는지 아세요?

_____

부정문: 당신, 다음 버스가 언제 도착하는지 모르는군요.

_____

그에게 언제 전화해야 할지 모르겠어요.

I know/I don't know + 의문사 + to 부정사

MP3 034-0

앞에서는 상대방에게 '~을 아니?'를 묻는 패턴을 배웠어요. 이 Do you know 대신에
I know 혹은 I don't know를 쓰면 '내가 ~을 안다/모른다'로 굉장히 다양한 의미의
문장을 만들어 낼 수 있습니다. 그만큼 아주 유용한 패턴이지요.

I know/I don't know 의문사 + to부정사 ~:
누구를/무엇을/언제/어떻게 ~인지 알아요/몰라요

이 패턴은 특히 '무엇을 해야 할지' 또는 '어떻게 해야 할지' 알거나 모를 때 사용하면
아주 딱입니다.

I don't know what to get for Mom's birthday.
엄마 생신에 무엇을 사야 할지 모르겠어요.

I have a date with my boyfriend tomorrow, but **I don't know what to
wear!** 내일 남자 친구와 데이트가 있는데 뭘 입어야 할지 모르겠어!

I don't know when to call him! 그에게 언제 전화해야 할지 모르겠어요.

I don't how to cook pasta! 나, 파스타 요리하는 법을 몰라요!

* [how + to부정사]는 '~하는 (방)법으로 통째로 알고 있으면 문장 만들기가 편합니다.

참고로, [why + to부정사]는 쓰이지 않습니다.

　　I know/I don't know에서 I 대신 다른 주어를 넣어서도 얼마든지 만들 수 있습
니다.

Jessica knows how to fix computers.
제시카는 컴퓨터 수리하는 법을 알아요.

Jessica doesn't know where to go for her mother's birthday.
제시카는 엄마 생신 때 어디를 가야 할지 몰라요.

1   **what to do next** 다음에 무엇을 할지

난 다음에 무엇을 할지 알아요.
I know _____

2   **where to go for good coffee** 맛있는 커피를 먹으러 어디로 갈지

맛있는 커피를 먹으러 어디로 가야 할지 몰라요.
I don't know _____

3   **when to start the project** 언제 그 프로젝트를 시작해야 할지

언제 그 프로젝트를 시작해야 할지 알아요.
I know _____

4   **how to use this software** 이 소프트웨어 사용법을

이 소프트웨어 사용법을 몰라요.
I don't know _____

5   **who to ask for help** 도와달라고 누구에게 부탁해야 할지

누구에게 도와달라고 부탁해야 할지 알아요.
I know _____

6   **which one to choose** 어느 것을 골라야 할지

어느 것을 골라야 할지 모르겠어요.
I don't know _____

7   **how much to pay for the ticket** 표 값으로 얼마를 내야 할지

표 값으로 얼마를 내야 할지 알아요.
I know _____

8   **what to wear to the party** 파티에 무엇을 입어야 할지

파티에 무엇을 입어야 할지 모르겠어요.
I don't know _____

9   **how to fix this problem** 이 문제를 해결하는 법을

이 문제를 해결하는 법을 알아요.
I know _____

1 I don't know what to say during the presentation.
발표 중에 무엇을 말해야 할지 모르겠어요.

주어를 He로
_____

2 I know when to water **my** plants. 식물에 물을 언제 줘야 할지 알아요.
water – 물을 주다

주어를 She로, my를 her로
_____

3 I **don't** know where to go for our next vacation.
다음 휴가로 어디를 가야 할지 모르겠어요.

전체 문장을 긍정문으로
_____

4 I don't know who to invite to **my** wedding.
내 결혼식에 누구를 초대해야 할지 모르겠어요.   invite – 초대하다; 초대

주어를 They로, my를 their로
_____

5 We **don't** know what to do this weekend.
우리는 이번 주말에 무엇을 할지 모르겠어요.

전체 시제를 과거로
_____

6 She doesn't know what to order at the new café.
그녀는 새로 생긴 카페에서 무엇을 주문해야 할지 몰라요.

주어를 I로
_____

7 We don't know what to wear for the upcoming K-pop concert.
우리는 다가오는 K-pop 콘서트에 무엇을 입어야 할지 모르겠어요.
upcoming – 다가오는

전체 시제를 과거로
_____

8 She knows when to invest in the stock market.
그녀는 주식 시장에 언제 투자해야 하는지 알아요.   stock market – 주식 시장

전체 시제를 과거로
_____

9 He knows how to reduce plastic waste in his daily life.
그는 일상생활에서 플라스틱 쓰레기 줄이는 법을 알아요.   reduce – 줄이다, 감소시키다

부정문으로
_____

10 They definitely know what exercises to do for building muscle.
그들은 근육을 키우기 위해 어떤 운동을 해야 할지 확실히 알고 있어요.   build muscle – 근육을 키우다

전체 시제를 과거로
_____

1 I don't know what to say during the presentation.

부정문: 발표 중에 무엇을 말해야 할지 모르겠어요.

_____

긍정 의문문: 발표 중에 무엇을 말해야 할지 아냐고요?

_____

긍정문: 발표 중에 무엇을 말해야 할지 알아요.

_____

2 I know when to water my plants.

긍정문: 식물에 물을 언제 줘야 할지 알아요.

_____

의문문: 식물에 물을 언제 줘야 할지 아냐고요?

_____

부정문: 식물에 물을 언제 줘야 할지 모르겠어요.

_____

3 I don't know where to go for our next vacation.

부정문: 다음 휴가로 어디를 가야 할지 모르겠어요.

_____

긍정 의문문: 다음 휴가로 어디를 가야 할지 아냐고요?

_____

긍정문: 다음 휴가로 어디를 가야 할지 알아요.

_____

4 I don't know who to invite to my wedding.

부정문: 내 결혼식에 누구를 초대해야 할지 모르겠어요.

_____

긍정 의문문: 내 결혼식에 누구를 초대해야 할지 아냐고요?

_____

긍정문: 내 결혼식에 누구를 초대해야 할지 알아요.

_____

커피 드시겠어요?

Would you like ~? ~하시겠어요?

MP3 035-0

일상 회화에서 상대방에게 뭔가를 정중하게 제안하거나 권유할 때가 꽤 많습니다. 눈에 보이는 것을 권유할 때도 있고, 어떤 행동을 하라고 권유할 때가 있는데요, 그때 굉장히 유용하게 쓸 수 있는 패턴이 바로 Would you like ~?입니다.

 Would you like + 명사?: (명사를) **원하세요?**
Would you like + to부정사?: (행동을) **하시겠어요?**

Would you like 뒤에 명사가 올 때

상대방이 뭔가를 원하는지 물어볼 때 사용합니다.

Would you like some coffee? 커피 드시겠어요?

Would you like more coffee? 커피 더 드시겠어요?

Would you like more water? 물 더 드시겠어요?

Would you like the menu? 메뉴 드릴까요?

Would you like to부정사가 올 때

상대방에게 어떤 행동을 권유할 때 사용합니다.

Would you like to go for a walk? 산책 가실래요?

Would you like to join us for dinner? 저녁 식사 함께하시겠어요?

Would you like to order? 주문하시겠어요?

'~하고 싶어요, ~를 원해요'를 I want라고 표현하죠? 이때 I want 대신 I would like로 시작하면 I want보다 더 공손한 느낌을 나타낼 수 있습니다. I want는 I would like보다 더 직접적이고 덜 정중하게 들릴 수 있답니다!

I would like some coffee. 커피 좀 마시면 좋겠는데요.

I would like to join you for dinner. 저녁 식사 함께하고 싶어요.

다음의 명사 표현과 to부정사 표현을 I would like 뒤에 넣어 문장을 완성하세요.　MP3 035-1　정답 p. 316

1　**a cup of tea**　차 한 잔 / 차 한 잔 드실래요?

Would you like _____

2　**some dessert**　디저트 / 디저트 좀 드실래요?

Would you like _____

3　**a blanket**　담요 한 장 / 담요 한 장 드릴까요?

Would you like _____

4　**another drink**　한 잔 더 / 한 잔 더 하실래요?

Would you like _____

5　**a receipt**　영수증 / 영수증 필요하세요?

Would you like _____

6　**to go for a walk**　산책하러 나가기 / 산책하러 가실래요?

Would you like _____

7　**to join us for dinner**　저녁 식사에 함께하기 / 저녁 식사에 함께하시겠어요?

Would you like _____

8　**to try this new dish**　이 새 요리 맛보기 / 이 새 요리를 한 번 드셔 볼래요?

Would you like _____

9　**to visit the museum this weekend**　이번 주말에 박물관 가기 / 이번 주말에 박물관에 가 볼래요?

Would you like _____

10　**to learn how to swim**　수영하는 법 배우기 / 수영을 배워 보고 싶으세요?

Would you like _____

1 **Would you like a slice of cake?** 케이크 한 조각 드시겠어요?
a slice of cake – 케이크 한 조각

_____

2 **Would you like a glass of orange juice?** 오렌지 주스 한 잔 드시겠어요?
a glass of orange juice – 오렌지 주스 한 잔

_____

3 **Would you like some help with that?** 그거 도와드릴까요?

_____

4 **Would you like some popcorn while watching the movie?**
영화 보면서 팝콘 드시겠어요?

_____

5 **Would you like some extra cheese on your pizza?** 피자에 치즈 추가하실래요?

_____

6 **Would you like to join us for lunch?** 저희와 점심 함께 드실래요?

_____

7 **Would you like to watch a movie tonight?** 오늘 밤 영화 보실래요?

_____

8 **Would you like to see the new art exhibit?** 새로운 미술 전시 보러 가실래요?

_____

9 **Would you like to go for a bike ride this weekend?**
이번 주말에 자전거 타러 가실래요?

_____

10 **Would you like to take a family trip next month?** 다음 달에 가족 여행 갈래요?

_____

1 Would you like a slice of cake?

의문문: 케이크 한 조각 드시겠어요?

_____

평서문: 케이크 한 조각, 먹고 싶은 거구나.

_____

부정 평서문: 너, 케이크 한 조각 먹고 싶지 않을 거야.

_____

2 Would you like a glass of orange juice?

의문문: 오렌지 주스 한 잔 드시겠어요?

_____

평서문: 오렌지 주스 한 잔 마시고 싶은 거구나.

_____

부정 평서문: 너, 오렌지 주스 한 잔 마시고 싶지 않을 거야.

_____

3 Would you like some help with that?

의문문: 그거 도와드릴까요?

_____

평서문: 너, 그것에 대해 도움을 원하는구나.

_____

부정 평서문: 너, 그것에 대한 도움 원하지 않을 거야.

_____

4 Would you like some popcorn while watching the movie?

의문문: 영화 보면서 팝콘 드시겠어요?

_____

평서문: 너, 영화 보면서 팝콘 먹고 싶구나.

_____

부정 평서문: 너, 영화 보면서 팝콘 먹고 싶지 않을 거야.

_____

실생활 대화문
(031 ~ 035)

다음 대화문을 다음과 같이 공부하세요. **1단계** 큰 소리로 두 번 읽는다.
2단계 음원을 두 번 듣고 원어민 발음을 확인한다.
3단계 한 번은 A가 되었다가 한 번은 B가 되어 연습한다.

대화 1　　　**1단계 체크** ☐ ☐　　　　**2단계 체크** ☐ ☐　　　　**3단계 체크** ☐ ☐

Emma　Hey Jake, would you like to help me plan a surprise party for Lily?
제이크, 릴리 깜짝 파티 준비하는 거 도와줄래?

Jake　Sure! What do you need me to do?
그럼! 내가 뭘 하면 돼?

Emma　First, would you like to pick up the cake? I know a great bakery downtown.
우선, 케이크 좀 사 올래? 시내에 정말 맛있는 빵집 알아.

Jake　I'd love to. Do you know where it is?
그래. 그 빵집 어디 있는지 알아?

Emma　Yes, I can send you the address. Do you know what kind of cake she likes?
응, 주소 보내줄게. 릴리가 어떤 케이크 좋아하는지 알아?

Jake　Not exactly. Who knows her favorite flavor? Maybe Sarah?
정확히는 몰라. 누가 그녀가 좋아하는 맛을 알까? 사라가 알지 않을까?

Emma　I'll ask her. Also, do you know who Lily is talking to about her plans for the weekend?
사라한테 물어볼게. 그리고 릴리가 주말 계획을 누구랑 얘기하고 있는지 알아?

Jake　I don't know, but we should find out to make sure she's free.
모르겠는데, 릴리 스케줄이 비는지 확인해 봐야겠다.

Emma　Right. By the way, who wants to handle the decorations? I can do it if no one else volunteers.
맞아. 그런데 장식은 누가 맡고 싶어 할까? 아무도 안 나서면 내가 할게.

Jake　I can help with that too. I really like setting up party decorations!
그것도 내가 도와줄게. 나 파티 장식하는 거 진짜 좋아해!

Emma Awesome. Let's finalize everything tomorrow. Thanks for helping!
좋아. 내일 모든 걸 확정하자. 도와줘서 고마워!

Jake Of course. It's going to be amazing!
당연하지. 멋진 파티가 될 거야!

---

help someone (to) do something ~가 ~하는 것을 돕다   plan a surprise party 깜짝 파티를 계획하다
pick up the cake 케이크를 사 오다   send someone the address ~에게 주소를 보내다
find out 알아내다, 확인하다   make sure someone is free ~가 시간이 비는지 확인하나
handle the decorations 장식을 맡다   volunteer 자원하다, 나서다
set up party decorations 파티 장식을 설치하다   finalize everything 모든 것을 확정하다

주황색 티셔츠 입고 있는 저 사람 봐 봐!

사람 명사 + who + 동사 (추가 정보 제공하기)

MP3 036-0

영어를 잘한다는 건 점점 긴 문장을 말할 수 있다는 뜻입니다. 영어에서 긴 문장을 말할 때 정말 많이 쓰이는 형태가 묘사할 대상을 먼저 말하고 그 뒤에 묘사할 내용을 쓰는 거예요.

🐱 묘사할 대상(사람) + who + 동사: (어떤 대상이) ～인 사람이야

어떤 사람을 구체적으로 묘사할 때 쓰는 패턴입니다. 사람들이 정말 많은 곳에서 "저 사람 좀 봐 봐!" 하면 누구를 지칭하는지 몰라요. 하지만 "주황색 티셔츠 입고 있는 저 사람 봐 봐!"라고 추가 정보를 줄 수 있는데, 이런 추가 정보를 영어에서는 who로 연결해서 말할 수 있습니다.

주황색 티셔츠 입고 있는 저 사람 봐 봐!

→ 저 사람 봐 봐(Look at the person) +

(그런데 그 사람이) 오렌지색 티셔츠를 입고 있어(who is wearing an orange T-shirt)

= Look at the person **who is wearing an orange T-shirt**!

* the person 뒤에 '그런데 그 사람이 누구냐면 ~'의 느낌으로 [who + 동사]로 이어줄 수 있습니다.

* 보통 입은 옷을 묘사할 때는 [in + 옷(옷 속에 들어가 있는)]을 활용합니다!
Look at that person in an orange T-shirt!

나는 6개 국어를 할 수 있는 여성을 만났어요.

→ 나는 여성을 만났어요(I met a woman) +

그런데 그 사람이 6개 국어를 할 수 있어요(who can speak six languages)

= I met a woman **who can speak six languages**.

이 패턴은 사람에 대한 설명을 추가하고 대화를 더 풍부하게 하는 데 유용하며, 상대방이 모를 수 있는 정보를 자연스럽게 전달하게 합니다.

문장의 사람 명사 표현에 주어진 해당 표현을 더해서 문장을 완성하세요.　MP3 036-1　정답 p. 317

1 who inspires his students 자기 학생들에게 영감을 준다

나는 자기 학생들에게 영감을 주는 선생님을 만났다.

I met a teacher _____

2 who always supports her 늘 그녀를 지지한다

그녀는 항상 그녀를 지지해 주는 친구가 있다.

She has a friend _____

3 who cooks amazing dishes 놀라운 요리를 만든다

그들은 놀라운 요리를 만드는 요리사를 고용했다.

They hired a chef _____

4 who plays the violin beautifully 바이올린을 아름답게 연주한다

그는 바이올린을 아름답게 연주하는 음악가를 알고 있다.

He knows a musician _____

5 who speaks English fluently 영어를 유창하게 한다

우리는 영어를 유창하게 하는 가이드가 필요하다.

We need a guide _____

6 who makes her laugh 그녀를 웃게 만든다

그녀는 자신을 웃게 만드는 남자를 사랑한다.

She loves a man _____

7 who listens to their opinions 그들의 의견을 들어준다

그들은 그들의 의견을 들어주는 지도자를 존경한다.

They respect a leader _____

8 who take good care of their patients 그들의 환자를 잘 돌본다

그녀는 환자를 잘 돌보는 의사들을 신뢰한다.　take good care of ... – ~을 잘 돌보다

She trusts doctors _____

* who 앞의 명사가 3인칭 단수냐 그 외의 것이냐에 따라 동사 형태가 바뀜

1 I have a friend who travels around the world every year.

나한테 매년 세계 일주를 하는 친구가 있어.

주어를 He로
_____

2 We met a teacher who speaks four languages fluently.

우리는 4개 국어를 유창하게 구사하는 선생님을 만났어.

will 미래 시제로
_____

3 I met a girl who loves hiking. 나는 하이킹을 정말 좋아하는 여자를 만났어.

loves를 부정형으로
_____

4 We need a babysitter who loves children and is patient.

아이들을 좋아하고 인내심 있는 베이비시터가 필요해.   patient – 인내심 있는, 참을성 있는

need를 과거 시제로
_____

5 He's friends with a guy who won a gold medal in the Olympics.

그는 올림픽에서 금메달을 딴 사람과 친구야.

He's를 부정형으로
_____

6 He is the man who lives next door to me. 그는 내 옆집에 사는 남자야.

live next door to + 대상 – ~의 옆집에 살다

lives를 과거형으로
_____

7 He's the doctor who treated my grandmother.

그는 우리 할머니를 치료해 준 의사야.   treat 치료하다

He's를 과거 시제로
_____

8 Do you see the man who is waving at us? 저기 우리에게 손 흔드는 남자 보이니?   wave at –
~에게 손을 흔들다

man을 복수형
men(남자들)으로
_____

9 The lady who is wearing a red dress is my aunt.

빨간 드레스를 입고 있는 저 여자분이 우리 이모야.

is wearing을 과거형으로
_____

10 He is the teacher who taught me math in high school.

그분은 고등학교 때 나에게 수학을 가르쳐 주신 선생님이야.

He is를 부정형으로
_____

1 We met a teacher who speaks four languages fluently.

평서문: 우리는 4개 국어를 유창하게 구사하는 선생님을 만났어.

_____

의문문: 우리가 4개 국어를 유창하게 구사하는 선생님을 만났냐고요?

_____

부정문: 우리는 4개 국어를 유창하게 구사하는 선생님을 만나지 않았어.

_____

2 I met a girl who loves hiking.

평서문: 나는 하이킹을 정말 좋아하는 여자를 만났어.

_____

의문문: 내가 하이킹을 정말 좋아하는 여자를 만났냐고요?

_____

부정문: 나는 하이킹을 정말 좋아하는 여자를 만나지 않았어.

_____

3 The lady who is wearing a red dress is my aunt.

평서문: 빨간 드레스를 입고 있는 저 여자분이 우리 이모야.

_____

의문문: 빨간 드레스를 입고 있는 저 여자분이 우리 이모냐고?

_____

부정문: 빨간 드레스를 입고 있는 저 여자분은 우리 이모가 아니야.

_____

4 He's friends with a guy who won a gold medal in the Olympics.

평서문: 그는 올림픽에서 금메달을 딴 사람과 친구야.

_____

의문문: 그는 올림픽에서 금메달을 딴 사람과 친구야?

_____

부정문: 그는 올림픽에서 금메달을 딴 사람과 친구가 아니야.

_____

네가 어제 저녁에 해 준 그 스파게티 너무 맛있었어.

명사 + that + 주어 + 동사 (사물, 사람에 추가 정보 제공) `MP3 037-0`

바로 앞에서 배운 건 사람에게만 쓸 수 있는 것이었어요. (물론 의인화한 경우에도 쓰일 수 있어요.) 그런데 사람뿐만 아니라 사물이나 동물에 대해서도 추가적인 정보를 줄 수 있는 패턴이 있습니다. 이 경우, 크게 두 가지로 쓰여요.

 묘사할 대상(사람/사물/동물) **+ that + 동사 ~**
묘사할 대상(사람/사물/동물) **+ that + 주어 + 동사 ~**

차이는 that 뒤에 동사가 바로 오느냐, that 뒤에 [주어 + 동사]가 오느냐의 차이예요.

that 뒤에 [동사]가 올 때

나는 이탈리아 음식을 먹었어(I ate Italian food) +

(그런데 그게) 엄청 맛있는(that tasted amazing)

= 나는 엄청 맛있는 이탈리아 음식을 먹었어.

I ate Italian food **that tasted amazing**.

* tasted의 주어가 Italian food일 때는 that 뒤에 동사가 바로 와요.

that 뒤에 [주어 + 동사]가 올 때

그 스파게티 너무 맛있었어(The spaghetti was so delicious) +

네가 어제 저녁에 만들어 준(that you made last night – 앞의 spaghetti를 구체적으로 설명)

= 네가 어제 저녁에 만들어 준 그 스파게티 너무 맛있었어.

The spaghetti **that you made last night** was so delicious.

* 동사 made의 주어가 spaghetti가 아니라 you죠? 이럴 때는 that 뒤에 [주어 + 동사]가 와요.

- 구체적 설명이 필요한 것이 사람이든, 사물이든, 동물이든 that 하나면 만능 해결!
- that 뒤에는 동사가 바로 오거나, [주어 + 동사 ~]가 올 수 있는데요, that 앞에 오는 대상이 that 뒤에 오는 동사의 주어가 될 때는 바로 동사로 이어 줄 수 있어요. 하지만 그렇지 않을 때는 [주어 + 동사] 형태의 절로 이어 줍니다. 그런데 사람일 경우엔 who가 더 자연스럽고 공손해요. that을 문법상 사람에게도 쓸 수 있지만, 사람을 설명할 때는 who를 쓰는 것이 더 일반적이고 예의 있는 표현이에요.

I'm interested in Tom that/who sings well.
난 노래 잘하는 톰에게 관심이 있어요. (sings의 주어가 Tom)

I ate the pasta that Tom made.
난 톰이 만든 파스타를 먹었어요.

I know that the book is interesting.
그 책이 재미있다는 것 알아.

The book that is on the shelf costs a lot.
선반 위에 있는 그 책은 값이 많이 나가.

같은 that이지만 사용이 달라요. 첫 번째 문장의 that은 앞의 I know(내가 알고 있다)에 해당하는 내용이 옵니다. 뭔가를 꾸며 주지 않아요. 그래서 that 뒤에는 [주어 + 동사] 등이 하나도 빠지지 않은 완전한 문장이 옵니다. 반면에 두 번째 문장의 that은 앞에 있는 명사를 설명해 주는 표현을 이끄는 that이에요. 그래서 that 뒤를 보면 주어가 빠지든, 목적어가 빠지든 뭔가 하나가 빠진 불완전한 문장이 와요. 같은 that이지만 의미와 용법이 다르니 꼭 알아두세요.

1 I know a person 나는 한 사람을 알아요 / that/who speaks five languages 5개 국어를 하는

나는 5개 국어를 하는 사람을 알아요.

---

2 I met the teacher 나는 선생님을 만났어요 / that/who my friend recommended 내 친구가 추천했던

나는 내 친구가 추천한 선생님을 만났어요.

---

3 She met a guy 그녀는 남자를 만났어요 / that/who works at the coffee shop 그 카페에서 일하는

그녀는 그 카페에서 일하는 남자를 만났어요.

---

4 She has a friend 그녀는 친구가 있어요 / that/who everyone likes 모두가 좋아하는

그녀에게는 모두가 좋아하는 친구가 있어요.

---

5 They hired a manager 그들은 매니저를 고용했어요 / that/who the employees respect 직원들이 존경하는

그들은 직원들이 존경하는 매니저를 고용했어요.

---

6 I bought a laptop 나는 노트북을 샀어요 / that runs very fast 아주 빠르게 작동하는

나는 매우 빠르게 작동하는 노트북을 샀어요.

---

7 She found a cat 그녀는 고양이를 발견했어요 / that someone had abandoned 누군가가 버린

그녀는 누군가가 버린 고양이를 발견했어요.

---

8 They repaired a bridge 그들은 다리를 수리했어요 / that an earthquake had damaged 지진이 손상시킨

그들은 지진이 손상시킨 다리를 수리했어요.

---

1 The cookies that my mom baked are delicious.
우리 엄마가 구운 쿠키는 맛있어.

baked를 현재형으로

2 The shirt that you wore yesterday is in the laundry.
네가 어제 입었던 셔츠는 세탁 바구니에 있어.

The shirt를
The jacket(재킷)으로

3 The bike that I ride to school is red.   내가 학교에 타고 가는 자전거는 빨간색이야.

is를 부정형으로

4 The movie that we watched last night was based on a true story.
우리가 어젯밤에 본 영화는 실화를 바탕으로 했어요.

based on a true story – 실화를 바탕으로 한

was를 부정형으로

5 The car that my father bought last year is very fuel-efficient.
우리 아버지가 작년에 구입한 차는 연비가 아주 좋아요.   fuel-efficient – 연료 효율이 좋은

bought를
sold(팔았다)로

6 The dog that lives next door always barks at night.
옆집에 사는 개가 항상 밤에 짖어요.   bark – 짖다; 나무 껍질   at night – 밤에

lives, barks를 과거형으로

7 The coffee that this café serves is always fresh.
이 카페에서 내놓는 커피는 항상 신선해요.   fresh – 신선한

is를 부정형으로

8 The shoes that I wear for running are very comfortable.
내가 달리기하려고 신는 신발이 아주 편해요.

comfortable – 편안한

are를 부정형으로

9 Did you see the video that went viral on TikTok yesterday?
어제 틱톡에서 엄청 퍼진 그 영상 봤어?   go viral - 입소문 나다, 퍼지다

Did you를
Didn't you로

1 The cookies that my mom baked are delicious.

평서문: 우리 엄마가 구운 쿠키는 맛있어.

_____

의문문: 우리 엄마가 구운 쿠키가 맛있냐고?

_____

부정문: 우리 엄마가 구운 쿠키는 맛없어.

_____

2 The shirt that you wore yesterday is in the laundry.

평서문: 네가 어제 입었던 셔츠는 세탁 바구니에 있어.

_____

의문문: 네가 어제 입었던 셔츠가 세탁 바구니에 있니?

_____

부정문: 네가 어제 입었던 셔츠가 세탁 바구니에 없어.

_____

3 The bike that I ride to school is red.

평서문: 내가 학교에 타고 가는 자전거는 빨간색이야.

_____

의문문: 내가 학교에 타고 가는 자전거가 빨간색이냐고?

_____

부정문: 내가 학교에 타고 가는 자전거는 빨간색이 아니야.

_____

4 The movie that we watched last night was based on a true story.

평서문: 우리가 어젯밤에 본 영화는 실화를 바탕으로 했어요.

_____

의문문: 우리가 어젯밤에 본 영화는 실화를 바탕으로 했어요?

_____

부정문: 우리가 어젯밤에 본 영화는 실화를 바탕으로 하지 않았어요.

_____

UNIT 38 나는 모기한테 물렸어.

영어 특유의 수동태 이해하기

여름이 되면 나타나는 불청객, 모기(mosquito)가 있습니다. 모기한테 안 물리려고 최선을 다하지만, 자고 일어나면 모기에게 한 방씩은 물려 있곤 하죠. 이때 '우리는 모기한테 물렸다'라고 합니다. 이렇게 모기에게 물리는 것처럼 **다른 사람이나 주체에 의해 어떤 행동을 당했을 때** 영어에서는 수동태를 활용해서 이것을 표현합니다.

🐱 수동태의 형태: be동사 + 동사의 과거분사

영어의 동사형은 크게 세 가지예요. '현재형-과거형-과거분사형'이죠. 대다수의 동사들은 과거형과 과거분사형이 같지만, 몇 개 동사들은 그렇지 않아서 일일이 다 외워야 합니다. 영어를 잘하기 위해서는 어쩔 수 없습니다.

영어의 필수 동사 현재형-과거형-과거분사형

의미	현재형	과거형	과거분사
시작하다	begin	began	begun
오다	come	came	come
하다	do	did	done
먹다	eat	ate	eaten
떨어지다	fall	fell	fallen
느끼다	feel	felt	felt
가다	go	went	gone
읽다	read	read	read
보다	see	saw	seen
가져가다	take	took	taken

영어의 수동태 문장

수동태는 [be동사 + 과거분사(p.p)]로 표현되며, '물리다'의 경우, bite-bit-bitten에서 과거분사 bitten을 be동사와 함께 써서 표현합니다.

I **was bitten**. 나는 물렸다.

* 주어 + 동사(be동사) + 과거분사(3단 변형 마지막)

I **was attacked**. 나는 공격받았다.

* 주어 + 동사(be동사) + 과거분사(3단 변형 마지막)

누구한테 행동을 당했는지는 by ~로 표현

그 행동을 누구에게 당했는지를 표현할 때는 '~한테서 = by ~'로 그 대상을 연결해 줍니다.

I **was bitten by** a mosquito. 나는 모기한테 물렸다.

I **was attacked by** Tom. 나는 톰한테 공격받았다.

비교

I <u>bit</u> a mosquito. 내가 모기를 물었다. (문법적으로는 가능하지만 현실성이 매우 떨어짐)

A mosquito <u>bit</u> me. 모기가 나를 물었다. (가능)

I <u>was bitten</u> by a mosquito. 내가 모기에게 물렸다. (가능)

I <u>attacked</u> Tom. 내가 톰을 공격했다. (공격의 주체가 '나', 공격받은 주체는 톰)

Tom <u>attacked</u> me. 톰이 나를 공격했다. (공격의 주체가 '톰', 공격받은 주체는 나)

I <u>was attacked</u> by Tom. 내가 톰한테 공격당했다. (공격의 주체가 '톰', 공격받은 주체는 나)

Tom attacked me.와 I was attacked by Tom.의 차이

첫 번째 문장은 다른 누구도 아닌 '톰'이 나를 공격했다는 걸 강조해요. 수동태로 쓰인 두 번째 문장은 다른 것이 아닌 '내가 공격을 받은 것'을 강조하는 느낌이에요. 수동태를 쓸 때는 이런 뉘앙스를 생각하면서 쓰면 됩니다.

수동태의 시제

be동사를 시제에 따라 바꾸면 됩니다. 현재형일 때는 am, are, is로, 과거형일 때는 was, were로, 미래형일 때는 will be로 하면 다양한 수동태 시제가 완성됩니다.

He **is** always **asked** questions by the professor during class.
그는 수업 중에 늘 교수님께 질문을 받는다.

The library **will be built** next year.
그 도서관은 내년에 지어질 거예요.

1 　use 사용하다 **– be used** 사용되다

이 앱은 매일 쓰입니다. (현재형)

This app _____ every day.

2 　make 만들다 **– be made** 만들어지다

수제 액세서리가 그녀에 의해 만들어져요. (현재형)

Handmade jewelry _____ by her.

3 　write 쓰다 **– be written** 쓰이다

소설은 그에 의해 쓰여져요. (현재형)

Novels _____ by him.

4 　see 보다 **– be seen** 보이다. 보여지다

무지개가 비가 온 후 보였어요. (과거형)

A rainbow _____ after the rain.

5 　build 짓다 **– be built** 지어지다

새 병원이 지어졌어요. (과거형)

A new hospital _____ .

6 　give 주다 **– be given** 주어지다

책이 선생님에 의해 나에게 주어졌어요. (과거형)

A book _____ to me by the teacher.

7 　choose 선택하다 **– be chosen** 선택되다

그는 새로운 매니저로 선택되었어요. (과거형)

He _____ as the new manager.

8 　invite 초대하다 **– be invited** 초대받다

그들의 친구들이 결혼식에 초대받았어요. (과거형)

Their friends _____ to the wedding.

PRACTICE 2 변형 말하기 훈련
다음 문장을 큰소리로 읽고, 지시문에 맞춰 말하고 써 보세요.
음원 파일을 듣고 답변을 확인해 보세요.

MP3 038-2 정답 p. 319

1 I was bitten by a dog while walking down the street.
나는 길을 따라 걷다가 개한테 물렸어요.

주어를 Tom으로

2 The window was broken by a baseball. 창문이 야구공에 의해 깨졌어요.

주어를 My glasses
(내 안경)로

3 The package was delivered this morning. 택배가 오늘 아침에 배달되었어요.
package – 소포, 택배   be delivered – 배달되다

will 미래 시제로

4 The house was built in 1990. 그 집은 1990년에 지어졌어요.
be built in 년도 – ~년에 지어지다

주어를 The houses로

5 Our flight was delayed due to bad weather.
날씨가 안 좋아서 비행기가 지연됐어요.   be delayed – 지연되다

will 미래 시제로

6 I was invited to the birthday party. 생일 파티에 초대받았어요.   be invited – 초대받다

주어를 My friends
(내 친구들)로

7 The restroom is cleaned every hour. 화장실은 한 시간마다 청소돼요.

시제를 과거로

8 The coffee was brewed fresh this morning. 커피는 오늘 아침에 갓 내렸어요.
be brewed – 커피 등이 내려지다

부정문으로

9 The time capsule was opened exactly 50 years after it was buried.
그 타임캡슐은 묻힌 지 정확히 50년 만에 열렸어요.   exactly – 정확히   be buried – 묻히다

was opened 대신
will be opened(열릴 것이다)로

10 The fire was extinguished by the firefighters. 불은 소방관들에 의해 진화되었어요.
be extinguished by – ~에 의해 불이 꺼지다   firefighter – 소방관

부정문으로

1 The house was built in 1990.

평서문: 그 집은 1990년에 지어졌어요.

_____

의문문: 그 집은 1990년에 지어졌나요?

_____

부정문: 그 집은 1990년에 지어지지 않았어요.

_____

2 The window was broken by a baseball.

평서문: 창문이 야구공에 의해 깨졌어요.

_____

의문문: 창문이 야구공에 의해 깨졌나요?

_____

부정문: 창문이 야구공에 의해 깨지지 않았어요.

_____

3 The restroom is cleaned every hour.

평서문: 화장실은 매시간 청소돼요.

_____

의문문: 화장실이 매시간 청소되나요?

_____

부정문: 화장실은 매시간 청소되지 않아요.

_____

4 She was bitten by a dog while walking down the street.

평서문: 그녀는 길을 걸어가다 개한테 물렸어요.

_____

의문문: 그녀가 길을 걸어가다 개한테 물렸나요?

_____

부정문: 그녀는 길을 걸어가다 개한테 물리지 않았어요.

_____

운동 후에는 기분이 좋아져요.

접속사로도 전치사로도 쓰이는 before와 after

`MP3 039-0`

전치사는 '명사 앞에 놓여서 다양한 의미를 만드는 품사'입니다. 접속사는 말 그대로 두 개를 이어서 연결해 주는 품사인데요, 여기서는 문장과 문장을 이어 주는 접속사를 배웁니다. 영어에는 전치사로도 쓰이고, 접속사로도 쓰이는 단어가 있는데, 그 대표적인 예가 before와 after입니다. (물론 이것 외에 since, as도 있습니다.)

전치사 before/after: 뒤에 명사 또는 V-ing가 위치
접속사 before/after: 뒤에 [주어 + 동사]가 위치

before와 after

before(~ 전)와 after(~ 후)의 의미로 전치사로도 쓰이고, 접속사로도 쓰이는데요, 동작이나 사건이 이전에 일어났는지, 나중에 일어났는지 시간의 순서를 명확히 해 줍니다.

I always brush my teeth **after** breakfast. 아침을 먹은 후에는 항상 이를 닦아요.
after 뒤에 **breakfast**라는 명사가 나왔죠? 이때는 **after**가 전치사로 쓰인 거예요.

I feel good **after** exercising. 운동 후에는 기분이 좋아져요.
after 뒤에 **V-ing**인 **exercising**이 나왔죠? 이렇게 전치사 뒤에 **V-ing**이 올 수도 있어요.

I feel refreshed **after** I take a shower. 샤워한 후에는 기분이 상쾌해요.
after 뒤에 **I take** ~로 [주어 + 동사]가 나왔죠? 이때는 **after**가 접속사로 쓰인 거예요.

I chat with my friend **before** class. 수업 전에 난 친구와 수다를 떨어요.
before 뒤에 **class**가 나왔죠? 이때는 **before**가 전치사로 쓰인 거예요.

Before she goes to bed, she reads a book. 그녀는 잠자리에 들기 전에 책을 읽어요.
before 뒤에 **she reads** ~로 [주어 + 동사]가 나왔죠? 이때는 **before**가 접속사로 쓰인 거예요.

before와 after 뒤에는 명사나 V-ing, 또는 [주어 + 동사]가 온다는 것을 꼭 기억하세요.

1　**after I ate a big meal** 내가 많이 먹은 후에

나는 많이 먹은 후에 졸렸다.

I felt sleepy _____

2　**after she finished her homework** 그녀가 자기 숙제를 끝낸 후에

그녀는 숙제를 끝낸 후에 나에게 전화했다.

She called me _____

3　**after it stopped raining** 비가 그친 후에

비가 그친 후에 우리는 산책을 갔다.　go for a walk-산책하러 가다

We went for a walk _____

4　**after the meeting** 회의 후에

회의 후에 커피 한잔하자.

Let's grab some coffee _____

5　**before she went to bed** 그녀가 잠자리에 들기 전에

그녀는 자기 전에 불을 껐다.

She turned off the lights _____

6　**before you leave** 네가 떠나기 전에

떠나기 전에 나에게 전화해.

Call me _____

7　**before dinner** 저녁 식사 전에

저녁 식사 전에 손을 씻어라.

Wash your hands _____

8　**before speaking** 말하기 전에

그는 말하기 전에 깊게 숨을 들이마셨다.　take a deep breath – 숨을 깊이 들이마시다

He took a deep breath _____

9　**before he left the office** 그가 사무실을 떠나기 전에

그는 사무실을 떠나기 전에 보고서를 제출했다.

He submitted the report _____

1 Let's have a cup of coffee after dinner. 저녁 식사 후에 커피 한잔 마셔요.

dinner를 lunch(점심)로
_____

2 Please turn off the lights before leaving the room.
방을 나가기 전에 불을 꺼 주세요. turn off the light – 불을 끄다

turn off the lights를
close the door(문을 닫다)로
_____

3 Before boarding the plane, please have your passport ready.
비행기에 탑승하기 전에 여권을 준비해 주세요. board the plane – 비행기에 탑승하다 passport – 여권

boarding the plane을
checking in(체크인)으로
_____

4 Before going to bed, I always set my alarm for the next day.
잠자리에 들기 전에 항상 다음 날 알람을 맞춰요. set an alarm – 알람을 설정하다

주어를 she로,
my를 her로
_____

5 After eating spicy food, I usually drink some milk.
매운 음식을 먹은 후에는 난 보통 우유를 마셔요.

주어를 they로
_____

6 Before we moved to the new house, we cleaned it thoroughly.
새집으로 이사하기 전에 우리는 새집을 꼼꼼하게 청소했어요. thoroughly – 철저하게, 꼼꼼하게

Before절은 현재로,
주절은 will 미래 시제로
_____

7 After I woke up, I checked my phone for any important messages.
잠에서 깬 후에 중요한 메시지가 있는지 휴대폰을 확인했어요.

전체 주어를 He로,
my를 his로
_____

8 After she lost her job, she decided to start her own business.
그녀는 직장을 잃은 후에 자신의 사업을 시작하기로 결심했어요. lose one's job – 직장을 잃다

전체 주어를 I로,
her를 my로
_____

9 After the rain stopped, a beautiful rainbow appeared.
비가 그친 후에 아름다운 무지개가 나타났어요. rain stops 비가 그치다 appear – 나타나다

appeared를 shone
brightly(밝게 빛났다)로
_____

다음 대표 문장을 해석을 보고 다양하게 바꿔 말하고 써 보세요.
음원 파일을 듣고 정답을 확인해 보세요.

MP3 039-3   정답 p. 320

1 She brushes her teeth before going to bed.

평서문: 그녀는 잠자기 전에 이를 닦아요.

_____

의문문: 그녀는 잠자기 전에 이를 닦나요?

_____

부정문: 그녀는 잠자기 전에 이를 닦지 않아요.

_____

2 He eats breakfast before going to school.

평서문: 그는 학교에 가기 전에 아침을 먹어요.

_____

의문문: 그는 학교에 가기 전에 아침을 먹나요?

_____

부정문: 그는 학교에 가기 전에 아침을 먹지 않아요.

_____

3 Before going to bed, we always set our alarm for the next day.

평서문: 잠자리에 들기 전에 우리는 항상 다음 날 알람을 맞춰요.

_____

의문문: 우리가 잠자리에 들기 전에 항상 다음 날 알람을 맞추냐고요?

_____

부정문: 우리는 잠자리에 들기 전에 항상 다음 날 알람을 맞추지는 않아요.

_____

4 After she lost her job, she decided to start her own business.

평서문: 그녀는 직장을 잃은 후에 자신의 사업을 시작하기로 결심했어요.

_____

의문문: 그녀는 직장을 잃은 후에 자신의 사업을 시작하기로 결심했나요?

_____

부정문: 그녀는 직장을 잃은 후에 자신의 사업을 시작하기로 결심하지 않았어요.

_____

UNIT 40

회의 동안 집중해 주세요.

during/while ~하는 동안에

MP3 040-0

during과 while은 둘 다 어떤 일이 일어나는 '~ 동안에'를 설명할 때 쓰입니다. 의미는 비슷한데, 쓰는 방식이 좀 다릅니다.

---

 during: 전치사 ⏐ 뒤에 특정 시간이나 사건을 나타내는 명사가 위치

while: 접속사 ⏐ 동시에 일어나는 일을 나타내는 [주어 + 동사]가 위치

---

during은 명사 앞에 놓여 특정 시간이나 사건을 표현

During the meeting, please stay focused. 회의 동안 집중해 주세요.

During the summer, the weather is usually hot and humid.
여름 동안은 날씨가 보통 덥고 습하다.

while은 [주어 + 동사]가 들어간 절이 쓰여 두 가지 일이 동시에 일어날 때를 표현

She called me **while I was cooking**. 내가 요리하는 동안 그녀가 전화했어.

While I was walking to the park, I saw a beautiful bird.
공원으로 걸어가는 동안 아름다운 새를 봤어.

He likes to listen to podcasts **while driving**.
그는 운전할 때 팟캐스트 듣는 것을 좋아해.

* while 뒤에 [주어 + 동사]의 형태 외에 동사-ing형이 오기도 합니다.

[while 주어 + 동사]가 문장 앞에 올 때는 [while 주어 + 동사] 뒤에 콤마(,)를 쓰고, 문장 뒤에 올 때는 그 앞에 (,)를 쓰지 않습니다.

While I was in the classroom, I sang with my friend.

= I sang with my friend **while I was in the classroom**.
교실에 있는 동안, 난 친구와 노래를 불렀다.

1　**During the meeting** 회의 중에

회의 중에 우리는 새로운 프로젝트에 대해 논의했다.

_____ we discussed the new project.

2　**during my workout** 운동할 때

운동할 때 난 항상 음악을 듣는다.

I always listen to music _____

3　**While I was cooking,** 내가 요리하는 동안

내가 요리하는 동안 친구가 나에게 전화했다.

_____ my friend called me.

4　**While I was studying,** 내가 공부하는 동안

내가 공부하는 동안 내 동생은 비디오 게임을 했다.

_____ my brother played video games.

5　**During the winter** 겨울 동안

겨울 동안 이곳에서는 자주 눈이 온다.

_____ it often snows here.

6　**While they were traveling,** 그들이 여행하는 동안

여행하는 동안 그들은 사진을 많이 찍었다.

_____ they took many pictures.

7　**During the break** 휴식 시간 동안

휴식 시간 동안 나는 보통 산책을 한다.

_____ I usually go for a walk.

8　**While we were waiting for the train,** 우리가 기차를 기다리는 동안

우리가 기차를 기다리는 동안 비가 오기 시작했다.

_____ it started raining.

1 I **read** a book during the flight. 비행기 타는 동안 책을 읽었어.

will 미래 시제로

---

2 She **fell asleep** during the movie. 그녀는 영화 보다가 잠들었어.
fall asleep – 잠이 들다

주어를 They로

---

3 I **drank** coffee during the meeting to stay awake.
회의 중에 깨 있으려고 커피를 마셨어.   stay awake – 깨어 있다

be going to
미래 시제로

---

4 I **ate** so much popcorn during the movie, I feel like I'm gonna burst.
영화 보는 동안 팝콘을 아주 많이 먹었더니 배가 터질 것 같아.   burst – 터지다

주어를 He로

---

5 Don't **talk on the phone** while driving. It's dangerous.
운전하면서 전화하지 마. 위험해.   talk on the phone – 전화로 이야기하다   dangerous – 위험한

talk on the phone을
text(문자하다)로

---

6 I **love** listening to podcasts while working. 일하면서 팟캐스트 듣는 것 무척 좋아해.

과거 시제로

---

7 She **called** me while I was driving. 내가 운전하는 동안 그녀가 전화를 했어.
She를 My mom
(우리 엄마)으로

---

8 He **read** a magazine on **his** phone while waiting for the train.
기차를 기다리면서 그는 휴대폰으로 잡지를 읽었어.

주어를 They로,
his를 their로

---

9 I **listened** to music while I was cleaning the house.
집을 청소하는 동안 음악을 들었어.   clean the house – 집을 청소하다

주어를 She로

---

10 I **played** mobile games while waiting for my friend.
친구 기다리는 동안 휴대폰 게임했어.

will 미래 시제로

---

1 He read a book during the flight.

평서문: 비행기 타는 동안 그는 책을 읽었어.

의문문: 그가 비행기 타는 동안 책을 읽었어?

부정문: 그는 비행기 타는 동안 책을 읽지 않았어.

2 She fell asleep during the movie.

평서문: 그녀는 영화 보다가 잠들었어.

의문문: 그녀가 영화 보다가 잠들었어?

부정문: 그녀는 영화 보다가 잠들지 않았어.

3 I drank coffee during the meeting to stay awake.

평서문: 회의 중에 깨 있으려고 커피를 마셨어.

의문문: 회의 중에 깨 있으려고 커피를 마셨냐고?

부정문: 회의 중에 깨 있으려고 커피를 마시지 않았어.

4 She loves listening to podcasts while working.

평서문: 그녀는 일하면서 팟캐스트 듣는 걸 아주 좋아해.

의문문: 그녀는 일하면서 팟캐스트 듣는 걸 아주 좋아해?

부정문: 그녀는 일하면서 팟캐스트 듣는 걸 아주 좋아하지는 않아.

실생활 대화문
(036 ~ 040)

다음 대화문을 다음과 같이 공부하세요.
1단계 큰 소리로 두 번 읽는다.
2단계 음원을 두 번 듣고 원어민 발음을 확인한다.
3단계 한 번은 A가 되었다가 한 번은 B가 되어 연습한다.

대화 1   1단계 체크 ☐ ☐   2단계 체크 ☐ ☐   3단계 체크 ☐ ☐

Mia Liam, can you drive me to the airport tomorrow morning?
리암, 내일 아침에 공항까지 나 태워줄 수 있어?

Liam Sure, what time do you need to leave?
그래, 몇 시에 출발해야 해?

Mia My flight is at 10 AM, so I think we should leave around 6.
비행기가 오전 10시라서 6시쯤 출발해야 할 것 같아.

Liam Got it. Do you know how long it usually takes to get there during rush hour?
알았어. 러시아워에 거기까지 보통 얼마나 걸리는지 알아?

Mia About an hour and a half. It might be faster if we take the expressway.
한 시간 반 정도? 고속도로 타면 더 빠를 수도 있어.

Liam Makes sense. Have you packed everything already, or are you doing it before you sleep?
그렇구나. 짐은 이미 다 쌌어? 아니면 자기 전에 할 거야?

Mia I'm almost done. I still need to pack my toiletries, which I'll do in the morning.
거의 다 했어. 세면도구만 남았는데, 그건 아침에 챙기려고.

Liam Cool. Who's picking you up when you land?
좋아. 도착하면 누가 널 데리러 와?

Mia My friend Emma, who lives nearby, is coming to get me.
근처에 사는 친구 엠마가 데리러 올 거야.

Liam   That's nice. By the way, do you know if the parking lot is crowded during the day?

그렇네. 그런데 주차장이 낮 동안 붐비는지 알아?

Mia   Not really. It's usually fine before noon. Thanks so much for helping out.

그렇진 않아. 정오 전엔 보통 괜찮더라고. 도와줘서 정말 고마워.

Liam   No problem. Let's plan to leave a little earlier, just in case.

별거 아냐. 혹시 모르니까 조금 더 일찍 출발하자.

Mia   Sounds good. I'll see you bright and early tomorrow!

좋아. 내일 아침 일찍 보자!

---

drive someone to the airport ~를 공항까지 태워주다   take the expressway (차가) 고속도로를 타다
rush hour 러시아워, 교통 혼잡 시간   pack everything 짐을 다 싸다
be almost done 거의 끝나다   pack toiletries 세면도구를 챙기다
pick someone up ~를 데리러 가다   be crowded during the day 낮 동안 붐비다
help out 돕다, 지원하다   just in case 만약을 위해, 혹시 몰라서
bright and early 이른 아침에, 아주 일찍

UNIT 41 저도 그래요!

too/either 상대방 말에 동의하기 (1)

MP3 041-0

대화를 하다 보면 상대방 말에 동의할 때가 참 많죠? "난 피자 좋아해."라는 상대방 말에 "나도 피자 좋아해."라고 할 때처럼요. 이렇게 동의하는 문장을 영어로는 어떻게 만들까요?

 ## too: 긍정문에 동의할 때 | 문장 끝에 위치

긍정문에 동의할 때

상대방이 한 말을 그대로 말하고 too를 붙이면 됩니다. 회화에서는 캐주얼하게 Me too!라고도 많이 하지만, 공식적인 상황에서는 완전한 문장을 쓰는 것을 추천합니다.

> **A** I like pizza. 나 피자 좋아해.
>
> **B** I like pizza, **too.** 저도 피자 좋아해요. (공식적인 자리에서)
>
> **B** **Me too.** 나도 피자 좋아해. (캐주얼한 느낌)

 ## either: 부정문에 동의할 때 | 문장 끝에 위치

부정문에 동의할 때

"나도 안 좋아해."처럼 부정문에 동의할 때는 부정문 뒤에 either를 붙이면 됩니다. "Me neither"는 "Me too"와 같은 형태로 부정문에서 동의를 나타낼 때 쓰입니다.

> **A** I don't like coffee. 나 커피 안 좋아해.
>
> **B** I don't like coffee **either.** 나도 커피 안 좋아해요. (공식적인 자리에서)
>
> **B** **Me neither.** 나도 커피 안 좋아해. (캐주얼한 느낌)

참고로 보통 too 앞에는 콤마를 쓰고, either 앞에는 콤마를 쓰지 않습니다. Me too는 too 앞에 콤마를 쓰지 않는 경우가 대부분입니다.

다음 문장에 동의하는 문장을 too 또는 either를 써서 만드세요.   MP3 041-1   정답 p. 321

1   **A I want to go to the park.** 나 공원에 가고 싶어.

   B 나도 공원에 가고 싶어.

2   **A I don't like tea.** 나 차를 좋아하지 않아.

   B 나도 차를 좋아하지 않아.

3   **A She likes ice cream.** 그녀는 아이스크림을 좋아해.

   B 나도 아이스크림을 좋아해.

4   **A She didn't go to the party.** 그녀는 파티에 가지 않았어.

   B 나도 파티에 가지 않았어.

5   **A They are coming to the party.** 그들이 파티에 올 거야.

   B 나도 파티에 갈 거야.

6   **A You can't eat this.** 너 이걸 먹을 수 없어.

   B 너도 이걸 먹을 수 없어.

7   **A He can play the guitar.** 그 사람 기타를 칠 수 있어.

   B 나도 기타를 칠 수 있어.

8   **A I haven't seen that movie.** 나 그 영화를 본 적 없어.

   B 나도 그 영화를 본 적 없어.

1 I love chocolate. – I love chocolate, too. / Me too.
나는 초콜릿 좋아해. - 나도 초콜릿 좋아해./ 나도 그래.

2 She doesn't like rainy days. – I don't like them either. / Me neither.
그녀는 비 오는 날을 안 좋아해. - 나도 안 좋아해. / 나도 그래. rainy day – 비 오는 날

3 He works late on Fridays. – I work late on Fridays, too. / Me too.
그는 금요일마다 늦게 일해. - 나도 금요일마다 늦게 일해. / 나도 그래. work late – 늦게까지 일하다

4 I'm not a fan of spicy food. – I'm not a fan of spicy food either. / Me neither.
나는 매운 음식을 좋아하지 않아. - 나도 매운 음식 좋아하지 않아. / 나도 그래.
not a fan of – ~을 좋아하지 않는

5 I like watching movies on weekends. – I like watching movies on weekends, too. / Me too.
나는 주말에 영화 보는 걸 좋아해. - 나도 주말마다 영화 보는 것 좋아해. / 나도 그래. watch a movie – 영화를 보다

6 He doesn't eat meat. – I don't eat meat either. / Me neither.
그는 고기를 먹지 않아. - 나도 고기 안 먹어. / 나도 그래.

7 I didn't like the ending of that movie. – I didn't like it either. / Me neither.
그 영화의 결말이 마음에 안 들었어. - 나도 마음에 안 들었어. / 나도 그랬어.

8 She's learning French. – I'm learning French too. / Me too.
그녀는 프랑스어를 배우고 있어. - 나도 프랑스어를 배우고 있어. / 나도 그래.

9 He can't swim. – I can't swim either. / Me neither.
그는 수영을 못 해. - 나도 수영 못 해. / 나도 그래.

PRACTICE 3 확장 말하기 훈련

다음을 긍정문은 부정문으로, 부정문은 긍정문으로 바꾼 후 동의하는 문장을 써 보세요.
음원 파일을 듣고 정답을 확인해 보세요.

MP3 **041-3** 정답 p. 321

1 I love chocolate. - I love chocolate, too.

긍정문: 나는 초콜릿을 좋아해. – 나도 초콜릿을 좋아해.

_____

부정문: 나는 초콜릿을 좋아하지 않아. – 나도 초콜릿을 좋아하지 않아.

_____

2 She doesn't like rainy days. - I don't like them either.

부정문: 그녀는 비 오는 날을 안 좋아해. – 나도 안 좋아해.

_____

긍정문: 그녀는 비 오는 날을 좋아해. – 나도 좋아해.

_____

3 He works late on Fridays. - I work late on Fridays, too.

긍정문: 그는 금요일마다 늦게 일해. – 나도 금요일마다 늦게 일해.

_____

부정문: 그는 금요일마다 늦게 일하지 않아. – 나도 금요일마다 늦게 일하지 않아.

_____

4 I'm not a fan of spicy food. - I'm not a fan of spicy food either.

부정문: 나는 매운 음식을 좋아하지 않아. – 나도 매운 음식 좋아하지 않아.

_____

긍정문: 나는 매운 음식을 좋아해. – 나도 매운 음식 좋아해.

_____

UNIT 42 저도 그래요!

상대방 말에 동의하기 (2)

MP3 **042-0**

상대방 말에 호응하는 방법으로 상대방 문장에 too나 either를 붙이는 걸 배웠어요. 하지만 좀 더 간결하게 표현할 수 없을까요? 그때 필요한 것이 바로 so와 neither입니다.

So: 긍정문에 동의 | [So + 동사 + 주어] 형태로

[So + 동사 + 주어] 형태로 말하기

상대방이 말한 문장에 be동사가 들어 있으면 [So + 동사 + 주어] 형태에서 주어에 맞게 동사를 be동사로 쓰면 되고요, 일반동사가 있으면 주어와 시제에 맞게 do/does/did를 쓰면 돼요. can이나 should, 현재완료에 쓰인 have 같은 조동사가 있다고요? 역시 [So + 조동사 + 주어] 형태로 쓰세요.

I'm tired. 나 피곤해.	→ **So am I.** 나도 그래. → **So is she.** 그녀도 그래.
She **likes** running. 그녀는 달리기를 좋아해.	→ **So do I.** 나도 그래. → **So does he.** 그도 그래.
I **can** speak four languages. 나는 4개 국어를 할 수 있어.	→ **So can I.** 나도 그래. → **So can she.** 그녀도 그래.

Neither: 부정문에 동의 | [Neither + 동사 + 주어] 형태로

[Neither + 동사 + 주어] 형태로 말하기

앞서 설명한 것과 같지만, Neither는 부정문에 동의한다는 차이가 있어요.

I'm not hungry. 나 배고프지 않아.	→ **Neither am I.** 나도 그래. → **Neither is he.** 그도 그래.
I **don't** enjoy horror movies. 나는 공포 영화를 안 즐겨.	→ **Neither do I.** 나도 그래. → **Neither does she.** 그녀도 그래.
She **can't** go out. 그녀는 나갈 수 없어.	→ **Neither can I.** 나도 그래. → **Neither can he.** 그도 그래.

다음 문장에 동의하는 문장을 so 또는 neither를 써서 만드세요.

MP3 042-1　정답 p. 321

1　A **She is going to the party tomorrow..** 그녀는 내일 파티에 가.

　　B 나도 그래.

___

2　A **He doesn't like ice cream.** 그는 아이스크림을 좋아하지 않아.

　　B 나도 그래.

___

3　A **I can't swim.** 나는 수영 못해.

　　B 그도 수영 못해.

___

4　A **I am not going to the event.** 나는 그 행사에 가지 않아.

　　B 그녀도 가지 않아.

___

5　A **You will come to the meeting, right?** 너는 회의에 올 거지?

　　B 존도 올 거야.

___

6　A **She can't drive a car.** 그녀는 자동차 운전 못해.

　　B 그녀의 오빠도 못해.

___

7　A **She likes pizza.** 그녀는 피자를 좋아해.

　　B 나도 그래.

___

8　A **I don't think it's a good idea.** 나는 그게 좋은 생각이 아니라고 생각해.

　　B 그들도 그렇게 생각해.

___

1 A I can't swim very well. 나는 수영을 잘 못해.

   B Neither can I. I never learned properly. 나도 그래. 제대로 배운 적이 없어.
      properly – 적절하게, 제대로

2 A I'm excited about the concert tonight. 오늘 밤 콘서트가 정말 기대돼.
      be excited about – ～에 대해 신나다

   B So am I! I can't wait to see the band. 나도 그래! 얼른 그 밴드를 보면 좋겠어.

3 A I'm not a morning person. 나는 아침형 인간이 아니야.
      a morning person – 아침형 인간

   B Neither am I. I struggle to wake up early.
      나도 그래. 일찍 일어나려고 아주 용을 쓴다.   struggle to – ～하는 데 힘들어하다

4 A I can speak three languages fluently. 나는 3개 국어를 유창하게 구사할 수 있어.

   B So can my cousin. She's really talented with languages.
      내 사촌도 그래. 걔는 진짜 언어에 재능이 있거든.   be talented with – ～에 재능이 있다

5 A I've never been skydiving before. 나는 전에 스카이다이빙을 해 본 적이 한번도 없어.

   B Neither have I. It sounds terrifying! 나도 그래. 무서울 것 같아!
      terrifying –무서운, 소름 끼치는

PRACTICE 3　확장 말하기 훈련

다음을 긍정문은 부정문으로, 부정문은 긍정문으로 바꾼 후 동의하는 문장을 써 보세요.
음원 파일을 듣고 정답을 확인해 보세요.

MP3 042-3　정답 p. 321

1　**A** **I can't swim very well.** 나는 수영을 잘 못해.

　　B **Neither can I.** 나도 잘 못해.

긍정문:

A 나는 수영을 잘해.

_____

B 나도 잘해.

_____

2　**A** **I'm excited about the concert tonight.** 오늘 밤 콘서트가 정말 기대돼.

　　B **So am I!** 나도 기대돼.

부정문:

A 오늘 밤 콘서트가 기대가 안 돼.

_____

B 나도 안 돼.

_____

3　**A** **I can speak three languages fluently.** 나는 3개 국어를 유창하게 구사할 수 있어.

　　B **So can I.** 나도 할 수 있어.

부정문:

A 나는 3개 국어를 유창하게 구사할 수 없어.

_____

B 나도 못 해.

_____

4　**A** **I'm not a morning person.** 나는 아침형 인간이 아니야.

　　B **Neither am I.** 나도 아니야.

긍정문:

A 나는 아침형 인간이야.

_____

B 나도 그래.

_____

UNIT 43

공원에서 개 한 마리를 봤어.

한국어에는 없는 관사 느낌 잡기

MP3 043-0

영어를 하면 할수록 가장 골머리를 썩게 만드는 게 바로 이 관사(article)인 것 같습니다. 영어로 "나는 고양이를 좋아해"를 말하고 싶을 때 다음 중 어느 것이 맞을까요?

1) I like cats.   2) I like a cat.   3) I like the cat.   4) I like cat.

문맥에 따라 모두 맞을 수 있지만, '일반적으로 고양이를 좋아해'라고 말할 때는 1)번을 사용합니다. 여기서는 명사 앞에 왜 관사를 붙이고, 관사 학습은 어떻게 다가갈 수 있는지 알려 드리겠습니다.

🐱 영어의 관사: a, an, the

관사는 우리말에는 없는 품사로, 영어에는 다음 세 가지 형태가 있습니다.

a는 (a, e, i, o, u를 제외한) 자음으로 발음되는 셀 수 있는 단어 앞에 붙입니다.

a dog(개 한 마리), a book(책 한 권), a university(대학교 하나)

I saw **a dog** in the park. 나는 공원에서 개 한 마리를 봤어.

an은 모음(a, e, i, o, u)으로 발음되는 셀 수 있는 단어 앞에 붙입니다.

an apple(사과 하나), an elephant(코끼리 한 마리), an hour(1시간)

I ate **an apple** for lunch. 나는 점심으로 사과 한 개를 먹었어.

the는 자음과 모음 상관없이 단어 앞에 붙입니다.

the dog(그 개), the book(그 책), the umbrella(그 우산), the elephant(그 코끼리)

The bird was singing beautifully. 그 새는 아름답게 노래하고 있었어.

🐱 a/an과 the의 의미 차이

a/an은 수많은 것 중에 하나, the는 꼭 찍어 특별한 것

마트에 가서 진열대에 있는 수많은 사과 중에서 아무거나 하나만 고르라고 할 때는 이렇게 말합니다.

Pick **an apple** from the display shelf. 진열대에서 사과 하나 골라.

이때 유난히 한 사과가 반짝거리고, 마치 황금 사과처럼 빛을 내고 있어서 그 사과를 고르라고 할 때, 무언가를 특정 지을 때는 관사 the를 붙여서 표현합니다.

Pick **the apple** from the display shelf. 진열대에서 그 사과를 골라.

a/an은 어떤 대상을 처음 설명할 때, the는 설명으로 상대방도 알고 나도 알 때

I bought **a book** yesterday, and **the book** is about how to speak English confidently.
어제 책 한 권을 샀는데, 그 책은 자신 있게 영어를 말하는 방법에 관한 거야.

서점에 가서 정말 좋아하는 책을 사고 읽어 보니 너무 유익해서 친구에게 추천해 주고 싶어요. 첫 문장은 우선 처음 책에 대해서 말할 때 '수많은 책들 중에 하나를 샀다'라는 뉘앙스입니다. 그 이후부터는 친구도 알고 나도 아는 '내가 산 그 책'이라는 특별함이 생기기에 the를 붙여서 설명을 이어 갈 수 있습니다.

the는 말하는 사람도 상대방도 알고 있을 때

열린 창문에서 자꾸 찬 바람이 들어와 어떤 창문을 닫아야 하는지 상대방도 알고 본인도 아는 '특정한' 창문을 닫아달라고 할 때 이렇게 the를 쓸 수 있습니다.

Can you close **the window**, please? 창문 좀 닫아 줄 수 있어?

식탁에서 밥을 먹는데 건너편에 있는 소금이 필요해요. 수많은 소금 중에 식탁 위 그 통에 들어 있는 '특정한' 소금이니 the salt라고 표현할 수 있습니다.

Can you pass me **the salt**? 소금 좀 건네 줄래?

the는 세상에 하나밖에 없는 것을 나타낼 때
자연물 (자연 속 유일한 존재들)

태양(the sun), 달(the moon), 하늘(the sky) 등

특정한 장소나 구조물 (세상에 유일하게 존재할 때)

에펠탑(the Eiffel Tower), 만리장성(the Great Wall of China), 백악관(the White House) 등

세상에서 유일한 공간이나 매체

인터넷(the Internet), 뉴스(the news), 날씨(the weather) 등

다음 우리말 문장을 보고 적절한 관사를 넣어 보세요. .

MP3 043-1   정답 p. 321

1   나는 동물원에서 **코끼리 한 마리**를 보았다.

I saw _____ elephant at the zoo.

2   그녀는 **흥미로운 책 한 권**을 읽고 있다.

She is reading _____ interesting book.

3   우리는 해변 근처에 있는 **한 호텔**에 묵었다.

We stayed at _____ hotel near the beach.

4   우리는 파리를 방문했을 때 **에펠탑**에 갔다.

We went to _____ Eiffel Tower when we visited Paris.

5   그녀는 **오렌지색 드레스 한 벌**을 샀다.

She bought _____ orange dress.

6   저기 있는 **남자애** 좀 봐 봐!

Look at _____ boy over there!

7   우리는 어젯밤에 **그 영화관**에 갔다.

We went to _____ cinema last night.

8   나는 어제 **의사 한 명**을 만났다.

I met _____ doctor yesterday.

9   테이블 위에 **사과 하나**가 있다.

There is _____ apple on the table.

10   그녀는 오늘 아침 **그 버스**를 타고 출근했다.

She took _____ bus to work this morning.

√ 특정하지 않은 대상을 나타내는 a/an

1 I **saw** a bird in the tree. 나는 나무에서 새 한 마리를 봤어.

현재 시제로
_____

2 I **want** to eat an apple. 나는 사과 하나가 먹고 싶어.

과거 시제로
_____

3 I **bought** a cake for the party. 나는 파티를 위해 케이크를 샀어.

will 미래 시제로
_____

4 He **needs** an umbrella because it's raining. 비가 오니까 그는 우산이 필요해.

be going to 미래 시제로
_____

5 She **has** a cute puppy. 그녀는 귀여운 강아지가 한 마리 있어.

과거 시제로
_____

√ 이미 상대방도 알고 나도 알고 있을 때의 the

1 Could you **close** the door, please? 문 좀 닫아 줄래요?
close the door – 문을 닫다

close를 open(열다)으로
_____

2 She **is waiting** at the bus stop. 그녀가 버스 정류장에서 기다리고 있어.   wait – 기다리다

will 미래 시제로
_____

3 Let's **meet** at the restaurant near your house.
네 집 근처에 있는 그 레스토랑에서 만나자.

부정문으로
_____

4 I'll **take** the next train. 나는 다음 기차를 탈 거야.

과거 시제로
_____

5 He's **fixing** the car in the garage. 그는 차고에서 그 차를 고치고 있어.
fix – 고치다. 수리하다

과거 진행 시제로
_____

다음 문장을 따라 말하고 써 보세요. 음원 파일을 듣고 확인해 보세요.　MP3 043-2　정답 p. 322

√ **이미 앞에서 언급을 한번 한 후, 특정해진 the**

1 **I saw a dog in the park. The dog was very friendly.**
나는 공원에서 개 한 마리를 봤어. 그 개는 정말 상냥하더라.　friendly – 친절한, 상냥한

2 **She bought a dress yesterday. The dress is beautiful.**
그녀는 어제 드레스를 샀어. 그 드레스는 아름다워.

3 **We stayed at a hotel last weekend. The hotel was very clean.**
우리는 지난 주말에 호텔에서 묵었어. 그 호텔은 매우 깨끗했어.　clean – 깨끗한

4 **He read a book last night. The book was about history.**
그는 어젯밤에 책을 읽었어. 그 책은 역사에 관한 것이었어.

5 **I saw a car on the street. The car was red.**
나는 길에서 차 한 대를 봤어. 그 차는 빨간색이었어.

√ **세상에 하나뿐인 존재를 나타내는 the**

1 **Look at the moon. It's so beautiful tonight.** 달 좀 봐. 오늘 밤 정말 아름답다.

2 **Penguins live in the South Pole.** 펭귄은 남극에 살아.　South Pole – 남극

3 **The sky turned orange at sunset.** 하늘이 해질녘에 오렌지색으로 변했어.
at sunset – 해질 무렵에

4 **Did you see the Eiffel Tower when you went to Paris?**
너 파리에 갔을 때 에펠탑 봤어?

5 **The sun is shining brightly today.** 태양이 오늘 밝게 빛나고 있어.
shine – 빛나다　brightly – 밝게

1 He's fixing the car in the garage.

평서문: 그는 차고에서 그 차를 고치고 있어.

_____

의문문: 그는 차고에서 그 차를 고치고 있어?

_____

부정문: 그는 차고에서 그 차를 고치고 있지 않아.

_____

2 The sky turned orange at sunset.

평서문: 하늘이 해질녘에 오렌지색으로 변했어.

_____

의문문: 하늘이 해질녘에 오렌지색으로 변했어?

_____

부정문: 하늘이 해질녘에 오렌지색으로 변하지 않았어.

_____

3 Did you see the Eiffel Tower when you went to Paris?

의문문: 너 파리에 갔을 때 에펠탑 봤어?

_____

평서문: 너 파리에 갔을 때 에펠탑 봤구나.

_____

부정 평서문: 너 파리에 갔을 때 에펠탑 안 봤구나.

_____

4 The book was about history.

평서문: 그 책은 역사에 관한 것이었어.

_____

의문문: 그 책은 역사에 관한 것이었어?

_____

부정문: 그 책은 역사에 관한 것이 아니었어.

_____

당신 의견에 동의할 수 없을 것 같아요.

한국어와 다른 영어식 표현에 익숙해지기

MP3 044-0

우리말처럼 영어하다가 원어민에게 어색하다고 한소리 들었던 것 중 가장 대표적인 두 가지 표현이 있습니다. 바로 부정형으로 무언가의 문장을 이어갈 때, 그리고 나를 포함해서 2명의 주어를 나열할 때였습니다.

🐱 부정문으로 문장을 이어갈 때: 앞의 부분을 부정문으로

한국어에서는 '난 그 사람, 그렇게 착하지 않은 것 같아'처럼 부정어를 주로 문장 끝에 붙입니다. 그러나 영어에서는 주된 의미를 문장 시작 부분에 바로 언급하면서 상대방이 즉각적으로 이해할 수 있는 게 더 중요하기 때문에 부정을 문장 앞에 배치하는 방식이 더 자연스럽습니다.

당신 의견에 동의할 수 없을 것 같아요. **I don't think** I can agree with you. (o)

I think I can't agree with you. (x)

영어에서는 부정을 항상 앞에 먼저 언급하고, 뒤를 긍정 평서문 형태로 이어갑니다. 따라서 I think I can't agree with you.보다 I don't think I can agree with you.가 더 자연스럽게 들려요.

🐱 나를 포함하여 여러 명을 언급할 때는 나를 맨 뒤에

영어는 자신보다 상대방을 우선시하는 것으로 공손함을 표시합니다. 예를 들어, '저와 제 아내는…'처럼 2명 이상을 나열할 때는 상대방을 먼저 언급하고 그 뒤에 본인을 언급하는 것이 영어에서는 더 자연스럽습니다.

My wife and I don't think we agree with your opinion.
저와 제 아내는 당신 의견에 동의할 수 없을 것 같아요.

My dog and I go for a long walk in the park every evening.
우리 강아지랑 나는 매일 저녁 공원에 오래 산책하러 가요.

＊ 꼭 사람뿐 아니라, 반려동물과 나를 함께 언급할 때도 나(I)는 뒤에 옵니다.

PRACTICE 1 빠른 문법 체크

다음의 앞의 문장들은 다른 문장 앞에 놓여 부정문을 이끄는 표현들입니다.
주어진 표현과 결합해 문장을 완성하세요.

MP3 044-1　정답 p. 322

1 I'm not sure 확실치가 않아 + she understands the question 그녀가 그 질문을 이해한다

나는 그녀가 그 질문을 이해하는지 확신을 못하겠어.

_____

2 I doubt ~라고 생각하지 않아 + he will come to the party 그가 파티에 올 것이다

나는 그가 파티에 올 거라고 생각하지 않아.

_____

3 It's unlikely ~일 것 같지 않아 + they know each other 그들이 서로 안다

그들이 서로 아는 사이일 것 같지가 않아.

_____

4 I don't believe ~라고 생각지 않아 + you should worry about it 네가 그것에 대해 걱정해야 한다

나는 네가 그것에 대해 걱정해야 한다고 생각하지 않아.

_____

5 I can't say ~라고 할 수는 없어 + she likes coffee 그녀는 커피를 좋아한다

내가 그녀는 커피를 좋아한다고 말할 수는 없어.

_____

6 I don't think ~라고 생각하지 않아 + this restaurant is very popular 식당이 매우 인기 있다

나는 이 식당이 매우 인기 있다고 생각하지 않아.

_____

7 There's no way 절대 ~일 리가 없어 + we have enough time 우리가 충분한 시간이 있다

우리가 충분한 시간이 있을 리가 없어.

_____

8 I'm not sure 확실치가 않아 + this movie is interesting 이 영화가 재미있다

나는 이 영화가 재미있을 것 같지가 않아.

_____

1 My dog and I go for a walk every morning.
저와 제 강아지는 매일 아침 산책을 갑니다.   go for a walk – 산책하다

과거 시제로

2 The kids and I cleaned the house together.
아이들과 제가 함께 집을 청소했어요.   clean the house – 집을 청소하다

will 미래 시제로

3 My sister and I share a room. 여동생과 저는 방을 같이 써요.
share a room – 방을 같이 쓰다

be going to 미래 시제로

4 My mother and I baked cookies together. 엄마랑 제가 함께 쿠키를 구웠어요.

과거 진행 시제로

5 My brother and I play video games every weekend.
남동생과 저는 주말마다 비디오 게임을 해요.   play video games – 비디오 게임을 하다

과거 시제로

6 I don't think I've seen this movie before. 나는 이 영화를 본 적이 없는 것 같아.

주어 I를 He로

7 He doesn't think the weather will improve tomorrow.
그는 날씨가 내일 좋아질 거라고 생각하지 않아.

주어 He를 They로

8 They don't think he's telling the truth. 그들은 그가 진실을 말하고 있다고 생각하지 않아.
tell the truth – 진실을 말하다

is telling을
tell의 과거 시제로

9 We don't think the plan is feasible. 우리는 그 계획이 실행 가능하다고 생각하지 않아.
feasible – 실행 가능한

긍정문으로

10 We don't think this route is the fastest.
우리는 이 경로가 가장 빠르다고 생각하지 않아.

긍정문으로

다음 대표 문장을 해석을 보고 다양하게 바꿔 말하고 써 보세요.
음원 파일을 듣고 정답을 확인해 보세요.

MP3 044-3   정답 p. 323

1   My sister and I share a room.

평서문: 여동생과 저는 방을 같이 써요.

_____

의문문: 여동생과 제가 방을 같이 쓰냐고요?

_____

부정문: 여동생과 저는 방을 같이 쓰지 않아요.

_____

2   My brother and I play video games every weekend.

평서문: 남동생과 저는 주말마다 비디오 게임을 해요.

_____

의문문: 남동생과 제가 주말마다 비디오 게임을 하냐고요?

_____

부정문: 남동생과 저는 주말마다 비디오 게임을 하지 않아요.

_____

3   They don't think he's telling the truth.

부정문: 그들은 그가 진실을 말하고 있다고 생각하지 않아요.

_____

긍정 의문문: 그들은 그가 진실을 말하고 있다고 생각하나요?

_____

긍정문: 그들은 그가 진실을 말하고 있다고 생각해요.

_____

4   We don't think the plan is feasible.

부정문: 우리는 그 계획이 실행 가능하다고 생각하지 않아요.

_____

긍정 의문문: 우리가 그 계획이 실행 가능하다고 생각하냐고요?

_____

긍정문: 우리는 그 계획이 실행 가능하다고 생각해요.

_____

UNIT 45 사과가 많아요. 물이 많아요.

much, many, a lot of

MP3 045-0

무언가가 '많다'라고 할 때 헷갈리는 부분이 much, many, a lot of입니다. 이 중 무엇을 써야 할지 고민이지요. 이번에 꼭 알아두세요.

> ## much + 셀 수 없는 명사 many + 셀 수 있는 명사
> ## a lot of + 셀 수 있는 명사와 셀 수 없는 명사 모두

much는 시간(time)이나 물(water)처럼 (원어민의 관점에서) 셀 수 없는 명사 앞에, many는 책 (book), 사과(apple)등 (원어민의 관점에서) 셀 수 있는 명사 앞에서 사용합니다. 그리고 여기 서 셀 수 있는지 없는지와 상관없이 사용할 수 있는 것이 a lot of입니다! 특히 대화나 일상 표현에서 a lot of의 활용도가 정말 높답니다.

much는 개별적으로 하나하나 셀 수 없는 양을 표현

much water(많은 물), much milk(많은 우유), much sugar(많은 설탕), much rice(많은 쌀), much air(많은 공기), much time(많은 시간), much money(많은 돈) 등이 대표적입니다.

many는 개별적으로 셀 수 있는 것을 나타내며, 뒤에 오는 명사는 복수형으로 쓰임

many friends(많은 친구들), many students(많은 학생들), many books(많은 책들), many cars(많은 자동차들), many apples(많은 사과들)이 대표적입니다.

a lot of는 두 상황 모두에 사용 가능하며, 회화에서 자주 활용

a lot of water(많은 물), a lot of milk(많은 우유), a lot of sugar(많은 설탕), a lot of rice(많은 쌀), a lot of air(많은 공기), a lot of time(많은 시간), a lot of money(많은 돈)
a lot of friends(많은 친구들), a lot of students(많은 학생들), a lot of books(많은 책들), a lot of cars(많은 자동차들), a lot of apples(많은 사과들)

부정문에서는 a lot of보다 much 혹은 many를 쓰는 게 더 자연스러워요.

There aren't **many** people in the park today. 오늘 공원에 사람이 많지 않다.

We don't have **much** time left. 우리는 남은 시간이 많지 않다.

1 _____ + challenges 많은 도전들

많은 도전이 위험을 감수하는 사람들을 기다리고 있다.

_____ await those who take risks.

2 _____ + money 많은 돈

그녀는 지갑에 돈이 많지 않다.

She doesn't have _____ in her wallet.

3 _____ + coffee 많은 커피

그는 요즘 커피를 많이 마시지 않는다.

He doesn't drink _____ these days.

4 _____ + dresses 많은 드레스들

그녀는 여름에 입을 많은 드레스를 샀다.

She bought _____ for the summer.

5 _____ + opportunities 많은 기회들

많은 기회들이 가장 예상하지 못할 때 찾아온다.

_____ come when you least expect them.

6 _____ + experience 많은 경험

나는 이 분야에서 경험이 많지 않다.

I don't have _____ in this field.

7 _____ + noise 많은 소음

도서관에는 소음이 많지 않았다.

There wasn't _____ in the library.

8 _____ + paintings 많은 그림들

박물관의 많은 그림들은 수백 년 된 것이다.

_____ in the museum are centuries old.

PRACTICE 2 변형 말하기 훈련

다음 문장에서 a lot of는 many 혹은 much로 바꿔서 말하고 써 보세요.
나머지는 지시문에 따라 바꿔 쓰고 음원 파일을 듣고 확인해 보세요.

MP3 045-2 | 정답 p. 323

1 There are **a lot of** books on the shelf. 선반에 책이 많이 있어요.
on the shelf – 선반 위에

_____

2 Are **a lot of** people coming to the party? 파티에 많은 사람이 오나요?

_____

3 She knows **a lot of** good places to eat in the city.
그녀는 도시에서 좋은 음식점을 많이 알아요.

_____

4 There are **a lot of** stars in the sky tonight. 오늘 밤 하늘에 별이 많아요.

_____

5 You need **a lot of** sugar for this recipe. 이 요리법에는 설탕이 많이 필요해요.

_____

6 She spends **a lot of** energy on traveling. 그녀는 여행에 많은 에너지를 씁니다.

_____

7 We took **a lot of** photos at the wedding. 우리는 결혼식에서 사진을 많이 찍었어요.
take photos – 사진을 찍다

_____

8 I **don't have** much time to finish this task. 이 일을 끝낼 시간이 많지 않아요.

과거 시제로
_____

9 There **isn't** much milk left in the fridge. 냉장고에 우유가 많이 남아 있지 않아요.
in the fridge – 냉장고 안에

과거 시제로
_____

10 I **don't spend** much money on clothes. 저는 옷에 돈을 많이 쓰지 않아요.
spend money on + 명사 ~에 돈을 쓰다

주어를 He로
_____

1　There are many books on the shelf.

평서문: 선반에 책이 많아요.

_____

의문문: 선반에 책이 많나요?

_____

부정문: 선반에 책이 많지 않아요.

_____

2　There isn't much milk left in the fridge.

부정문: 냉장고에 우유가 많이 남아 있지 않아요.

_____

긍정 의문문: 냉장고에 우유가 많이 남아 있나요?

_____

긍정문: 냉장고에 우유가 많이 남아 있어요.

_____

3　I don't have much time to finish this task.

부정문: 이 일을 끝낼 시간이 많지 않아요.

_____

긍정 의문문: 저한테 이 일을 끝낼 시간이 많이 있나요?

_____

긍정문: 이 일을 끝낼 시간이 많아요.

_____

4　She spends a lot of money on traveling.

평서문: 그녀는 여행에 많은 돈을 씁니다.

_____

의문문: 그녀는 여행에 많은 돈을 쓰나요?

_____

부정문: 그녀는 여행에 많은 돈을 쓰지 않아요.

_____

실생활 대화문
(041 ~ 045)

다음 대화문을 다음과 같이 공부하세요.　1단계　큰 소리로 두 번 읽는다.
　　　　　　　　　　　　　　　　　　2단계　음원을 두 번 듣고 원어민 발음을 확인한다.
　　　　　　　　　　　　　　　　　　3단계　한 번은 A가 되었다가 한 번은 B가 되어 연습한다.

대화 1	1단계 체크 ☐☐	2단계 체크 ☐☐	3단계 체크 ☐☐

Emma　Hey Jake, you look really tired today. Did you stay up late last night?
제이크, 오늘 정말 피곤해 보여. 어젯밤 늦게까지 (잠 안 자고) 깨어 있었어?

Jake　Yeah, I stayed up late studying for the exam, and I only got a few hours of sleep. My eyelids are heavy, and I feel super sleepy.
응, 시험 공부하느라 늦게까지 깨어 있었고, 겨우 몇 시간밖에 못 잤어. 눈꺼풀이 무겁고 정말 졸려.

Emma　Me too! I need to catch up on my sleep this weekend.
나도 그래! 이번 주말에 밀린 잠을 보충해야겠어.

Jake　So do I. It's been a long week. I'm planning to sleep in tomorrow morning.
나도 그래. 이번 주는 너무 길었어. 내일 아침엔 늦잠 잘 계획이야.

Emma　Lucky you! I have to wake up early. I set an alarm for 6 o'clock.
부럽다! 나는 일찍 일어나야 해. 알람을 6시에 맞춰 놨어.

Jake　6 o'clock? That's way too early for me. I'm definitely more of a night owl than an early riser.
6시? 나한텐 너무 이른 시간이야. 나는 확실히 아침형 인간보다는 저녁형 인간이야.

Emma　Haha, I'm the opposite. I love getting up early and starting my day. My husband and I always go for a morning walk together.
하하, 나는 반대야. 아침 일찍 일어나 하루를 시작하는 게 좋아. 남편이랑 난 항상 아침 산책을 함께해.

Jake　That sounds nice! By the way, do you ever move or talk in your sleep?
그거 좋겠다! 그런데 너 자면서 움직이거나 말한 적 있어?

Emma　I do both! And my daughter drools in her sleep, which is hilarious.
둘 다 해! 그리고 우리 딸은 자면서 침을 흘리는데 진짜 웃겨.

Jake Haha! My wife snores heavily, so I often wake up at night.
하하! 아내가 코를 심하게 골아서 나 밤에 자주 깨어나.

Emma That must be tough. Well, I hope you can sleep soundly tonight.
그거 힘들겠다. 그래도 오늘 밤에는 푹 잘 수 있길 바라.

Jake Thanks, you too! Let's both try to catch up on our sleep this weekend.
고마워, 너도! 이번 주말에 우리 둘 다 잠 보충하자.

Emma Definitely. A lot of rest is exactly what we need.
당연하지. 충분한 휴식이 딱 필요한 거야.

---

stay up late 늦게까지 깨어 있다   eyelids are heavy 눈꺼풀이 무겁다   super sleepy 정말 졸린
catch up on one's sleep 밀린 잠을 보충하다   sleep in 늦잠 자다   set an alarm for ... ~에 알람을 맞추다
a night owl 저녁형 인간   an early riser 아침형 인간   move or talk in one's sleep 자면서 움직이거나 말하다
drool in one's sleep 자면서 침을 흘리다   hilarious 아주 웃긴, 우스운   snore heavily 심하게 코를 골다
wake up at night 밤에 깨어나다   sleep soundly 푹 자다

UNIT 46 그녀는 항상 시간을 잘 지켜.

빈도 말하기

MP3 046-0

일상에서 빈도나 횟수는 정말 많이 쓰입니다. '항상, 자주, 가끔, 절대 (안 해)'처럼 다양하지요. 영어에도 이런 빈도를 나타내는 표현이 있습니다. 영어의 대표적인 빈도 표현(대부분의 영어책에서는 빈도 부사라고 합니다)을 외워 두면 회화할 때 큰 도움이 됩니다. 참고로, 영어의 빈도 표현은 의미와 위치가 중요하답니다.

영어의 대표적인 빈도 표현

빈도 부사	뜻	빈도 (%)
always	항상	100%
usually	보통, 대개	80~90%
often	자주	60~80%
sometimes	가끔	30~50%
occasionally	때때로	10~30%
rarely	거의 ~ 않다	5~10%
never	절대 ~ 않다	0%

영어의 빈도 표현(빈도 부사) 위치: be동사 뒤 | 일반동사 앞 | 조동사 뒤

일반동사: 주어 + 빈도 부사 + 일반동사 + 기타

I **often** exercise after work. 나는 퇴근 후 자주 운동해.

be동사: 주어 + be동사 + 빈도 부사 + 기타

She is **always** punctual. 그녀는 항상 시간을 잘 지켜.

조동사: 주어 + 조동사 + 빈도 부사 + 기타

You should **always** be careful while driving. 운전할 때는 항상 조심해야지.

빈도부사는 문장 맨 앞이나 맨 뒤에 써서 의미를 강조할 수도 있습니다.

Sometimes, I skip breakfast. 가끔, 나는 아침을 거른다.

I eat out **occasionally**. 나는 가끔 나가서 먹는다.

주어진 빈도 부사를 알맞은 곳에 넣어 문장을 완성하세요.　　　　MP3 046-1 　정답 p. 324

1   **She keeps her promises** 그녀는 약속을 지킨다 **+ always** 항상

그녀는 항상 약속을 지킨다.

---

2   **I drink coffee in the morning** 나는 아침에 커피를 마신다 **+ usually** 보통

나는 보통 아침에 커피를 마신다.

---

3   **My boss is on business trips** 내 상사는 출장 간다 **+ frequently** 자주

내 상사는 자주 출장 간다.

---

4   **He goes jogging in the park** 그는 공원에서 조깅을 한다 **+ often** 자주

그는 자주 공원에서 조깅을 한다.

---

5   **She watches TV these days** 그녀는 요즘 TV를 본다 **+ rarely** 거의 ~ 않는

그녀는 요즘 거의 TV를 보지 않는다.

---

6   **He smokes** 그는 담배를 피운다 **+ never** 절대 ~ 않다

그는 절대 담배를 피우지 않는다.

---

7   **They visit their grandparents** 그들은 조부모님을 방문한다 **+ occasionally** 때때로

그들은 때때로 조부모님을 방문한다.

---

8   **He forgets to reply to messages** 그는 메시지 답장을 까먹는다 **+ sometimes** 가끔

그는 가끔 메시지 답장을 까먹는다.

---

1 She always wakes up at 6 AM. 그녀는 항상 오전 6시에 일어나요.

wake up at + 시간 – ~시에 일어나다

과거 부정문으로

_____

2 I always brush my teeth before bed. 저는 항상 자기 전에 이를 닦아요.

brush one's teeth before bed –자기 전에 이를 닦다

주어를 Tom으로,
my를 his로

_____

3 She usually takes the bus to work. 그녀는 보통 버스를 타고 출근해요.

take the bus – 버스를 타다

과거형으로

_____

4 I usually read before going to sleep. 저는 보통 자기 전에 책을 읽어요.

read before going to sleep – 자기 전에 책을 읽다

주어를 They로

_____

5 I often skip breakfast when I'm in a hurry. 저는 급할 때 아침을 자주 건너뛰어요.

skip breakfast – 아침을 거르다

주어를 모두 She로

_____

6 They sometimes eat out at fancy restaurants.

그들은 가끔 고급 레스토랑에서 외식을 해요.   eat out – 외식을 하다

과거 시제로

_____

7 It rarely snows in this area. 이 지역에서는 눈이 거의 잘 안 와요.

snows 대신 rains
(비가 오다)로

_____

8 My car rarely breaks down. 제 차는 거의 고장이 잘 안 나요.   break down – 고장 나다

주어를 The cars
(그 차들)로

_____

9 She never lies to her friends. 그녀는 친구들에게 절대 거짓말을 하지 않아요.

lie to + 사람 – ~에게 거짓말을 하다

주어를 The students
(그 학생들)로, her를 their로

_____

10 He never eats spicy food. 그는 절대 매운 음식을 먹지 않아요.

eat spicy food – 매운 음식을 먹다

will 미래 시제로

_____

다음 대표 문장을 해석을 보고 다양하게 바꿔 말하고 써 보세요.
음원 파일을 듣고 정답을 확인해 보세요.

MP3 046-3 | 정답 p. 324

1 She always wakes up at 6 AM.

평서문: 그녀는 항상 오전 6시에 일어나요.

_____

의문문: 그녀는 항상 오전 6시에 일어나나요?

_____

부정문: 그녀가 항상 오전 6시에 일어나지는 않아요.

_____

2 I always brush my teeth before bed.

평서문: 저는 항상 자기 전에 이를 닦아요.

_____

의문문: 항상 자기 전에 이를 닦냐고요?

_____

부정문: 저는 자기 전에 항상 이를 닦지는 않아요.

_____

3 She usually takes the bus to work.

평서문: 그녀는 보통 버스를 타고 출근해요.

_____

의문문: 그녀는 보통 버스를 타고 출근하나요?

_____

부정문: 그녀는 보통 버스를 타고 출근하지 않아요.

_____

4 I usually read before going to sleep.

평서문: 저는 보통 자기 전에 책을 읽어요.

_____

의문문: 보통 자기 전에 책을 읽냐고요?

_____

부정문: 저는 보통 자기 전에 책을 읽지 않아요.

_____

운동 후에는 항상 배가 고파져요.

A에서 B로의 변화를 나타내는 get

MP3 047-0

영어를 처음 공부할 때 배우는 필수 어휘 중에 get이 있습니다. '~를 얻다'의 뜻으로 많이 쓰이고요, 또 다른 의미인 상태의 변화를 나타낼 때도 굉장히 많이 쓰입니다.

get + 상태를 나타내는 표현: (안 그랬는데) 어떠한 상태로 바뀌다

운동을 하고 나면, 배가 고파지죠? 이때는 배가 안 고픈 상태에서 운동을 한 후에 배가 고픈 상태로 변하기 때문에, 이 느낌을 get을 이용해서 표현할 수 있습니다.

I always **get hungry** after I exercise. 운동 후에는 항상 배가 고파져요.

[be동사 + 상태를 나타내는 표현] vs. [get + 상태를 나타내는 표현]

I'm not hungry.   I'm getting hungry.   I'm hungry.
안 배고파요.   배고파지고 있어요.   배고파요.

be동사 + 상태 표현 I'm hungry.라고 말하면 현재 말하는 사람의 상태를 나타내요. 과거형을 써서 I was hungry.라고 하면 특정한 시점에 배가 고팠다는 상태를 나타냅니다.

get + 상태 표현 반면에, I get hungry.라고 하면, (원래는 배가 안 고픈데) 뭐만 했다 하면 배가 고파지는 상태가 된다는 거예요. 운동을 하거나 공부를 하면 배가 고파지는 것이죠. 현재 말하는 시점에서 **배가 안 고픈 상태에서 고파지고 있는 것을** 표현하고 싶을 때는 현재진행형을 써서 I'm getting hungry.(점점 배가 고파지고 있어요)라고 하면 됩니다.

The milk **got sour**. 우유가 상했어요.
* 상하지 않은 상태에서 상한 상태로 변한 것을 강조

The weather is **getting cold**. 날씨가 점점 추워지고 있어요.

I'm **getting angry**. 점점 화가 나고 있어요.

I **got hungry** after working out yesterday. 어제 운동 후에 배가 고파졌어요.
* 어제 운동 후, 배가 고프지 않았던 상태에서 고픈 상태로 변한 것을 강조

PRACTICE 1 　빠른 문법 체크

다음 주어진 상태 표현을 ① [be동사 + 상태 표현], ② [get + 상태 표현]으로 만들어 보세요.
그리고 [get + 상태 표현]으로 주어진 문장을 완성하세요.

MP3 047-1 　정답 p. 324

1 **lost** 길을 잃은 ① _____ , ② _____

나는 어제 도시에서 길을 잃게 됐다.

_____ in the city yesterday.

2 **tired** 피곤한 ① _____ , ② _____

일을 너무 많이 해서 피곤해졌다.

I _____ from working too much.

3 **worried** 걱정하는 ① _____ , ② _____

부모님은 나에 대해 걱정하게 되셨다.

My parents _____ about me.

4 **complicated** 복잡한 ① _____ , ② _____

상황이 복잡해졌다.

The situation _____ .

5 **interested** 흥미가 있는 ① _____ , ② _____

나는 사진에 흥미를 가지게 되었다.

_____ in photography.

6 **injured** 부상을 입은 ① _____ , ② _____

그는 경기 중에 다치게 되었다.

_____ during the game.

7 **confused** 혼란스러운 ① _____ , ② _____

그는 설명을 듣고 혼란스러워졌다.

_____ by the instructions.

8 **embarrassed** 창피한 ① _____ , ② _____

그녀는 실수를 해서 창피해졌다.

_____ when she made a mistake.

1 **I get sleepy after lunch.** 점심 먹고 나면 졸려져요.   sleepy – 졸린

주어를 She로
_____

2 **She gets nervous before a big presentation.** 큰 발표를 앞두고 그녀는 긴장해요.
nervous – 긴장하는

주어를 They로
_____

3 **The kids always get excited when they see their grandparents.**
아이들은 할머니, 할아버지를 보면 항상 신나 해요.   excited - 신나 하는

시제를 둘 다
과거 시제로
_____

4 **I'm getting better at cooking these days.** 요즘 요리하는 게 점점 나아지고 있어요.
get better at + 명사/동명사 – ~에 점점 능숙해지다

주어를 He로
_____

5 **Don't worry, it will get easier over time.** 걱정 마세요. 시간이 지나면 더 쉬워질 거예요.
over time 시간이 지나면서

시제를 현재형으로
_____

6 **It's getting cold outside. You should wear a jacket.**
밖이 점점 추워지고 있어요. 재킷 입는 게 좋겠어요.

앞의 문장을
현재완료형으로
_____

7 **He got angry when he saw the mess in the kitchen.**
그는 부엌이 어질러진 걸 보고 화가 났어요.

전체 시제를 현재형으로
_____

8 **I get confused when instructions are unclear.**
설명이 명확하지 않을 때 혼란스러워져요.   confused – 혼란스러운   unclear – 명확하지 않은, 불분명한

주어를 She로
_____

9 **She got sick after eating some bad seafood.**
그녀는 상한 해산물을 먹고 아팠어요.

주어를 I로
_____

10 **My mom gets emotional when she watches old family videos.**
우리 엄마는 옛 가족 비디오를 볼 때 감정적으로 되세요.   emotional – 감정적인

주어를 My parents
(우리 부모님)로, she를 they로
_____

1 I get sleepy after lunch.

평서문: 점심 먹고 나면 졸려요.

_____   _____

의문문: 점심 먹고 나면 졸리냐고요?

_____

부정문: 점심 먹고 나서 졸리지 않아요.

_____

2 She gets nervous before a big presentation.

평서문: 그녀는 중요한 발표 전에 긴장이 돼요.

_____

의문문: 그녀는 중요한 발표 전에 긴장이 되나요?

_____

부정문: 그녀는 중요한 발표 전에 긴장되지 않아요.

_____

3 The kids always get excited when they see their grandparents.

평서문: 그 아이들은 조부모님을 볼 때 늘 신나 해요.

_____

의문문: 그 아이들은 조부모님을 볼 때 늘 신나 하나요?

_____

부정문: 그 아이들은 조부모님을 볼 때 늘 신나 하지는 않아요.

_____

4 It will get easier over time.

평서문: 시간이 갈수록 쉬워질 거예요.

_____

의문문: 시간이 갈수록 쉬워질까요?

_____

부정문: 시간이 갈수록 쉬워지지 않을 거예요.

_____

UNIT 48 그 수업에 있는 모든 학생이 다 착해요.

every와 all 제대로 사용하기

MP3 048-0

일상에서 every와 all은 정말 많이 활용되는데, 막상 사용하려고 하면 또 헷갈리기도 합니다. every와 all의 뜻이 '모두'라는 점에서는 비슷하지만, 문법적으로 차이가 있는데요. 여기서 확실히 알아두세요.

Every vs. All

every + 단수 명사(셀 수 있는 명사의 단수형, 셀 수 없는 명사)

단수 명사가 오기 때문에 뒤에 오는 동사도 단수형이 쓰입니다. 즉, 현재형일 때 동사 뒤에 -(e)s가 붙어야 해요.

> every book(모든 책), every day(매일 = 모든 날), every person(모든 사람),
> every student(모든 학생)
>
> **Every student** in the class <u>is</u> nice. 그 수업에 있는 모든 학생이 다 착해요.

all + 복수 명사, 셀 수 없는 명사

뒤에 복수 명사가 올 때는 동사도 복수형, 셀 수 없는 명사가 올 때는 동사도 단수형을 씁니다.

> all books(모든 책들), all days(모든 날들), all people(모든 사람들),
> all students(모든 학생들), all love(모든 사랑)
>
> **All students** in the class <u>are</u> nice. 그 수업에 있는 모든 학생들이 다 착해요.
>
> **All love** <u>connects</u> us. 모든 사랑이 우리를 연결하지요.

every에는 '건너뜀(격)'의 의미가 있어서 뒤에 [숫자 + 기간 표시 표현]이 오면 '매 ~마다'의 의미가 됩니다. 이때는 뒤에 복수 명사가 오는 것에 주의하세요.

> every two weeks(2주마다), every two months(두 달마다),
> every thirty minutes(30분마다)
>
> I visit my parents **every two weeks**. 2주마다 부모님을 찾아뵙습니다.

다음 [Every + 명사], [All + 명사] 뒤에 들어갈 동사의 바른 형태를 넣어 문장을 완성하세요.　MP3 048-1　정답 p. 325

1　모든 학생이 교과서를 가지고 있다. (have)

Every student ＿＿＿＿＿＿＿＿＿＿＿＿＿＿＿ a textbook.

2　네가 제공한 모든 정보가 정확하다. (be)

All the information you provided ＿＿＿＿＿＿＿＿＿＿＿＿＿ correct.

3　모든 아이는 사랑이 필요하다. (need)

Every child ＿＿＿＿＿＿＿＿＿＿＿＿＿＿＿ love.

4　이 동네의 모든 집이 아름다워 보인다. (look)

Every house in this neighborhood ＿＿＿＿＿＿＿＿＿＿＿ beautiful.

5　모든 직원이 회의에 참석한다. (attend)

All employees ＿＿＿＿＿＿＿＿＿＿＿＿＿＿ the meeting.

6　네가 해준 모든 충고가 도움이 되었다. (be)

Every piece of advice you gave me ＿＿＿＿＿＿＿＿＿＿＿＿ helpful.

7　선반 위의 모든 책들은 내 것이다. (belong)

All the books on the shelf ＿＿＿＿＿＿＿＿＿＿＿＿＿ to me.

8　모든 학생이 11월에 시험을 치른다. (take)

All students ＿＿＿＿＿＿＿＿＿＿＿＿＿ the exam in November.

1 I **read** every book in the library. 도서관에 있는 책을 (하나도 빠짐없이) 다 읽었어.

will 미래 시제로

2 **She** visits every museum when **she** travels.
그녀는 여행할 때마다 박물관은 다 들러.

주어를 I로

3 Every car in the parking lot **is** covered in snow.
주차장의 모든 차가 눈에 덮여 있어.   be covered in – ~로 덮이다

과거 시제로

4 All doors in the building **are** automated. 이 건물의 문은 전부 자동문이야.
be automated – 자동화되다

will 미래 시제로

5 All books in this section **are** on sale. 이 구역의 책은 모두 할인 중이야.
be on sale – 세일 중이다, 할인 판매 중이다

과거 시제로

6 All seats in the stadium **were** sold out. 경기장 좌석이 전부 매진됐어.
be sold out – 매진되다

will 미래 시제로

7 I go to the gym every two days. 나는 이틀에 한 번씩 헬스장에 가.

주어를 She로

8 **She** calls **her** parents every three weeks. 그녀는 3주에 한 번씩 부모님께 전화해.

주어를 They로,
her를 their로

9 He **gets** a haircut every four months. 그는 4개월마다 머리를 잘라.
get a haircut – 머리를 자르다, 이발하다

과거 시제로

10 Every three months, **I** go for a health check-up.
나는 3개월마다 건강검진을 받아.   go for a health check-up – 건강검진을 받다

주어를 he로

1 Every car in the parking lot is covered in snow.

평서문: 주차장의 모든 차가 눈에 덮여 있어요.

의문문: 주차장의 모든 차가 눈에 덮여 있나요?

부정문: 주차장의 모든 차가 눈에 덮여 있는 건 아니에요. (Not every car)

2 All books in this section are on sale.

평서문: 이 구역의 책이 모두 할인 중이에요.

의문문: 이 구역의 책이 모두 할인 중인가요?

부정문: 이 구역의 책이 모두 할인 중인 건 아니에요. (Not all books)

3 She calls her parents every three weeks.

평서문: 그녀는 3주에 한 번씩 부모님께 전화해요.

의문문: 그녀는 3주에 한 번씩 부모님께 전화하나요?

부정문: 그녀는 3주에 한 번씩 부모님께 전화하지 않아요.

4 He gets a haircut every four months.

평서문: 그는 4개월마다 머리를 잘라요.

의문문: 그는 4개월마다 머리를 잘라요?

부정문: 그는 4개월마다 머리를 자르지 않아요.

그는 자기 일을 진정으로 사랑해.

속 시원하게 말하기 위한 부사 활용

MP3 049-0

영어 공부할 때 아마 "부사는 있어도 되고 없어도 되는 말"이라고 들어 보셨을 거예요. 음, 시험 문제를 풀 때는 이런 접근이 유용할 수도 있겠지만, 일상 회화에서라면 이야기가 다릅니다. 부사를 적절히 활용하면 자신의 감정을 더욱 풍부하게 표현할 수 있고, 하고 싶은 말을 보다 명확하게 전달할 수 있습니다.

😺 부사의 존재 이유

화자의 감정을 전달할 수 있다

He loves his job. 그는 자신의 일을 사랑합니다.

He **sincerely** loves his job. 그는 자신의 일을 진정으로 사랑합니다.

첫 번째 문장보다 두 번째 문장이 훨씬 더 깊은 감정을 전달할 수 있습니다. 부사를 활용할 때는 부사가 지닌 느낌을 살려서 감정을 담아 말하는 것이 큰 도움이 됩니다.

부사만으로도 문장의 의미를 바꿀 수 있다

I eat out with my wife on weekends. 저는 주말마다 아내와 외식합니다.

I **rarely** eat out with my wife on weekends.
저는 주말마다 아내와 외식하는 일이 거의 없습니다.

부사 rarely를 씀으로써, 문장의 뉘앙스와 의미가 크게 변했습니다. 회화를 할 때 내 마음을 더 진솔하고, 속 시원하게 표현하게 하는 부사를 적극 활용해 보세요.

* '일상에서 자주 활용하는 부사 목록'은 257 페이지에서 확인 가능합니다.

부사의 위치

일반동사 앞 She **carefully** opened the box 그녀는 상자를 조심스레 열었어요.

be동사나 조동사 뒤 She is **carefully** handling the situation.
그녀는 상황을 신중히 다루고 있어요.

강조할 때는 문장 앞이나 뒤 **Carefully**, she picked up the glass.
그녀는 조심스레 유리잔을 들었어요.

형용사나 부사 앞 He is **carefully** precise in his work. 그는 자기 일에서 굉장히 꼼꼼합니다.

다음 주어진 표현에 부사를 넣어 완전한 문장을 완성하세요.　　　MP3 049-1　　정답 p. 326

1 She placed the glass on the table + carefully 조심스레

그녀는 유리잔을 조심스럽게 테이블 위에 놓았다.

---

2 He ran to catch the bus + quickly 빠르게

그는 버스를 잡으려고 빠르게 달렸다.

---

3 She eats fast food + rarely 거의 ~ 않는다

그녀는 패스트푸드를 거의 먹지 않는다.

---

4 He wakes up early + always 항상

그는 항상 일찍 일어난다.

---

5 I forgot about the meeting + completely 완전히

나는 회의에 대해 완전히 잊어버렸다.

---

6 They announced their engagement + happily 행복하게

그들은 행복하게 자기네 약혼 소식을 발표했다.

---

7 He stopped walking + suddenly 갑자기

그는 갑자기 걷는 것을 멈췄다.

---

8 She missed her flight + almost 거의

그녀는 비행기를 거의 놓칠 뻔했다.

---

1 This smartphone is practically a computer.
이 스마트폰은 사실상 컴퓨터나 다름없어요.

computer를 digital
assistant(디지털 비서)로

2 These two products are practically identical.
이 두 제품은 사실상 똑같다고 봐도 돼요.   identical – 동일한, 거의 똑같은

시제를 과거로

3 Please read the contract carefully. 계약서를 꼼꼼히 읽어 주시기 바랍니다.
contract – 계약서

read(읽다)를
review(검토하다)로

4 He makes all decisions carefully. 그는 모든 결정을 신중하게 내려요.
make a decision – 결정을 내리다

주어를 I로

5 I'm definitely going to that party. 저는 확실히 그 파티에 갈 거예요.

주어를 He로

6 She's definitely next in line for a promotion.
그녀는 틀림없이 다음 승진 대상이에요.   next in line – 다음 대상인, 다음 순서의

주어를 You로

7 The new car drives very smoothly. 새 차가 아주 부드럽게 달려요.

과거 시제로

8 The project was completed smoothly. 프로젝트가 순조롭게 완료됐어요.
be completed – 완료되다

will 미래 시제로

9 He sincerely loves his job. 그는 자기 일을 진정으로 사랑해요.

과거 시제로

10 I sincerely wish you success. 저는 당신의 성공을 진심으로 기원합니다.

success를 happiness(행복)로

1 These two products are practically identical.

평서문: 이 두 제품은 사실상 똑같다고 봐도 돼요.

_____

의문문: 이 두 제품은 사실상 똑같나요?

_____

부정문: 이 두 제품은 사실상 똑같지 않아요.

_____

2 The project was completed smoothly.

평서문: 프로젝트가 순조롭게 완료됐어요.

_____

의문문: 프로젝트가 순조롭게 완료됐나요?

_____

부정문: 프로젝트가 순조롭게 완료되지 않았어요.

_____

3 He makes all decisions carefully.

평서문: 그는 모든 결정을 신중하게 내려요.

_____

의문문: 그는 모든 결정을 신중하게 내리나요?

_____

부정문: 그는 모든 결정을 신중하게 내리지는 않아요.

_____

4 She's definitely next in line for a promotion.

평서문: 그녀는 틀림없이 다음 승진 대상이에요.

_____

의문문: 그녀가 틀림없이 다음 승진 대상인가요?

_____

부정문: 그녀가 틀림없이 다음 승진 대상이라고는 할 수 없어요.

_____

실생활 대화문
(046 ~ 049)

다음 대화문을 다음과 같이 공부하세요.　　1단계　큰 소리로 두 번 읽는다.
　　　　　　　　　　　　　　　　　　　2단계　음원을 두 번 듣고 원어민 발음을 확인한다.
　　　　　　　　　　　　　　　　　　　3단계　한 번은 A가 되었다가 한 번은 B가 되어 연습한다.

대화 1　　　1단계 체크 ☐ ☐　　　　　2단계 체크 ☐ ☐　　　　　3단계 체크 ☐ ☐

Lily　Noah, do we need to go grocery shopping today?
노아, 오늘 장 보러 가야 할까?

Noah　I think so. We're practically out of everything in the fridge.
그럴 것 같아. 냉장고에 사실상 다 떨어졌어.

Lily　Let's carefully make a list before we leave. It makes things so much easier.
출발하기 전에 신중히 리스트를 작성하자. 그럼 훨씬 편해지거든.

Noah　Good idea. Do we have all the basics, like rice, eggs, and milk?
좋은 생각이야. 쌀, 계란, 우유 같은 기본적인 건 다 있어?

Lily　Nope, we're out of eggs and milk. And we need to get some snacks too.
아니, 계란이랑 우유 다 떨어졌어. 그리고 간식도 좀 사야 해.

Noah　Got it. Should we go to the big supermarket or the smaller one that's closer?
알겠어. 큰 마트로 갈까, 아니면 가까운 작은 마트로 갈까?

Lily　Let's go to the big one. They have more options, and their fruit is always fresh.
큰 마트로 가자. 거기가 선택지도 많고, 과일도 항상 신선하잖아.

Noah　Sounds good. By the way, do we need a lot of vegetables?
좋아. 그런데 채소도 많이 필요해?

Lily　Not a lot, just some onions and tomatoes. And let's get some lettuce too.
많이는 아니고, 양파랑 토마토 조금만. 그리고 상추도 좀 사자.

Noah Let's grab some chocolate too. You like dark chocolate, don't you?
초콜릿도 좀 사자. 너 다크 초콜릿 좋아하지?

Lily Good call. Let's head out and finish shopping before it gets too crowded.
좋은 생각이야. 너무 붐비기 전에 빨리 장 보고 오자.

---

go grocery shopping 장을 보러 가다　be practically out of ... ~이 사실상 다 떨어지다
make a list 리스트를 작성하다　make things easier 일을 더 편하게 하다
the basics 기본적인 필수품　have more options 더 많은 선택지가 있다
head out 출발하다, 나가다　get too crowded 너무 붐비게 되다

자주 쓰이는 동사의 단수형과 복수형

동사	단수형 (현재 시제)	복수형 (사전형, 현재 시제)
watch (보다)	watches	watch
go (가다)	goes	go
fix (고치다)	fixes	fix
catch (잡다)	catches	catch
mix (섞다)	mixes	mix
teach (가르치다)	teaches	teach
pass (통과하다)	passes	pass
wish (바라다)	wishes	wish
do (하다)	does	do
miss (놓치다)	misses	miss
study (공부하다)	studies	study
try (시도하다)	tries	try
carry (운반하다)	carries	carry
fly (날다)	flies	fly
reply (답하다)	replies	reply
deny (부정하다)	denies	deny
marry (결혼하다)	marries	marry
cry (울다)	cries	cry
apply (지원하다)	applies	apply
rely (의지하다)	relies	rely
play (놀다)	plays	play
enjoy (즐기다)	enjoys	enjoy
stay (머무르다)	stays	stay
say (말하다)	says	say
obey (따르다)	obeys	obey
buy (사다)	buys	buy
employ (고용하다)	employs	employ

동사	단수형 (현재 시제)	복수형 (사전형, 현재 시제)
destroy (파괴하다)	destroys	destroy
convey (전달하다)	conveys	convey
pay (지불하다)	pays	pay
read (읽다)	reads	read
run (달리다)	runs	run
walk (걷다)	walks	walk
eat (먹다)	eats	eat
sleep (자다)	sleeps	sleep
talk (말하다)	talks	talk
drink (마시다)	drinks	drink
write (쓰다)	writes	write
call (전화하다)	calls	call
cook (요리하다)	cooks	cook
open (열다)	opens	open
close (닫다)	closes	close
ask (묻다)	asks	ask
help (돕다)	helps	help
like (좋아하다)	likes	like
love (사랑하다)	loves	love
hate (싫어하다)	hates	hate
need (필요하다)	needs	need
want (원하다)	wants	want
know (알다)	knows	know
think (생각하다)	thinks	think
work (일하다)	works	work
start (시작하다)	starts	start
finish (끝내다)	finishes	finish
bring (가져오다)	brings	bring

동사	단수형 (현재 시제)	복수형 (사전형, 현재 시제)
leave (떠나다)	leaves	leave
live (살다)	lives	live
meet (만나다)	meets	meet
forget (잊다)	forgets	forget
remember (기억하다)	remembers	remember
give (주다)	gives	give
take (가져가다)	takes	take
make (만들다)	makes	make
find (찾다)	finds	find
break (깨다)	breaks	break
build (짓다)	builds	build
listen (귀 기울여 듣다)	listens	listen
hear (듣다)	hears	hear
wait (기다리다)	waits	wait
jump (뛰다)	jumps	jump
dance (춤추다)	dances	dance
sing (노래하다)	sings	sing
drive (운전하다)	drives	drive
ride (타다)	rides	ride
swim (수영하다)	swims	swim
win (이기다)	wins	win
lose (지다)	loses	lose
send (보내다)	sends	send
sell (팔다)	sells	sell
choose (선택하다)	chooses	choose
clean (청소하다)	cleans	clean
draw (그리다)	draws	draw
show (보여 주다)	shows	show

동사	단수형 (현재 시제)	복수형 (사전형, 현재 시제)
grow (성장하다)	grows	grow
throw (던지다)	throws	throw
learn (배우다)	learns	learn
stand (서다)	stands	stand
sit (앉다)	sits	sit
begin (시작하다)	begins	begin
end (끝내다)	ends	end
promise (약속하다)	promises	promise
borrow (빌리다)	borrows	borrow
lend (빌려주다)	lends	lend
follow (따르다)	follows	follow
return (돌아오다)	returns	return
decide (결정하다)	decides	decide

V-ing 형태로 바꾸는 방법

1. 일반적인 동사 (-ing를 바로 붙이면 되는 경우)

work → working	watch → watching
talk → talking	listen → listening
read → reading	open → opening
walk → walking	clean → cleaning
study → studying	laugh → laughing
play → playing	cry → crying
cook → cooking	call → calling

2. 동사가 e로 끝나는 경우 (e 빼고 -ing 붙임)

make → making	love → loving
take → taking	give → giving
write → writing	move → moving
have → having	save → saving
dance → dancing	hope → hoping
drive → driving	smile → smiling
come → coming	decide → deciding
leave → leaving	

3. '자음 + 모음 + 자음'으로 끝나는 한 음절 동사 (마지막 자음을 한 번 더 쓰고 -ing 붙임)

run → running	win → winning
sit → sitting	dig → digging
swim → swimming	drop → dropping
hit → hitting	fit → fitting
stop → stopping	tap → tapping
cut → cutting	shop → shopping
plan → planning	rob → robbing
get → getting	

불규칙 동사 과거형/과거분사

동사	현재 → 과거 → 과거분사
be (있다)	be → was/were → been
become (되다)	become → became → become
begin (시작하다)	begin → began → begun
break (깨다)	break → broke → broken
bring (가져오다)	bring → brought → brought
build (짓다)	build → built → built
buy (사다)	buy → bought → bought
catch (잡다)	catch → caught → caught
choose (선택하다)	choose → chose → chosen
come (오다)	come → came → come
cost (비용이 들다)	cost → cost → cost
cut (자르다)	cut → cut → cut
do (하다)	do → did → done
draw (그리다)	draw → drew → drawn
drink (마시다)	drink → drank → drunk
drive (운전하다)	drive → drove → driven
eat (먹다)	eat → ate → eaten
fall (떨어지다)	fall → fell → fallen
feel (느끼다)	feel → felt → felt
find (찾다)	find → found → found
fly (날다)	fly → flew → flown
forget (잊다)	forget → forgot → forgotten
get (얻다)	get → got → gotten
give (주다)	give → gave → given
go (가다)	go → went → gone
grow (자라다)	grow → grew → grown
have (가지다, 먹다)	have → had → had

동사	현재 → 과거 → 과거분사
hear (듣다)	hear → heard → heard
hold (잡다)	hold → held → held
keep (유지하다)	keep → kept → kept
know (알다)	know → knew → known
leave (떠나다)	leave → left → left
lend (빌려주다)	lend → lent → lent
let (허락하다)	let → let → let
lose (잃다)	lose → lost → lost
make (만들다)	make → made → made
meet (만나다)	meet → met → met
pay (지불하다)	pay → paid → paid
put (놓다)	put → put → put
read (읽다)	read → read → read
ride (타다)	ride → rode → ridden
run (달리다)	run → ran → run
say (말하다)	say → said → said
see (보다)	see → saw → seen
sell (팔다)	sell → sold → sold
send (보내다)	send → sent → sent
sit (앉다)	sit → sat → sat
sleep (잠자다)	sleep → slept → slept
speak (말하다)	speak → spoke → spoken
take (가져가다)	take → took → taken

일상에서 자주 쓰이는 비교급

1. '-er'만 붙는 경우

MP3 053

원급	뜻	비교급	뜻
tall	키가 큰	taller	더 키가 큰
short	짧은	shorter	더 짧은
big	큰	bigger	더 큰
small	작은	smaller	더 작은
fast	빠른	faster	더 빠른
slow	느린	slower	더 느린
high	높은	higher	더 높은
low	낮은	lower	더 낮은
strong	강한	stronger	더 강한
weak	약한	weaker	더 약한
deep	깊은	deeper	더 깊은
wide	넓은	wider	더 넓은
long	긴	longer	더 긴
young	젊은	younger	더 젊은
rich	부유한	richer	더 부유한
poor	가난한	poorer	더 가난한
cool	시원한	cooler	더 시원한
bright	밝은	brighter	더 밝은
dark	어두운	darker	더 어두운
loud	시끄러운	louder	더 시끄러운
clean	깨끗한	cleaner	더 깨끗한
kind	친절한	kinder	더 친절한
brave	용감한	braver	더 용감한
proud	자랑스러운	prouder	더 자랑스러운

2. '-ier'로 변하는 경우 (자음 + y로 끝나는 형용사)

MP3 054

원급	뜻	비교급	뜻
heavy	무거운	heavier	더 무거운
easy	쉬운	easier	더 쉬운
happy	행복한	happier	더 행복한
angry	화난	angrier	더 화난
busy	바쁜	busier	더 바쁜
lazy	게으른	lazier	더 게으른
funny	재미있는	funnier	더 재미있는
lucky	운 좋은	luckier	더 운 좋은
unlucky	불운의	unluckier	더 불운의
tasty	맛있는	tastier	더 맛있는
spicy	매운	spicier	더 매운

3. 'more'를 앞에 붙이는 경우 (2·3음절 이상의 형용사)

MP3 055

원급	뜻	비교급	뜻
difficult	어려운	more difficult	더 어려운
beautiful	아름다운	more beautiful	더 아름다운
expensive	비싼	more expensive	더 비싼
interesting	흥미로운	more interesting	더 흥미로운
boring	지루한	more boring	더 지루한
comfortable	편안한	more comfortable	더 편안한
uncomfortable	불편한	more uncomfortable	더 불편한
important	중요한	more important	더 중요한
dangerous	위험한	more dangerous	더 위험한
tired	피곤한	more tired	더 피곤한
energetic	에너지 넘치는	more energetic	더 에너지 넘치는
cowardly	비겁한	more cowardly	더 비겁한

원급	뜻	비교급	뜻
honest	정직한	more honest	더 정직한
dishonest	부정직한	more dishonest	더 부정직한
patient	인내심 있는	more patient	더 인내심 있는
impatient	성급한	more impatient	더 성급한
careful	조심스러운	more careful	더 조심스러운
careless	부주의한	more careless	더 부주의한
serious	진지한	more serious	더 진지한
popular	인기 있는	more popular	더 인기 있는
famous	유명한	more famous	더 유명한
successful	성공적인	more successful	더 성공적인
confident	자신감 있는	more confident	더 자신감 있는
generous	관대한	more generous	더 관대한
selfish	이기적인	more selfish	더 이기적인
creative	창의적인	more creative	더 창의적인
practical	실용적인	more practical	더 실용적인
modern	현대적인	more modern	더 현대적인
traditional	전통적인	more traditional	더 전통적인
complicated	복잡한	more complicated	더 복잡한
exciting	신나는	more exciting	더 신나는
relaxing	편안하게 하는	more relaxing	더 편안하게 하는
stressful	스트레스를 주는	more stressful	더 스트레스를 주는
pleasant	기분 좋은	more pleasant	더 기분 좋은
unpleasant	불쾌한	more unpleasant	더 불쾌한
delicious	맛있는	more delicious	더 맛있는

4. 비교급 불규칙 변화

원급	뜻	비교급	뜻
good	좋은	better	더 좋은
bad	나쁜	worse	더 나쁜
much/many	많은	more	더 많은
little	적은	less	더 적은
far	먼	farther/further	더 먼
old	오래된	older	더 오래된

일상에서 자주 활용하는 부사 목록

영어	한국어 뜻
practically	사실상, 실질적으로, 거의 ~랑 마찬가지인, 거의 ~랑 똑같은
carefully	조심스럽게, 신중하게, 꼼꼼하게
technically	기술적으로, 따지고 보면, 엄밀히 말하자면
tirelessly	지치지 않고, 끊임없이, 열심히
definitely	확실히, 분명히, 틀림없이
normally	보통, 일반적으로, 평소에는
smoothly	순조롭게, 부드럽게, 문제없이
noticeably	눈에 띄게, 현저하게, 확실히
eagerly	열심히, 간절히, 열렬히
basically	한마디로 말하자면, 제 말은, ~와 같은, 근본적으로
sincerely	진심으로, 성실하게, 진정으로
obviously	분명히, 명백하게, 당연히
rarely	드물게, 좀처럼 ~ 않다, 거의 ~ 않다
thoroughly	철저히, 완전히, 꼼꼼하게
surprisingly	놀랍게도, 의외로, 뜻밖에
relatively	비교적, 상대적으로, 그런대로
presumably	아마도, 추정컨대, ~일 것 같아요
apparently	듣자 하니 ~라던데요, 보아하니 ~래요, 듣기로는
literally	정말로, 그야말로, 말 그대로
barely	간신히, 겨우, 거의 ~ 않다
reluctantly	마지못해, 내키지 않게
sadly	슬프게, 안타깝게도, 아쉽게도
partly	어느 정도, 부분적으로
immediately	즉시, 즉각적으로, 즉시 ~후에
quickly	빠르게, 신속하게
slowly	서서히, 천천히, 느리게
occasionally	가끔(씩)

영어	한국어 뜻
eventually	결국
finally	마침내, 드디어, 결국에
significantly	상당히, 유의미하게
deeply	대단히, 몹시, 깊게
globally	전 세계적으로
completely	완전히, 전적으로
inevitably	불가피하게, 필연적으로, 예상대로
professionally	전문적으로, 직업적으로
perfectly	완전히, 더할 나위 없이, 지극히
genuinely	진심으로, 진정으로
mainly	주로, 대부분, 대개
seriously	진지하게, 심각하게, 진심으로

뼈대 패턴 회화 모음집

각 UNIT의 핵심 내용이 담긴 회화입니다.
마르고 닳도록 외워서 꼭 자기 것으로 만들어 보세요.

UNIT 1   am/is/are에 맞는 짝꿍을 찾아라

A   Are you hungry now? 너 지금 배고파?

B   No, I'm fine for now. 아니, 지금은 괜찮아.

A   Then, shall we have dinner together later? 그럼 나중에 같이 저녁 먹을래?

B   Sure, let's do that. 그래, 그렇게 하자.

---

for now 지금은, 현재로서는   Shall we + 동사원형 ~? 우리 ~할까? (제안의 의미)

A   Where is Tom? 톰 어디 있어?

B   He is at the library. 도서관에 있지.

A   Oh, is he studying? 아, 공부하고 있어?

B   Yes, he is preparing for an exam. 응, 시험 준비 중이야.

---

prepare for an exam 시험을 준비하다

UNIT 2   am/is/are가 들어간 문장의 부정문, 의문문

A   Are you hungry? 배고파?

B   I'm not just hungry, I'm starving. 배고픈 정도가 아니라 배고파 죽겠어.

A   Do you want to eat something filling then? 그럼 뭔가 든든한 거 먹을래?

B   Sure, I'm not busy right now. 그래, 지금은 나 안 바빠.

---

starving 매우 배고픈 (very hungry 대신 쓸 수 있음)   filling 포만감을 주는

A   Is the café open now? 카페 지금 열었나요?

B   Yes, it's open until 10 PM. 네, 밤 10시까지 영업해요.

A   Thank you! Are they busy at this time? 감사합니다! 이 시간에 사람 많아요?

B   Usually, it is pretty empty in the evening. 보통 저녁에는 꽤 한가해요.

---

until (전치사) ~까지   at this time 이 시점에, 이 시간에   pretty empty 꽤 비어 있는, 한산한

UNIT 3   There is/are (~에) ~가 있어요

A   Is there a gym near here? 여기 근처에 헬스장이 있어요?

B   Yes, there is a gym just down the street. 네, 길 아래에 헬스장이 있어요.

A   Are there any classes available? 들을 수 있는 수업이 있나요?

B   Yes, there are yoga and spinning classes every day.
네, 매일 요가와 스피닝 수업이 있어요.

A Is there a spa in this hotel? 이 호텔에 스파가 있나요?

B Yes, there is. There's also a rooftop pool. 네, 있습니다. 옥상 수영장도 있어요.

A Are there any good restaurants nearby? 근처에 좋은 레스토랑들이 있나요?

B There are several within walking distance. 걸어갈 수 있는 거리에 여러 곳이 있어요.

---

down the street 길 아래   available 이용 가능한   every day 매일
rooftop pool 옥상 수영장   nearby 인근에, 가까운 곳에   within walking distance 걸어갈 수 있는 거리에

UNIT 4   짝꿍에 따라 일반동사 바꾸기

A How do you get to work? 회사에 어떻게 가?

B I usually take the subway. 보통 지하철 타고 가.

A How long does it take? 얼마나 걸려?

B It takes about 30 minutes. 30분 정도 걸려.

A How often do you exercise? 운동 얼마나 자주 해?

B I exercise three times a week. 일주일에 세 번 해.

A What kind of exercise do you do? 어떤 운동 해?

B I usually go jogging or swimming. 보통 조깅이나 수영을 해.

---

go jogging 조깅하러 가다   go swimming 수영하러 가다

UNIT 5   일반동사 현재형 부정문 만들기

A Does Rebecca speak Spanish? 레베카가 스페인어를 하나?

B No, I don't think she speaks Spanish. 아니, 스페인어는 못하는 것 같아.

A I thought she lived in Colombia for a long time.
콜롬비아에서 오래 살았다고 알고 있었는데.

B No, she didn't live in Colombia. She lived in South Korea.
아니야, 콜롬비아에서 살지 않았어. 한국에서 살았어.

---

live in + 지역 ~에 살다

A How many cups of coffee do you drink a day? 하루에 커피 몇 잔 마셔?

B I don't drink coffee after 3 PM. 오후 3시 이후로는 커피 안 마셔.

A Why? Does it affect your sleep? 왜? 잠자는 데 영향이 있어?

B Yeah, I don't sleep well if I do. 응, 마시면 잠을 잘 못 자.

---

after ~ 후에   affect 영향을 미치다   sleep well 잘 자다

UNIT 6   일반동사 의문문 만들기

A   **Do you like pasta?** 파스타 좋아해?

B   **Yes, I love pasta!** 응, 파스타 정말 좋아해!

A   **Do you eat it often?** 자주 먹어?

B   **I try to have it at least once a week.** 일주일에 한 번은 먹으려고 해.

---

love 아주 많이 좋아하다   at least 적어도   once a week 일주일에 한 번

A   **Do you meet your extended family often?** 친척들과 자주 만나세요?

B   **Yes, we usually gather at least once every month.**
네, 보통 적어도 매달 한 번은 꼭 모이는 편이에요.

A   **That sounds nice! Do a lot of relatives come?**
좋으시겠어요! 친척분들이 많이 오시나요?

B   **Yes, it's always a big gathering with cousins and other relatives.**
네, 사촌들과 친척들이 다들 모이니까 항상 대가족 모임이 되죠.

---

extended family 대가족 ↔ nuclear family 핵가족   gather 모이다, 만나다   once every month 매달 한 번
relative 친척   cousin 사촌

UNIT 7   [의문사 + 의문문]으로 마음껏 물어보기

A   **When do you usually go to bed?** 보통 언제 자니?

B   **I usually go to bed around 11 PM.** 보통 밤 11시쯤 자.

A   **How many hours do you sleep?** 몇 시간 자?

B   **I usually sleep for about 7 hours.** 보통 7시간 정도 자.

---

go to bed 잠자리에 들다   usually 보통, 일반적으로

A   **How often do you go camping?** 캠핑은 얼마나 자주 가?

B   **I try to go camping at least once a month.** 못해도 한 달에 한 번은 가려고 해.

A   **What do you like to do while camping?** 캠핑하면서 뭐 하는 걸 좋아해?

B   **I love sitting around the campfire and having a barbecue with my family.**
캠프파이어에 주변에 앉아 가족들이랑 바비큐 먹는 걸 제일 좋아해.

UNIT 8   말하는 순간에 하고 있는 일 말하기 (현재진행형)

A   **Are you waiting for someone?** 누구 기다리고 있는 거야?

B   **Yes, I'm waiting for my sister.** 응, 여동생 기다리고 있어.

A   **Want to grab a coffee while you wait?** 기다리는 동안 커피 한잔할래?

B   **Thanks, but I think she'll be here any minute now.**
고마워, 그런데 동생이 금방 올 것 같아.

A Why are you smiling? 왜 그렇게 웃어?

B I'm texting with a friend. 친구랑 톡하고 있어.

A What are you talking about? 무슨 얘기 중인데?

B We're making plans for the weekend. 주말에 뭐 할지 계획 짜고 있어.

text 문자를 보내다, 톡을 하다   make plans 계획을 세우다

UNIT 9   V-ing, V-ed로 마음과 감정 표현하기

A How's your new apartment? 새 아파트는 어때?

B It's great! I'm really pleased with it. 좋아! 정말 마음에 들어.

A That's good to hear. 다행이다.

B Yes, the location is especially great. 응, 특히 위치가 정말 좋아.

be pleased with ~에 기뻐하다, ~에 만족하다

A How was the horror movie? 그 공포 영화는 어땠어?

B It was terrifying! I'm still scared. 무서웠어! 아직도 겁나.

A Wow, was it that scary? 와, 그렇게 무서웠어?

B Yes, the plot was really frightening. 응, 줄거리가 정말 무서웠어.

terrifying 무서운, 두려운   frightening 무서운, 겁주는

UNIT 10   be nice와 be being nice의 차이

A Why is Tom being so quiet today? 왜 톰이 오늘 이렇게 조용하지?

B I think he's just being shy because there are new people around.
새로운 사람들이 있어서 그냥 수줍어하는 것 같아.

A Really? He's usually very talkative. 정말? 평소에는 엄청 말이 많잖아.

B Yeah, but he's being unusually quiet today. 응, 하지만 오늘은 평소와 다르게 조용하게 구네.

talkative 수다스러운, 말 많은

A Why are you being so careful with that box?
왜 그 상자를 그렇게 조심스럽게 다루는 거야?

B It's because there's something fragile inside.
안에 깨지기 쉬운 물건이 들어 있어서 그래.

A Oh, I see. Do you need help carrying it? 아, 그렇구나. 옮기는 거 도와줄까?

B No, I'm okay. I'm being extra careful. 아니, 괜찮아. 내가 특별히 더 조심하고 있어.

fragile 깨지기 쉬운

UNIT 11 was/were 짝꿍 찾기

A **Was the restaurant crowded last night?** 어젯밤에 식당 사람 많았어?

B **It was packed! We had to wait for an hour.**
완전 붐볐어! 한 시간이나 기다려야 했다니까.

A **Was the food worth the wait?** 음식이 기다릴 만했던 거야?

B **Absolutely, it was delicious!** 당연하지, 정말 맛있었어!

---

crowded 혼잡한   packed 꽉 찬   be worth ~의 가치가 있다

A **Were you sick last week? I didn't see you at work.**
지난주에 아팠어? 회사에서 못 봤네.

B **Yes, I was down with the flu.** 응, 독감으로 앓아 누웠어.

A **Was it severe?** 심각했어?

B **It was pretty bad, but I'm better now.** 꽤 심각했는데, 이제 괜찮아.

---

be down with (질병이나 어떤 상태에) 걸리다, (어떤 것에) 동의하다   the flu 독감   severe 심각한, 혹독한

UNIT 12 There was/were ~가 있었어요

A **How was your camping trip?** 캠핑 여행은 어땠어?

B **Great, but there were a lot of mosquitoes.** 좋았어. 그런데 모기가 많았어.

A **Was there a lake nearby?** 근처에 호수가 있었어?

B **Come to think of it, yes there was! Now, I get why there were so many mosquitoes!** 그러고 보니, 맞아 있었어! 이제 왜 모기가 그렇게 많았는지 알겠네!

---

mosquito 모기   lake 호수   come to think of it 생각해 보니   get 이해하다

A **Was there a lot of traffic this morning?** 오늘 아침에 차가 많이 막혔어?

B **Yeah, there was way more traffic than I expected.**
응, 생각했던 것보다 훨씬 더 차가 많이 밀렸어.

A **Was there an accident or something?** 사고라도 났었나?

B **I don't think there was an accident, but it was such a relief that I didn't end up being late for class.**
사고가 났던 건 아닌 것 같아. 그렇지만 수업에 늦지 않아서 참 다행이었지.

---

traffic jam 교통 체증   way more 훨씬   it's a relief that... ~해서 다행이다
end up -ing 결국 ~하게 되다   be late for... ~에 늦다

UNIT 13 일반동사의 과거형

A Did you go cycling long distance last weekend?
지난 주말에 장거리 자전거 라이딩 갔었어?

B Yes, I went with a group of friends. 응, 친구들이랑 갔어.

A How was it? Did you enjoy the ride? 어땠어? 라이딩 재밌었어?

B I loved it! The scenery was breathtaking.
정말 좋았어! 경치가 숨이 멎을 정도로 아름다웠어.

---

go cycling 자전거 타러 가다   scenery 경치   breathtaking 숨막히는, 아주 아름다운

A Where did you go for your vacation? 휴가 때 어디 갔어?

B We went to Australia. 호주에 갔어.

A That sounds nice. Did you enjoy it? 좋았겠다. 재미있었어?

B Yes, we had a great time. The weather was perfect. 응, 정말 좋았어. 날씨도 완벽했어.

UNIT 14 과거진행형

A What were you doing when I called you last night?
어젯밤에 내가 전화했을 때 너 뭐 하고 있었어?

B I was practicing the piano. 피아노 연습하고 있었어.

A Oh, what piece were you practicing? 오, 무슨 곡 연습하고 있었는데?

B I was practicing Beethoven's "Moonlight Sonata."
베토벤의 "월광 소나타" 연습하고 있었어.

---

piece 조각, 한 조각; (문학·예술상의) 작품, 소품, 소곡

A Where were you living before you moved here?
여기로 이사 오기 전에 어디서 살았어?

B I was living in New York. 뉴욕에 살고 있었어.

A What were you doing there? 거기서 뭐 했어?

B I was studying art at a university. 대학에서 미술 공부하고 있었어.

UNIT 15 will + 동사원형

A It's getting late. Will you stay for dinner? 시간이 늦었네요. 저녁 먹고 갈래요?

B Thanks, but I will be heading home soon. 고맙지만, 곧 집에 가 봐야 할 것 같아요.

A Okay. Will you be okay getting home? 알겠어요. 집에 잘 들어갈 수 있겠어요?

B Don't worry, I will take a taxi. 걱정 마세요. 택시 탈 거예요.

---

take a taxi 택시를 타다

A Will you order your usual coffee? 늘 마시는 커피로 주문할 거야?

B Yes, I will get a latte like always. 응, 평소처럼 라떼로 할게.

A Will you try the new bread they have? 새로 나온 빵도 먹어 볼래?

B I think I will give it a try! 그래, 한번 먹어 볼게!

---

like always 늘 그렇듯이   give it a try 한번 해 보다

UNIT 16   be going to + 동사원형 (어느 정도의 확신)

A Are you going to buy a new phone? 휴대폰 새로 살 거야?

B Yes, I'm going to get the latest model. 응, 최신 모델로 살 거야.

A When are you going to buy it? 언제 살 건데?

B I'm going to buy it next week when I get paid. 다음 주에 월급 받으면 살 거야.

---

get paid 급여를 받다

A What are you going to do this weekend? 이번 주말에 뭐 할 거야?

B I'm going to visit my grandparents. 조부모님 댁에 다녀올 거야.

A Are you going to stay overnight? 거기서 자고 올 거야?

B No, I'm just going to have dinner with them. 아니, 그분들하고 저녁만 먹을 거야.

---

stay overnight 하룻밤 묵다

UNIT 17   미래를 나타내는 현재진행형

A Hey, are you free this afternoon? 오늘 오후에 시간 좀 있어?

B Sorry, I'm going to the hospital later today. 미안해, 나 오늘 이따가 병원 가야 해.

A Oh no, are you feeling sick? 이런. 어디 아파?

B No, I'm just getting my annual check-up. 아니야, 그냥 연례 건강 검진 받는 거야.

---

be free 시간이 되다, 시간이 있다   get one's annual check-up 연례 건강 검진을 받다

A I heard you're moving soon. Is that true? 너 곧 이사 간다면서. 맞아?

B Yes, we're moving to a new apartment next month.
응, 우리 다음 달에 새 아파트로 이사 가.

A That's a big change! You must be excited! 큰 변화네! 기대되겠다!

B Definitely! We're looking forward to the extra space. 당연하지! 더 넓은 집이라 엄청 기대 중이야.

---

must (100%에 가까운 확신으로) ~겠구나   look forward to ~을 기대하다

UNIT 18　at + 장소, in + 장소

A Are you at home right now? 지금 집에 있어?

B Yes, I'm in the kitchen. 응, 부엌에 있어.

A What are you up to there? 거기서 뭐 하는데?

B I'm making coffee. 커피 만들고 있어.

A Where are you now? 지금 어디야?

B I'm almost at the department store. Where are you?
나 백화점 거의 다 왔어. 넌 어디야?

A I was at the entrance, but it's so cold, so I'll wait inside.
백화점 입구에 있었는데, 날이 너무 추워서 안에서 기다릴게.

B Okay, I'll be there soon! 알겠어, 금방 갈게!

---

wait inside 안에서 기다리다

UNIT 19　'~에'의 at + 시간, on + 시간, in + 시간

A Let's go shopping in the afternoon. 오후에 쇼핑 가자.

B Sure! What time in the afternoon? 좋아! 오후 몇 시에?

A How about 3 PM? 3시 어때?

B Perfect, I'll meet you then. 좋아, 그때 보자.

A What time is the movie? 영화가 몇 시야?

B It starts at 6:30 PM. 저녁 6시 30분에 시작해.

A Okay, let's meet at the theater at 6. 6시에 극장에서 만나자.

B Sounds good! 좋아!

UNIT 20　문장을 길게 말하고 싶을 때의 패턴 암호, 방.장.시!

A Have you had dinner already? 저녁 벌써 먹었어?

B Yes, I had dinner with my parents at a restaurant at 7.
응, 7시에 식당에서 부모님과 저녁 먹었어.

A What did you eat? 뭐 먹었어?

B We had pasta and salad. It was delicious! 파스타와 샐러드 먹었어. 정말 맛있더라!

A Do you exercise often? 운동 자주 해?

B Yes, I go to the gym with my brother three times a week.
응, 일주일에 세 번 형이랑 헬스장에 가.

A What time do you usually go to the gym? 보통 헬스장에 몇 시에 가?

B We usually work out in the evening after dinner, so 7ish.
보통 저녁 먹고 저녁에 운동해. 그래서 7시 정도?

A What kind of exercises do you do? 어떤 운동해?

B Mostly weight training, but sometimes we do yoga to relax.
주로 웨이트 트레이닝 하지만, 가끔은 이완되게 요가도 해.

---

go to the gym with ~와 함께 체육관에 가다   work out in the evening 저녁에 운동하다

UNIT 21 비슷한 카테고리를 나열할 때는 작은 범위에서 큰 범위로!   `MP3 060 · UNIT 21-30`

A When did you take that photo at the Eiffel Tower?
너 에펠탑에서 그 사진 언제 찍었어?

B I took it on Wednesday evening, June 21. 6월 21일 수요일 저녁에 찍었어.

A Was it your first time in Paris? 파리에는 처음 간 거였어?

B Yes, it was my first visit, and it was amazing! 응, 처음 간 거였고, 정말 멋지더라!

---

take a photo at + 장소 ~에서 사진을 찍다   be one's first time in + 장소 ~에 처음 방문하다

A When was the last time you attended a concert in New York?
뉴욕에서 콘서트를 마지막으로 갔던 게 언제였어?

B I went to the stadium on Thursday, July 20. 7월 20일 목요일에 경기장에 갔어.

A What kind of concert was it? 무슨 콘서트였지?

B It was a pop concert, and the atmosphere was incredible!
팝 콘서트였는데 분위기가 정말 대단했어!

---

attend a concert in + 장소 ~에서 콘서트를 관람하다   what kind of 어떤 종류의

UNIT 22 제대로 활용하는 too의 용법

A I took the train during rush hour today. 오늘 출퇴근 시간에 지하철 탔어.

B Oh no, was it bad? 어머, 많이 힘들었어?

A Yeah, it was too crowded to even move. 응, 사람이 너무 많아서 꼼짝도 못했어.

B That's why I always avoid that time if I can. 그래서 나는 가능하면 그 시간대는 피해.

A Could you turn the music down a bit? It's too loud for me to think.
음악 좀 줄여 줄 수 있어? 너무 시끄러워서 내가 생각을 못하겠어.

B Oh, sorry about that. I didn't realize it was bothering you.
아, 미안해. 네가 불편한 줄 몰랐어.

A It's okay. I just need to finish this report. 괜찮아. 그냥 이 보고서 마무리해야 해서.

B Got it. I'll use my headphones instead. 알겠어. 그럼 내가 헤드폰 쓸게.

turn down (음악 소리 등을) 줄이다   realize 깨닫다   bother 불편하게 하다

UNIT 23   can ~할 수 있어요

A Can you speak any foreign languages? 혹시 외국어 할 줄 아는 거 있어?

B Yes, I can speak Mandarin pretty well. 응, 나 중국어 꽤 잘해.

A That's cool! Can you teach me a few words? 와, 멋지다! 몇 마디 가르쳐 줄 수 있어?

B Of course! I can teach you some common phrases.
그래! 자주 쓰는 표현 몇 개 알려 줄게.

Mandarin 표준 중국어

A Can you drive? I need a ride to the airport.
운전할 줄 알아? 공항까지 좀 태워다 줬으면 해서.

B Yes, I can drive. I can give you a ride if you want.
응, 운전할 수 있어. 원하면 내가 태워다 줄 수 있어.

A That would be awesome! I appreciate it. Can you take me to the airport
tomorrow morning?
와, 짱인데! 정말 고마워! 내일 아침에 나 좀 공항까지 데려다 줄 수 있어?

B Sure, I can pick you up at 8 AM. Is that okay? 그래. 아침 8시에 데리러 갈게. 괜찮아?

take someone to + 장소 ~를 데려다 주다, ~에 데려가다   I appreciate it. 정말 고마워.

UNIT 24   should ~하는 게 좋겠어요

A I'm having trouble sleeping lately. 요즘 잠들기가 힘들어.

B You should try to establish a regular sleep schedule.
규칙적으로 자고 일어나는 습관을 들이는 게 좋겠다.

A Should I avoid caffeine in the evening? 저녁에는 카페인을 피해야 할까?

B Definitely. You should also limit screen time before bed.
그래야지. 자기 전에 휴대폰이나 컴퓨터 보는 것도 줄이는 게 좋고.

have trouble Ving ~하기가 힘들다   limit screen time (디지털 기기의) 화면 보는 시간을 제한하다

A I'm thinking about getting a pet. 반려동물을 키워 볼까 생각 중이야.

B You should consider adopting from a shelter.
유기동물 보호소에서 입양하는 것도 생각해 봐.

A Should I get a dog or a cat? 강아지가 좋을까, 고양이가 좋을까?

B You should choose based on your lifestyle and space.
네 생활 패턴이랑 집 크기를 고려해서 정하는 게 좋을 것 같아.

adopt from a shelter 보호소에서 입양하다   based on ~에 기반하여

UNIT 25 have to vs must (1) ~해야 해요

A You must try the chocolate cake at that café!
그 카페에서 초콜릿 케이크를 꼭 먹어 봐!

B I've heard it's delicious! I have to go there this weekend.
엄청 맛있다고 들었어! 이번 주말에 꼭 가 봐야겠어.

A You won't regret it! It's the best in town! 후회하지 않을 거야! 동네에서 제일 맛있어!

B I must bring my friends along; they'll love it too!
내 친구들도 데려가야겠다. 걔네들도 엄청 좋아할 거야!

---

regret 후회하다

A I think I should get going; I have to pick up the kids at 4.
이만 일어나 봐야겠다. 4시에 아이들 픽업해야 하거든.

B You should hurry! If you don't leave now, you'll be late.
서둘러야겠네! 지금 출발 안 하면 늦을 거야.

A It was great to see you today! I'll get in touch again next time.
오늘 만나서 너무 반가웠어! 다음에 또 연락할게.

B Sure, let's keep in touch! 그래, 다음에 또 연락하자!

---

get going 출발하다, 떠나기 위해 일어나다   get in touch 연락하다   keep in touch 연락을 유지하다

UNIT 26 have to vs must (2) 뜻이 아예 달라지는 부정문

A You don't have to finish that project tonight; it's not due until next week.
오늘 밤에 그 프로젝트를 끝낼 필요 없어. 다음 주나 돼야 제출하는데.

B I know, but I want to get it done early. 알아. 하지만 미리 끝내고 싶어.

A That's great, but remember, you don't have to rush.
멋진걸. 하지만 서두를 필요는 없다는 것 기억해.

B True, I just want to take my time and do it right.
맞아. 난 그냥 시간을 가지면서 제대로 하고 싶을 뿐이야.

---

rush 서두르다   take one's time 충분한 시간을 두고 신중하게 하다   do it right 올바르게 하다, 제대로 하다

A You must not eat in the library; it's against the rules.
도서관에서 음식 먹어서는 안 돼. 규칙에 어긋나.

B Really? I didn't know that! 정말? 몰랐어!

A In addition, you must not disturb others who are studying.
게다가, 공부하는 사람들 방해해서는 안 된다고.

B Thanks for letting me know; I'll eat outside next time.
알려 줘서 고마워. 다음에는 밖에서 먹을게.

---

against the rules 규칙에 어긋나는   disturb 방해하다

UNIT 27 may/might ~일 수도 있어요

A **Do you think it may rain today?** 오늘 비가 올 것 같아?

B **It might, but I'm not sure. The weather forecast said there's a chance.**
   올 수도 있겠지만 잘 모르겠어. 일기 예보에서는 가능성 있다고 하더라고.

A **Should we bring umbrellas just in case?** 혹시 모르니까 우산 가져갈까?

B **Yeah, you never know!** 그래, 어떻게 될지 모르니까!

---

the weather forecast 일기 예보   bring an umbrella 우산을 챙기다   just in case 만약을 대비해서, 혹시 모르니까

A **May I borrow your car this weekend?** 이번 주말에 네 차 좀 빌려도 될까?

B **Of course! When do you need it?** 그럼! 언제 필요한데?

A **I need it on Saturday afternoon.** 토요일 오후에 필요해.

B **That might work. I'll let you know for sure tomorrow.**
   그때 괜찮을 것 같아. 내일 확실히 알려 줄게.

---

let someone know 누군가에게 알려 주다   for sure 확실히

UNIT 28 have/has p.p. 현재완료 이해하기

A **Have you ever been to Japan?** 일본 가 본 적 있어?

B **Yes, I have been to Tokyo twice.** 응, 도쿄에 두 번 가 봤어.

A **How was it? Have you tried the sushi?** 어땠어? 초밥 먹어 봤어?

B **It was amazing! I had the best sushi there.**
   진짜 멋지더라! 거기서 내 생애 제일 맛있는 초밥을 먹었어.

A **Have you ever tried skydiving?** 스카이다이빙 해 본 적 있어?

B **No, I haven't. Have you?** 아니, 못 해 봤어. 너는?

A **Yes, I have done it twice. It's exciting!** 응, 두 번 해 봤어. 정말 짜릿해!

B **Wow! I have always wanted to try it.** 와! 나도 늘 한번 해 보고 싶었는데.

I have always wanted to + 동사원형 (구어) 항상 ~하고 싶었다

UNIT 29 have been -ing 현재완료진행형 이해하기

A **Why are your clothes so wet?** 옷이 왜 그렇게 젖었어?

B **I have been jogging in the rain.** 비 맞으면서 조깅하고 있었어.

A **How long have you been jogging?** 얼마나 오래 조깅하고 있는 거였어?

B **I have been jogging for about an hour.** 한 시간 정도 조깅하고 있었어.

A You've lost weight! Have you been dieting? 살이 빠졌네! 다이어트 하고 있어?

B Yes, I have been following a new diet plan for a month.
응, 한 달 동안 새로운 식단을 따르고 있어.

A That's impressive! Have you been exercising too? 대단해! 운동도 하고 있어?

B Definitely. I have been going to the gym three times a week.
당연하지. 일주일에 세 번씩 헬스장에 다니고 있어.

---

lose weight 체중을 줄이다, 살을 빼다   definitely 확실히, 분명히

UNIT 30 She told me that ~

A The weather forecast said it might rain today. Did you bring an umbrella?
일기 예보에서 오늘 비가 올 수도 있다고 했어요. 우산 가져왔어요?

B Oh no, I completely forgot! 오, 이런, 완전히 깜빡했어요!

A No worries, you can borrow mine. I have a spare.
걱정 마세요. 제 것 빌리시면 돼요. 저 여분이 있어요.

---

completely forget 완전히 깜빡 잊다   spare 여분의 것

A My doctor said I need to lose some weight.
의사가 저 체중을 좀 줄여야 한다고 했어요.

B I've been telling you to watch your diet for months!
내가 몇 달 동안 식단 관리하라고 말했잖아!

A I know, I know. It's harder than it sounds. 알아요, 알아요. 말처럼 쉽지가 않다고요.

B Why don't we start exercising together? 우리 같이 운동을 시작해 보는 건 어때니?

---

watch one's diet 식단에 신경 쓰다/조심하다

UNIT 31 주어를 모를 때 의문사 넣어서 질문하기!

MP3 061 • UNIT 31-40

A Who wants to try the new sushi restaurant downtown?
누구 시내에 새로 생긴 초밥집 가 보고 싶은 사람?

B I do! How are the reviews? 나 갈래! 리뷰는 어때?

A The reviews are amazing! It's got a 4.9 out of 5 stars.
리뷰가 엄청 좋아! 평점이 5점 만점에 4.9점이야.

B Sounds great! When should we go? 좋네! 언제 가 볼까?

A What inspired you to start learning a new language?
새 언어를 배우기 시작한 계기가 뭐야?

B I love traveling and I want to communicate with locals freely when I am abroad.
내가 여행을 엄청 좋아하는데, 해외에 갔을 때 현지인들과 자유롭게 대화하고 싶어서야.

A That's a great reason! Which language are you learning?
근사한 이유네! 어떤 언어를 배우고 있어?

B Spanish. What language would you like to learn if you could?
스페인어. 넌 배울 수 있다면 어떤 언어를 배우고 싶어?

A I think I'd like to learn German. It's such an interesting language, and I think it would be useful for traveling in Europe.
나는 독일어를 배우고 싶어. 정말 흥미로운 언어이고, 유럽 여행에 유용할 것 같아.

communicate with ~와 소통하다　freely 자유롭게

UNIT 32　대상을 모를 때 의문사로 질문하기

A What are you doing this weekend? 이번 주말에 뭐 할 거야?

B I'm going to the beach with my family. 가족이랑 해변에 갈 거야.

A That sounds fun! What time are you leaving? 재밌겠다! 몇 시에 출발해?

B We're leaving early in the morning. 아침 일찍 출발할 거야.

early in the morning 이른 아침에

A What are you doing right now? 지금 뭐 하고 있어?

B I'm watching a movie on Netflix. 넷플릭스로 영화 보고 있어.

A Oh, which movie are you watching? 오, 어떤 영화 보고 있어?

B I'm watching the new action thriller everyone's talking about.
요즘 모두가 얘기하는 새 액션 스릴러 영화 보고 있어.

UNIT 33　Do you know 의문사 + 주어 + 동사? 활용으로 질문하기!

A Do you know what time the yoga class starts?
요가 수업이 몇 시에 시작하는지 아세요?

B It's at 6 PM. Do you know who the instructor is?
오후 6시에요. 강사가 누군지 아세요?

A I think it's Sarah. Do you know if we need to bring our own mats?
사라인 것 같아요. 자기 매트를 가져가야 하는지 아세요?

B Yes, we do. The class lasts for an hour, so don't forget to bring water too.
네, 가져가야 해요. 수업은 1시간 동안 진행되니 물도 잊지 말고 가져가세요.

bring 가져오다　last 지속되다; 마지막의

A Do you know how to make a traditional Korean bibimbap?
전통 한국식 비빔밥 만드는 법 아세요?

B I know the basics. Do you know what vegetables are typically used?
기본적인 것은 알아요. 보통 어떤 채소들을 사용하는지 아세요?

A Carrots, spinach, and bean sprouts, I think. Do you know where to buy gochujang?
당근, 시금치, 콩나물인 것 같아요. 고추장은 어디서 살 수 있는지 아세요?

B Any Asian grocery store should have it. The spiciness level is up to personal preference.
아시안 식료품점이면 어디든 있을 거예요. 매운 정도는 개인 취향에 따라 조절하면 돼요.

---

be up to ~에 달려 있다, ~하는 것에 따라 다르다   personal preference 개인적 취향

UNIT 34 I know/I don't know + 의문사 + to 부정사

A I don't know how to start investing in stocks.
주식 투자, 어떻게 시작해야 할지 모르겠어.

B Do you know what your investment goals are? 투자 목표가 뭔지는 아는 거야?

A I know I want long-term growth, but I don't know which stocks to choose.
장기적으로 돈을 불리고 싶은 건 알겠는데, 어떤 주식을 골라야 할지 모르겠어.

B I know a good beginner's guide to stock investing. Do you want me to send it to you? 주식 투자 초보자 가이드 좋은 거 하나 아는데. 보내줄까?

---

invest in stocks 주식에 투자하다   goal 목표   long-term growth 장기 성장

A I don't know what to wear for the job interview tomorrow.
내일 면접 볼 때 뭐 입고 가야 할지 모르겠어.

B Do you know what kind of company it is? 어떤 회사인지는 알아?

A It's a tech startup. I don't know if I should dress formally or casually.
테크 스타트업이야. 정장을 입어야 할지 편하게 입어야 할지 모르겠어.

B For tech startups, I know it's usually best to go business casual.
테크 스타트업이면 보통 비즈니스 캐주얼이 제일 무난할 거야.

---

job interview 취업 면접   formally 공식적으로, 격식 있게   casually 캐주얼하게, 격식 없이   usually 보통, 대개

UNIT 35 Would you like ~? ~하시겠어요?

A Would you like to see our new fall collection?
저희 가을 신상품을 보시겠어요?

B Yes, please. Would you mind showing me some sweaters?
네, 부탁드려요. 스웨터 좀 보여 주시겠어요?

A Of course. Would you prefer wool or cotton sweaters?
그럼요. 울 스웨터와 면 스웨터 중 어떤 걸 선호하세요?

B Wool, please. Would you also show me some matching scarves?
울로 부탁드려요. 그리고 어울리는 스카프도 보여 주시겠어요?

---

prefer 선호하다

A Would you like some coffee? 커피 좀 드릴까요?

B Yes, please! Would you like me to help you make it?
네, 부탁해요! 커피 내리는 것, 도와드릴까요?

A No, it's okay. I can handle it. Would you like sugar or cream?
아니에요, 괜찮아요. 제가 할게요. 설탕이나 크림 넣어 드릴까요?

B Just a little sugar, please. How about sitting outside while we drink?
설탕 조금만 넣어 주세요. 마시면서 밖에 앉는 건 어때요?

---

handle 다루다, 처리하다

UNIT 36 사람 명사 + who + 동사 (추가 정보 제공하기)

A Do you see that girl who is playing the piano?
피아노 치고 있는 저 소녀 보여?

B Yeah, she's amazing! 응, 정말 대단한데!

A She's the one who won the city music competition.
저 소녀가 시 음악 대회에서 우승한 사람이야.

B Really? No wonder she's so talented.
정말? 그렇게 재능 있는 게 당연하지.

---

no wonder 당연하다, 놀랍지 않다   talented 재능 있는

A I want to learn a new language from someone who's a native speaker.
난 원어민인 사람한테서 새로운 언어를 배우고 싶어.

B I know a guy who's from Spain and teaches Spanish.
내가 스페인 출신이고 스페인어를 가르치는 사람 하나 알아.

A That's exactly what I'm looking for! Is he giving lessons now?
딱 내가 찾고 있던 건데! 지금도 수업하고 있어?

B Yes, he is. He's the one who helped my sister become fluent in just six months.
응, 하고 있어. 내 동생이 6개월 만에 유창해지도록 도와준 사람이야.

---

a native speaker 원어민   in just six months 단 6개월 만에

UNIT 37   명사 + that + 주어 + 동사 (사물, 사람에 추가 정보 제공)

A   Do you remember the book that I lent you last month?
지난달에 내가 너한테 빌려준 책 기억나?

B   Yes, the mystery novel, right?   응, 그 추리 소설 말하는 거지?

A   That's the one. Could you return it soon?   맞아, 그거야. 곧 돌려줄 수 있어?

B   Of course, I'll bring it to you tomorrow.   그럼. 내일 가져다줄게.

---

return 돌아가다, 반납하다; 반환

A   Where's the shirt that I bought yesterday?   어제 산 셔츠 어디 있지?

B   I think I saw it in the laundry basket.   세탁 바구니에서 본 것 같은데.

A   But it's the new one I was planning to wear today.
근데 그거 오늘 입으려고 했던 새 옷인데.

B   Oh, sorry! I'll get it for you right away.   아, 미안해! 지금 당장 가져다줄게.

---

was planning to wear 입으려고 했었다 (그러나 결국 못 입게 된 것을 나타냄)

UNIT 38   영어 특유의 수동태 이해하기

A   The roads are closed. What happened?   도로가 폐쇄됐네요. 무슨 일이 있었나요?

B   A big accident was reported this morning.   오늘 아침에 큰 사고가 보도됐어요.

A   Were any people injured?   다친 사람이 있나요?

B   Two people were taken to the hospital, I heard.   두 명이 병원으로 옮겨졌다고 들었어요.

---

be reported 보도되다   be taken to the hospital 병원으로 실려가다

A   Was the meeting canceled?   회의가 취소됐나요?

B   Yes, it was postponed until next week.   네, 다음 주로 연기됐어요.

A   Why was it delayed?   왜 미뤄진 거예요?

B   I was told it's due to scheduling conflicts.   일정 충돌 때문이라고 들었어요.

---

be canceled 취소되다   be postponed 연기되다   I was told (that) 주어 + 동사 ~라고 들었다   due to ~ 때문에
scheduling conflicts 일정 충돌

UNIT 39   접속사로도 전치사로도 쓰이는 before와 after

A   What do you usually do before going to bed?   보통 잠들기 전에 뭐 하세요?

B   I always read a book for about 30 minutes.   항상 30분 정도 책을 읽어요.

A   That's a good habit. Do you do anything else?   좋은 습관이네요. 다른 것도 뭐 하세요?

B   Yes, I also make a to-do list for the next day before sleeping.
네, 잠들기 전에 내일 할 일 목록도 만들어요.

for about ... minutes 약 ~분 동안   make a to-do-list 할 일 목록을 만들다

A Do you eat breakfast before or after exercising?
아침은 운동 전에 먹나요, 아니면 운동 후에 먹나요?

B I prefer to have a light snack before working out.
저는 운동하기 전에는 간단한 간식을 먹는 걸 선호해요.

A And what about after your workout? 그럼 운동 후엔 어떻게 하세요?

B After exercising, I eat a full breakfast to refuel my body.
운동 후에는 몸에 에너지를 보충하려고 든든하게 아침을 먹어요.

prefer 선호하다   eat a full breakfast 배부르고 든든한 아침을 먹다   refuel one's body 몸에 에너지를 보충하다

UNIT 40   during/while ~하는 동안에

A How was your flight to New York? 뉴욕으로 가는 비행은 어땠어?

B Not bad. I watched two movies during the trip.
나쁘지 않았어. 가는 동안 영화 두 편 봤어.

A That's a good way to pass the time. Did you sleep at all?
시간 보내기 좋은 방법이네. 잠은 좀 잤어?

B A little. I dozed off while watching the second movie.
조금. 두 번째 영화 보다가 깜빡 잠들었어.

pass the time 시간을 보내다   at all 조금이라도   doze off 졸다, 잠이 들다

A Can you help me with this while I make dinner?
내가 저녁 준비하는 동안 이거 좀 도와줄 수 있어?

B Sure, what do you need me to do? 그럼. 내가 뭘 하면 돼?

A Just set the table and chop some vegetables. 그냥 식탁 좀 차리고 채소 좀 썰어 줘.

B I got it. By the way, it smells amazing! What are you making?
알겠어. 그런데 냄새가 정말 좋다! 뭐 만들고 있어?

set the table 식탁을 차리다   chop 썰다

UNIT 41   too/either 상대방 말에 동의하기 (1)   MP3 062 • UNIT 41-49

A I'm not a fan of spicy food. 나는 매운 음식을 별로 안 좋아해.

B I'm not a fan either. 나도 안 좋아해.

A It always makes my mouth burn. 먹으면 항상 입이 화끈거려.

B Same here, I can't handle spicy food either.
나도 마찬가지야. 매운 음식은 정말 못 먹겠어.

make one's mouth burn 입이 화끈거리게 하다   Same here. 나도 마찬가지야. (상대방의 말에 동의하며 쓰는 말)

A I like to go for a run in the morning. 나는 아침에 달리는 걸 좋아해.

B I like morning runs, too! 나도 아침에 달리는 걸 좋아하는데!

A It's a great way to start the day. 하루를 시작하는 정말 좋은 방법이야.

B I think so too. It gives me energy for the whole day.
맞아, 나도 그렇게 생각해. 온종일 힘이 나게 해줘.

---

start the day 하루를 시작하다

UNIT 42 상대방 말에 동의하기 (2)

A I'm trying to cut down on sugar. 요즘 설탕 줄이려고 노력 중이야.

B So am I. It's not easy, though. 나도 그래. 근데 쉽지가 않아.

A I've switched to sugar-free drinks. 나는 무가당 음료로 갈아탔어.

B So have I. It's making a difference. 나도. 꽤 효과 있더라.

---

cut down on ~을 줄이다   switch to ~로 전환하다   make a difference 변화를 만들다, 효과가 있다

A I can't stand the taste of cilantro. 난 고수 맛을 도저히 못 참겠어.

B Neither can I. It tastes like soap to me. 나도 그래. 나한텐 비누 맛 같아.

A I always ask for my food without it. 난 항상 (음식 주문할 때) 고수 빼달라고 해.

B So do I. It's such a strong flavor. 나도 그래. 맛이 진짜 강해.

---

stand 서다, 견디다, 참다   It tastes like ~의 맛이 나다   ask for ~을 요청하다

UNIT 43 한국어에는 없는 관사 느낌 잡기

A I watched a movie last night, and it was amazing!
어젯밤에 영화 한 편 봤는데, 진짜 대박이었어!

B What was the movie about? 어떤 내용이었는데?

A It was an action film about a spy trying to save the world.
세계를 구하려는 스파이에 관한 액션 영화였어.

B Sounds exciting! I need to watch the movie too.
와, 재미있겠다! 나도 그 영화 한번 봐야겠네.

---

amazing 놀라운, 굉장한   save the world 세계를 구하다

A I bought a jacket at the mall yesterday. It was on sale!
어제 쇼핑몰에서 재킷 하나 샀어. 세일 중이었거든!

B That's awesome! What does the jacket look like? 오, 좋았겠다! 어떤 재킷인데?

A It's a leather jacket with silver zippers. 은색 지퍼가 달린 가죽 재킷이야.

B Wow, I bet the jacket looks great on you. 와, 너한테 잘 어울릴 것 같은데!

---

be on sale 세일 중이다   I bet + 주어 + 동사 ~일 것 같아   look great on someone (주어가) ~에게 잘 어울리다

UNIT 44 한국어와 다른 영어식 표현 익숙해지기

A My sister and I don't think we want to watch this movie.
여동생이랑 난 이 영화 보고 싶지 않을 것 같아.

B Why? It has great reviews. 왜? 이 영화 평점이 좋은데.

A We think it looks too scary for us. 우리한테는 이게 너무 무서울 것 같거든.

B Okay, how about a comedy instead? 좋아, 그럼 코미디 영화는 어때?

look scary 무섭게 보이다　how about + 명사/동명사 ~은 어때?

A My brother and I don't think this jacket looks good on me.
남동생이랑 난 이 재킷이 나에게 잘 어울리지 않는다고 생각해.

B Really? I think it looks fine. 정말? 내 생각엔 괜찮아 보이는 것 같은데.

A We think the color is a bit too bright. 우리가 볼 때 색깔이 좀 너무 밝은 것 같아.

B Maybe you should try a darker one. 그럼 좀 더 어두운 색을 입어 봐.

bright (색깔이) 밝은

UNIT 45 much, many, a lot of

A Do you usually take many vacations each year?
보통 일 년에 휴가를 많이 가는 편이야?

B Not really. I don't have much free time because of work.
별로 그렇지 않아. 일 때문에 여유 시간이 많지 않거든.

A That's too bad. Traveling gives you a lot of energy.
아, 그렇구나. 안타깝다. 여행은 정말 활력소가 되는데.

B I know. I'm planning to take a long trip next year.
맞아. 내년에는 긴 여행을 계획하고 있어.

usually 보통, 일반적으로　have free time 여유 시간이 있다　be planning to + 동사원형 ~할 계획이다

A Are you spending much money on groceries these days?
요즘 장 보는 데 돈 많이 쓰니?

B Yes, the prices have gone up a lot lately.
응, 최근에 물가가 엄청 올랐어.

A I noticed that too. There aren't many discounts anymore.
나도 그런 느낌이야. 할인 행사도 많지 않고.

B It's hard to save much when everything is so expensive.
모든 게 이렇게 비싸니 저축하기가 정말 힘들어.

lately 최근에　notice 알아차리다, 눈치채다; 공지, 알림　It's hard to + 동사원형 ~하기가 어렵다
save much = save much money 돈을 많이 모으다

UNIT 46 빈도 말하기

A Do you always drink coffee in the morning? 너는 아침에 항상 커피 마시니?

B Yes, I always need coffee to start my day.
웅, 나는 하루를 시작하려면 항상 커피가 필요해.

A I should try that. I'm always so tired in the morning.
나도 그렇게 해 봐야겠다. 아침마다 늘 너무 피곤하거든.

B It really helps me wake up. You should give it a try!
정말 잠이 확 깨. 한번 해 보는 게 좋을 거야!

Do you always/sometimes + 동사? (문장 패턴) 항상/가끔 ~하니?　give it a try (구어) 한번 시도해 보다

A Do you sometimes shop online during sales? 가끔 세일할 때 온라인 쇼핑하니?

B Yes, I sometimes buy clothes or electronics. 웅, 가끔 옷이나 전자제품을 사.

A Me too! I sometimes wait for big discounts, like on Black Friday.
나도 그런데! 가끔 블랙 프라이데이 같은 큰 할인을 기다리기도 해.

B That's a smart move. You can save a lot of money during those sales.
그거 좋은 방법이야. 그런 세일 기간에는 돈을 많이 절약할 수 있잖아.

---

wait for big discounts 큰 할인을 기다리다　smart move 현명한 행동/조치
save a lot of money 많은 돈을 절약하다

UNIT 47 A에서 B로의 변화를 나타내는 get

A Have you made your New Year's resolutions yet? 새해 다짐은 벌써 정했어?

B Not yet, but I want to get healthier this year.
아직 아니야. 그런데 올해는 더 건강해지고 싶어.

A That's a good goal. Are you planning to exercise more?
좋은 목표다. 운동 더 할 계획이야?

B Definitely! And I'll try to eat better too. 당연하지! 그리고 더 잘 먹으려고 노력할 거야.

---

eat better 더 건강하게 먹다

A My dog gets so excited every time I come home.
우리 강아지는 내가 집에 올 때마다 너무 신나해.

B That's adorable! Does he bark a lot too? 너무 귀엽다! 짖기도 많이 해?

A Not really. He just wags his tail and jumps around.
그건 아니야. 그냥 꼬리를 흔들면서 막 뛰어다녀.

B Sounds like he's full of energy. 완전 에너지가 넘치는 것 같아.

---

adorable 사랑스러운, 정말 귀여운　wag one's tail 꼬리를 흔들다　jump around 이리저리 뛰어다니다
be full of energy 에너지가 넘치다

UNIT 48 every와 all 제대로 사용하기

A How often do you exercise? 운동은 얼마나 자주 해?

B I go to the gym every two days. It's part of my routine.
이틀에 한 번 헬스장에 가. 내 루틴 중 하나야.

A That's impressive! I try to run every morning, but I skip some days.
대단하다! 나는 매일 아침 뛰려고는 하는데, 가끔씩 빼먹어.

B That's still great. All types of exercise help you stay healthy.
그것도 충분히 좋아. 모든 종류의 운동이 건강 유지에 도움이 되잖아.

---

impressive 인상적인, 감명 깊은   stay healthy 건강을 유지하다

A How often do you study English? 영어 공부는 얼마나 자주 해?

B I study every day, even if it's just for 30 minutes. 매일 공부해, 30분이라도.

A That's dedication! I try to study every weekend, but I miss some weeks.
대단하다! 나는 주말마다 공부하려고 하는데, 가끔 빼먹기도 해.

B That's fine. All consistent efforts count in the long run.
괜찮아. 어떤 노력이라도 꾸준히 하면 결국엔 도움 된다고.

---

count in the long run 장기적으로 중요하다

UNIT 49 속 시원하게 말하기 위한 부사 활용

A How's your workout routine going? 운동 루틴은 잘되고 있어?

B Great! I rarely miss workouts these days. It's become a habit now.
좋아! 요즘은 운동을 거의 빼먹지 않아. 이제는 습관이 됐어.

A That's amazing! I literally admire your consistency.
대단하다! 네 꾸준함이 말 그대로 존경스러워.

B Thanks! I just take it one step at a time and thoroughly enjoy the process.
고마워! 그냥 한 번에 한 걸음씩 하면서 과정을 완전히 즐기려고 해.

---

one step at a time 한 번에 한 걸음씩, 차근차근

A You're getting so much better at public speaking. What's your secret?
너 발표 정말 많이 늘었더라. 비결이 뭐야?

B I practice thoroughly before every presentation. Preparation is everything.
난 모든 발표 전에 철저히 연습해. 준비가 전부야.

A That's a great approach! I rarely see someone as dedicated as you.
좋은 방법이다! 너처럼 헌신적인 사람은 정말 보기 드물어.

B Thanks! It's relatively easier now because I barely let nerves get to me
anymore. 고마워! 이제는 거의 긴장하지 않아서 상대적으로 더 쉬워졌어.

---

dedicated 헌신적인   relatively 상대적으로   nerves get to someone 긴장이 누군가를 괴롭히다 (= 긴장하다)

PRACTICE 1/2/3 정답

UNIT 1
나 피곤해.

PRACTICE 1

1   She <u>is</u> a teacher.

2   They <u>were</u> my friends.

3   He <u>is</u> very kind.

4   I <u>was</u> a student.

5   This book <u>is</u> interesting.

6   The sky <u>is</u> blue.

7   You <u>are</u> very talented.

8   The restaurant <u>is</u> busy now.

9   My parents <u>were</u> strict.

10   The weather <u>is</u> cold today.

PRACTICE 2

1   He is very busy right now. 그는 지금 매우 바빠요.

2   She was my English teacher.
그녀가 제 영어 선생님이었어요.

3   They were on vacation. 그들은 휴가 중이었어요.

4   You are at the cinema now.
당신은 지금 영화관에 있군요.

5   These plates are too hot.
이 접시들이 너무 뜨거워요.

6   You were my best friend.
네가 내 가장 친한 친구였어.

7   They are in a meeting now.
그들은 지금 회의 중이에요.

8   I am allergic to mangoes.
저는 망고 알레르기가 있어요.

9   My parents were at home.
부모님은 집에 계셨어요.

10   The students are always kind to everyone.
그 학생들은 모두에게 늘 친절해요.

PRACTICE 3

1   I <u>am</u> (= I'm) ready.

2   You <u>are</u> (= You're) really good at math.

3   He <u>is</u> (= He's) always late for work.

4   The bag <u>is</u> very expensive.

5   I <u>was</u> in a bad mood this morning.

6   I <u>am</u> too tired to go out.

7   It <u>was</u> very cold outside yesterday.

8   You <u>were</u> so loud last night.

9   You <u>are</u> (= You're) very kind to me.

10   He <u>is</u> (= He's) interested in sports.

UNIT 2
너 졸리니?

PRACTICE 1

1   He is not (= isn't) a doctor.

2   Is he your teacher?

3   Are they tired?

4   They are not (= aren't) hungry.

5   She is not (= isn't) my sister.

6   Is this your bag?

7   Is the movie fun?

8   You are not (= aren't) alone.

9   This restaurant is not (= isn't) expensive.

PRACTICE 2

1   She's not hungry right now.
그녀는 지금 배고프지 않아요.

2   My parents are not at home today.
우리 부모님은 오늘 집에 안 계세요.

3   The strong wind is not good for a picnic.
강한 바람은 소풍 가기에 좋지 않아요.

4   I am not happy with my new job.
나는 새 직장이 만족스럽지 않아요.

5 She's not a morning person. She's a night owl. 그녀는 아침형 인간 아니에요. 그녀는 저녁형 인간이에요.

6 Are the cafés open on Mondays? 그 카페들이 월요일에 문을 열어요?

7 Are the students free this weekend? 그 학생들이 이번 주말에 시간 있어요?

8 Is he allergic to any foods? 그는 어떤 음식에 알레르기가 있어요?

9 Are they late for the meeting? 그들이 회의에 늦었나요?

10 Is it hot outside? 밖이 덥나요?

PRACTICE 3

1

부정문: I'm not hungry right now.

긍정 의문문: Am I hungry right now?

긍정 의문문: Are you hungry right now?

긍정문: I'm hungry right now.

2

부정문: She is not at home today.

긍정 의문문: Is she at home today?

긍정문: She is at home today.

3

부정문: The weather is not good for a picnic.

긍정 의문문: Is the weather good for a picnic?

긍정문: The weather is good for a picnic.

4

부정문: I am not free this weekend.

긍정 의문문: Am I free this weekend?

긍정 의문문: Are you free this weekend?

긍정문: I am free this weekend.

UNIT 3
테이블 위에 고양이가 있어요.

There is/are (~에) ~가 있어요

PRACTICE 1

1 There is a chair in the room.
2 There are two books on the table.
3 There are three cats under the chair.

4 There is a dog in the yard.
5 There is a computer on the desk.
6 There are five messages for you.
7 There are a lot of cars in the parking lot.
8 There is a sandwich on the plate.
9 There is a car in the garage.

PRACTICE 2

1 There was a book on the table.
책상 위에 책이 한 권 있었어요.

2 There were two cats in the garden.
정원에 고양이가 두 마리 있었어요.

3 There are a lot of events today.
오늘 행사가 많아요.

4 There were many people at the park.
공원에 사람들이 많았어요.

5 There is a café near my house.
우리 집 근처에 카페가 하나 있어요.

6 There was a problem with my computer.
내 컴퓨터에 문제가 있었어요.

7 There are customers at the department store.
백화점에 고객들이 있어요.

8 There are many birds in the sky tonight.
오늘 밤 하늘에 새들이 많아요.

9 There was a long line at the bus stop.
버스 정류장에 긴 줄이 있었어요.

10 There were five members in my family.
우리 가족은 다섯 명이었어요.

PRACTICE 3

1

평서문: There is a book on the table.

의문문: Is there a book on the table?

부정문: There is not a book on the table.

2

평서문: There is a lot of homework today.

의문문: Is there a lot of homework today?

부정문: There is not a lot of homework today.

3

평서문: There are five members in my family.

의문문: Are there five members in my family?

부정문: There are not five members in my family.

4

평서문: There is a sale at the department store.

의문문: Is there a sale at the department store?

부정문: There is not a sale at the department store.

UNIT 4
너 초콜릿을 아주 좋아하는구나.

PRACTICE 1

1   She goes

2   My brother does

3   Emily has

4   My teacher studies

5   David tries

6   The bird flies

7   He watches

8   My dad fixes

9   Sarah teaches

10 Jack plays

11 My friend says

12 Emma buys

13 The baby cries

14 Daniel enjoys

15 My sister eats

16 The student likes

17 He needs

18 Sophia makes

19 Tom washes

PRACTICE 2

1   I study English every day.
    나는 매일 영어 공부를 해요.

2   Tom plays soccer on weekends.
    톰은 주말마다 축구를 해요.

3   You always sing when you do chores.
    너는 집안일을 할 때 항상 노래를 부르는구나.

4   She goes to the gym three times a week.
    그녀는 일주일에 세 번 헬스장에 가요.

5   Stars rise in the east. 별들이 동쪽에서 떠요.

6   I teach math and science.
    나는 수학과 과학을 가르쳐요.

7   We brush our teeth twice a day.
    우리는 하루에 두 번 이를 닦아요.

8   The dogs sleep on the sofa.
    그 개들은 소파에서 자요.

9   You drive to work every morning.
    당신은 매일 아침 운전해서 출근하는군요.

10 Jessica visits her grandparents every Sunday.
    제시카는 매주 일요일마다 조부모님을 찾아봬요.

UNIT 5
나 공부 안 해.

PRACTICE 1

1   I don't practice. 나는 연습하지 않아요.

2   He doesn't want. 그는 원하지 않아요.

3   She doesn't like. 그녀는 좋아하지 않아요.

4   We don't need. 우리는 필요하지 않아요.

5   Tom doesn't play. 톰은 놀지 않아요.

6   They don't work. 그들은 일하지 않아요.

7   My brother doesn't help.
    내 남동생은 도와주지 않아요.

8   I don't eat. 나는 먹지 않아요.

9   She doesn't study. 그녀는 공부하지 않아요.

10 We don't watch. 우리는 보지 않아요.

11 He doesn't go. 그는 가지 않아요.

12 They don't drink. 그들은 마시지 않아요.

13 Emily doesn't sing. 에밀리는 노래하지 않아요.

14 I don't take. 나는 가져가지 않아요.

15 You don't listen. 당신은 듣지 않아요.

16 The baby doesn't cry. 그 아기는 울지 않아요.

17 He doesn't write. 그는 글을 쓰지 않아요.

18 She doesn't read. 그녀는 읽지 않아요.

19 We don't run. 우리는 달리지 않아요.

20 Ian doesn't teach. 이안은 가르치지 않아요.

PRACTICE 2

1   He doesn't like spicy food.
    그는 매운 음식을 좋아하지 않아요.

2   You don't speak Spanish fluently.
    당신은 스페인어를 유창하게 못하는군요.

3   I don't live in Seoul anymore.
    나는 이제 서울에 안 살아요.

4 They don't go to the gym regularly.
그들은 헬스장에 규칙적으로 가지는 않아요.

5 She doesn't watch TV every day.
그녀는 매일 TV를 보지는 않아요.

6 The stores don't open on Sundays.
그 가게들은 일요일에는 문을 안 열어요.

7 I don't drink tea after 6 PM.
나는 저녁 6시 이후로는 차를 안 마셔요.

8 I don't eat meat. 나는 고기를 안 먹어요.

9 I don't know how to swim. 나는 수영할 줄 몰라요.

10 They don't like to wear makeup.
그들은 화장하는 걸 안 좋아해요.

PRACTICE 3

1 I don't practice every day.

2 He doesn't want a new phone.

3 She doesn't like ice cream.

4 We don't need more time.

5 Tom doesn't play soccer on Saturdays.

6 My brother doesn't help me with my homework.

7 I don't eat breakfast every morning.

8 She doesn't study English at school.

9 He doesn't go to the gym on Sundays.

10 They don't drink coffee in the morning.

UNIT 6
톰은 애플에서 일해요?

일반동사 의문문 만들기

PRACTICE 1

1 Do I want? 내가 원한다고요?

2 Does he swim? 그는 수영해요?

3 Does she like coffee? 그녀는 커피를 좋아해요?

4 Do we need help? 우리가 도움이 필요해요?

5 Does Logan play soccer? 로건은 축구를 해요?

6 Do they work here? 그들은 여기서 일해요?

7 Do I eat vegetables? 내가 채소를 먹냐고요?

PRACTICE 2

1 Does Jessica drink coffee in the morning?
제시카 아침에 커피 마셔?

2 Do they speak English fluently?
그들은 영어를 유창하게 해?

3 Does she live in Seoul?
그녀는 서울에 살아?

4 Do your friends work at a bank?
네 친구들은 은행에서 일해?

5 Does Tom like sweets?
Tom이 단 음식 좋아해?

6 Do you enjoy traveling abroad?
너 해외 여행하는 것을 즐기니?

7 Do the hotels serve breakfast?
그 호텔들, 아침 식사 제공해?

8 Do your parents often talk about their past?
너희 부모님은 자주 과거 얘기하셔?

9 Do they know how to swim?
그들이 수영할 줄 알아?

10 Do I often go to the movies?
내가 자주 영화 보러 가냐고?

PRACTICE 3

1
의문문: Do you drink coffee in the morning?
평서문: You drink coffee in the morning.
부정문: You do not drink coffee in the morning.

2
의문문: Do they live in Seoul?
평서문: They live in Seoul.
부정문: They do not live in Seoul.

3
의문문: Do you like spicy food?
평서문: You like spicy food.
부정문: You do not like spicy food.

4
의문문: Does he work at a bank?
평서문: He works at a bank.
부정문: He does not work at a bank.

UNIT 7
너는 왜 영어 공부해?

[의문사 + 의문문]으로 마음껏 물어보기

PRACTICE 1

1   Do they study?
    What do they study?

2   Does Jessica run?
    Why does Jessica run?

3   Do you swim?
    How often do you swim?

4   Do I sleep?
    How long do I sleep?

5   Do we wake up?
    When do we wake up?

6   Do you like?
    Who do you like?

7   Does Tom eat?
    How much does Tom eat?

8   Do you read?
    How many books do you read?

PRACTICE 2

1   When does she usually wake up?
    그녀는 보통 언제 일어나?

2   When do you exercise?
    언제 운동해?

3   When does the movie start?
    영화 언제 시작해?

4   How are you learning English?
    영어를 어떻게 배우고 있어?

5   How much do those cookies cost?
    저 과자들은 얼마야?

6   How many siblings does Thomas have?
    토마스는 형제자매가 몇 명이야?

7   How often do I eat out?
    내가 얼마나 자주 외식하냐고?

8   How long does it take to get to the subway
    station? 지하철역까지 가는 데 얼마나 걸려?

9   Who do you usually meet on weekends?
    주말에 보통 누구를 만나?

10 How many languages do the students speak?
    그 학생들은 몇 개 언어를 해?

PRACTICE 3

1
의문문: When do you usually wake up?
평서문: You usually wake up at 7 AM.
부정문: You do not usually wake up early.

2
의문문: How often do you exercise?
평서문: You exercise often.
부정문: You do not exercise often.

3
의문문: How many languages do you speak?
평서문: You speak many languages.
부정문: You do not speak many languages.

4
의문문: Why are you angry?
평서문: You are angry.
부정문: You are not angry.

UNIT 8
나 일하는 중이에요.

말하는 순간에 하고 있는 일 말하기 (현재진행형)

PRACTICE 1

1   I am going.

2   He is eating.

3   She is studying.

4   We are watching TV.

5   Jacob is running.

6   They are playing soccer.

7   My brother is sleeping.

8   I am reading a book.

9   She is listening to music.

10 We are writing a letter.

11 They are talking on the phone.

12 Sophia is waiting for the bus.

13 I am cooking dinner.

PRACTICE 2

1 My boss is heading out for lunch.
내 상사가 점심 먹으러 나가는 중이야.

2 My husband is working from home these days.
남편이 요즘 재택근무 하고 있어.

3 It's snowing heavily outside.
밖에 눈이 많이 오고 있어요.

4 Her parents are cooking dinner.
그녀의 부모님이 저녁을 만들고 있어요.

5 He's binge-watching a new Netflix series.
그가 넷플릭스 새 시리즈를 몰아 보고 있어.

6 My dad is charging his phone.
우리 아빠가 휴대폰 충전하고 계셔.

7 You're putting on makeup. 너 화장하고 있구나.

8 My friends are taking selfies.
내 친구들이 셀카 찍고 있어.

9 I'm reading a book in the library.
나는 도서관에서 책을 읽고 있어요.

10 They're listening to music while working.
그들은 일하면서 음악을 듣고 있어요.

PRACTICE 3

1
평서문: It's raining heavily outside.
의문문: Is it raining heavily outside?
부정문: It is not raining heavily outside.

2
평서문: She's cooking dinner.
의문문: Is she cooking dinner?
부정문: She is not cooking dinner.

3
평서문: I'm charging my phone.
의문문: Am I charging my phone?
　　　Are you charging your phone?
부정문: I am not charging my phone.

4
평서문: She's putting on makeup.
의문문: Is she putting on makeup?
부정문: She is not putting on makeup.

UNIT 9
영어가 지루해. 나 피곤해.

V-ing, V-ed로 마음과 감정 표현하기

PRACTICE 1

1 tiring

2 bored

3 excited

4 embarrassed

5 worrying

6 interested

7 disappointed

8 satisfied

9 touched

10 amazing

11 confused

12 frustrating

13 shocked

14 annoyed

15 depressed

16 terrified

17 astonished

18 fascinated

PRACTICE 2

1 She is tired after a long day at work.
그녀는 직장에서 힘들게 일하고 지쳤어.

2 We are excited about our upcoming trip.
우리는 다가오는 여행 때문에 들떠 있어.

3 You are relieved that the exam is finally over.
너, 시험이 드디어 끝나서 정말 후련하구나.

4 I am worried about my son's health. 나, 우리
아들 건강 때문에 걱정이 이만저만이 아니야.

5 He's interested in becoming a firefighter.
그는 소방관이 되는 것에 관심이 있어요.

6 You are disappointed by his behavior.
너 그 애 행동에 정말 실망했구나.

7 They are satisfied with their new apartment.
그들은 새로 이사 온 집이 마음에 쏙 들어요.

8 She was bored on the bus, so she listened to
some music to pass the time.
그녀는 버스에서 지루해서 시간을 보내려고
음악을 들었습니다.

9 I should call my parents soon. I am worrying them right now. 나 얼른 부모님께 전화해야겠어. 우리 부모님 걱정시키고 있네.

10 The new café is disappointing; the coffee isn't good. 새로 생긴 카페 별로야. 커피가 맛이 없어.

PRACTICE 3

1

평서문: I am interested in becoming a firefighter.

의문문: Am I interested in becoming a firefighter? Are you interested in becoming a firefighter?

부정문: I am not interested in becoming a firefighter.

2

평서문: He is disappointed by her behavior.

의문문: Is he disappointed by her behavior?

부정문: He is not disappointed by her behavior.

3

평서문: The movie was boring.

의문문: Was the movie boring?

부정문: The movie was not boring.

4

평서문: They are excited about their upcoming trip.

의문문: Are they excited about their upcoming trip?

부정문: They are not excited about their upcoming trip.

UNIT 10
너 왜 착하게 굴어?

be nice와 be being nice의 차이

PRACTICE 1

1 They are being kind.

2 You are being smart.

3 He is being rude.

4 She is being lazy.

5 We are being careful.

6 You are being annoying.

7 He is being funny.

8 She is being serious.

9 They are being helpful.

10 You are being selfish.

11 She is being shy.

12 He is being mean.

13 We are being quiet.

PRACTICE 2

1 She didn't sleep well last night, so she is being fussy today. 그녀가 어젯밤에 잘 못 자서 오늘 까탈스럽게 굴고 있어요.

2 Why are you being so stubborn? 너 왜 이렇게 고집을 부리는 거야?

3 He is being too noisy. 그가 너무 시끄럽게 굴고 있어요.

4 He's being very patient right now, so please just listen to him. 그 사람 지금 굉장히 참을성 있게 하고 있으니까 제발 그 사람 말 좀 들어 줘.

5 I am being picky about the issue. 내가 그 문제에 까다롭게 굴고 있지요.

6 You are being too strict with the kids. 당신, 아이들에게 너무 엄격하게 굴고 있어요.

7 She is being honest with you. 그녀는 너에게 솔직하게 말하고 있어.

8 You are being rude to the waiter. 너, 웨이터에게 무례하고 굴고 있는 거야.

9 We are being quiet today. 우리, 오늘 조용하게 굴고 있다고.

10 They are being friendly to the new student. 그들이 새 학생에게 친절하게 대해 주고 있어요.

PRACTICE 3

1

평서문: He is being quiet today.

의문문: Is he being quiet today?

부정문: He is not being quiet today.

2

의문문: Why is she being so stubborn?

평서문: She is being so stubborn.

부정문: She is not being so stubborn.

3

평서문: The kids are being too noisy.

의문문: Are the kids being too noisy?

부정문: The kids are not being too noisy.

4

평서문: He is being rude to the waiter.

의문문: Is he being rude to the waiter?

부정문: He is not being rude to the waiter.

UNIT 11
2022년엔 미혼이었는데, 지금은 결혼했어요.

was/were 짝꿍 찾기

PRACTICE 1

1   I was interested in that book.

2   She was tired after work.

3   They were happy with the results.

4   He was nervous before the test.

5   We were late for the meeting.

6   The food was delicious.

7   He was busy with work.

8   She was introverted.

9   I was extroverted.

PRACTICE 2

1   She was a student, but now she's a teacher.
    그녀는 학생이었지만, 이제는 선생님이에요.

2   They were nervous before the presentation.
    그들은 발표 전에 긴장했어요.

3   He was touched by his friend's thoughtful gesture.
    그는 친구의 사려 깊은 행동에 감동받았어요.

4   You were a beginner at cooking, but now you're quite skilled. 너 요리 초보자였지만 이제는 꽤 능숙하네.

5   I was disappointed with the game results.
    나는 경기 결과에 실망했어요.

6   Tom's brothers were renters, but now they're homeowners.
    톰의 형제들은 세입자였지만, 이제는 집주인이에요.

7   The countertops in our old apartment were too small for cooking. 우리 옛날 아파트의 주방 조리대들은 요리하기에 너무 좁았어요.

8   I was shocked when I heard the news.
    나는 그 소식을 듣고 충격을 받았어요.

9   She was about to leave when you called.
    네가 전화했을 때 그녀는 막 떠나려던 참이었어.

10   The weather is perfect for our picnic. 소풍 가기에 날씨가 완벽하네요.

PRACTICE 3

1

평서문: He was nervous before the presentation.

의문문: Was he nervous before the presentation?

부정문: He was not nervous before the presentation.

2

평서문: The weather was perfect for our picnic.

의문문: Was the weather perfect for our picnic?

부정문: The weather was not perfect for our picnic.

3

평서문: I was touched by my friend's thoughtful gesture.

의문문: Was I touched by my friend's thoughtful gesture?

부정문: I was not touched by my friend's thoughtful gesture.

4

평서문: He was about to leave when you called.

의문문: Was he about to leave when you called?

부정문: He was not about to leave when you called.

UNIT 12
매표소에 긴 줄이 있었는데, 이제 없어졌어요.

There was/were ~가 있었어요

PRACTICE 1

1   There was a book on the table.

2   There was a cat under the sofa.

3   There were some sandwiches on the plate.

4   There was a strange noise outside.

5   There were children playing in the playground.

6   There was a letter for you on the desk.

7   There was a traffic jam on the highway.

8   There were two missed calls on your phone.

9   There was an interesting article in the newspaper.

PRACTICE 2

1 There is a long line at the coffee shop this morning. 오늘 아침 커피숍에 긴 줄이 있네요.

2 There are many people at the park today. 오늘 공원에 사람들이 많아요.

3 There are beautiful flowers in the garden. 정원에 아름다운 꽃들이 있어요.

4 There is a power outage in our neighborhood tonight. 오늘밤 우리 동네에 정전이 있네요.

5 There are too many cars in the parking lot. 주차장에 차가 너무 많아요.

6 There is a delicious smell coming from the bakery. 빵집에서 맛있는 냄새가 나고 있어요.

7 There are no seats left on the bus. 버스에 남은 자리가 없어요.

8 There is a big sale at the department store this week. 이번 주에 백화점에서 큰 세일이 있어요.

9 There are many questions after the presentation. 발표 후에 질문이 많네요.

10 There are no clouds in the sky today. 오늘 하늘에 구름 한 점이 없어요.

PRACTICE 3

1
평서문: There was a long line at the coffee shop this morning.

의문문: Was there a long line at the coffee shop this morning?

부정문: There wasn't a long line at the coffee shop this morning.

2
평서문: There were many people at the park yesterday.

의문문: Were there many people at the park yesterday?

부정문: There weren't many people at the park yesterday.

3
평서문: There was a power outage in our neighborhood last night.

의문문: Was there a power outage in our neighborhood last night?

부정문: There wasn't a power outage in our neighborhood last night.

4
평서문: There were too many cars in the parking lot.

의문문: Were there too many cars in the parking lot?

부정문: There weren't too many cars in the parking lot.

UNIT 13
나 어제 공부했거든.

일반동사의 과거형

PRACTICE 1

1 I went.

2 She came.

3 They had.

4 We ate.

5 I saw.

6 He heard.

7 She did.

8 He caught.

9 I took.

10 She got.

11 They made.

12 He said.

13 I told.

14 She thought.

15 He knew.

16 They found.

17 She gave.

18 I wrote.

19 She read. (발음: [rɛd])

20 He spoke.

21 They ran.

22 I drove.

23 She rode.

24 He swam.

PRACTICE 2

1 She did her homework last night. 어젯밤에 그녀는 숙제를 했어요.

2   They worked overtime yesterday.
    그들은 어제 야근을 했어요.

3   I studied English for two hours.
    나는 2시간 동안 영어를 공부했어요.

4   We played soccer in the park.
    우리는 공원에서 축구를 했어요.

5   She cooked dinner for her family.
    그녀는 가족을 위해 저녁을 요리했어요.

6   You watched a movie with your friends.
    너, 친구들과 영화를 봤구나.

7   He cleaned his room this morning.
    그는 오늘 아침에 방을 청소했어요.

8   I visited my grandparents last weekend.
    나는 지난 주말에 조부모님을 찾아뵀어요.

9   She fixed the broken chair.
    그녀는 고장 난 의자를 고쳤어요.

10 He bought a new phone yesterday.
    그가 어제 새 휴대폰을 샀어요.

PRACTICE 3

1
평서문: I did my homework last night.

의문문: Did I do my homework last night?
Did you do your homework last night?

부정문: I did not do my homework last night.

2
평서문: She worked overtime yesterday.

의문문: Did she work overtime yesterday?

부정문: She did not work overtime yesterday.

3
평서문: We studied English for two hours.

의문문: Did we study English for two hours?

부정문: We did not study English for two hours.

4
평서문: He fixed the broken chair.

의문문: Did he fix the broken chair?

부정문: He did not fix the broken chair.

UNIT 14
나 운동하고 있었어.

과거진행형

PRACTICE 1

1   I was eating.

2   She was studying Spanish.

3   They were playing soccer.

4   He was watching TV.

5   We were talking on the phone.

6   You were driving.

7   She was writing a letter.

8   He was sleeping.

9   I was reading a book.

10 They were listening to music.

PRACTICE 2

1   She was watching TV when the phone rang.
    전화가 울렸을 때 그녀는 TV를 보고 있었어요.

2   He was having dinner when I arrived.
    내가 도착했을 때 그는 저녁을 먹고 있었어요.

3   I was studying for my exam all night.
    나는 밤새 시험 공부를 하고 있었어요.

4   We were sleeping when the fire alarm went
    off. 화재 경보가 울렸을 때 우리는 자고 있었어요.

5   You were cooking dinner when the power
    went out.
    정전이 되었을 때 당신이 저녁을 만들고 있었잖아요.

6   They were reading a book while waiting for
    the bus.
    그들은 버스를 기다리면서 책을 읽고 있었어요.

7   He was taking a shower when the doorbell
    rang. 초인종이 울렸을 때 그는 샤워하고 있었어요.

8   You were arguing when I walked into the
    room.
    내가 방에 들어갔을 때 너희가 다투고 있었잖아.

9   She was getting dressed when she heard a
    loud crash outside. 밖에서 큰 충돌 소리를 들었으
    때 그녀는 옷을 입고 있었어요.

10 The students were playing in the park when it
    started to rain. 비가 오기 시작했을 때 학생들은 공
    원에서 놀고 있었어요.

PRACTICE 3

1

평서문: He was watching TV when the phone rang.

의문문: Was he watching TV when the phone rang?

부정문: He was not watching TV when the phone rang.

2

평서문: They were having dinner when I arrived.

의문문: Were they having dinner when I arrived?

부정문: They were not having dinner when I arrived.

3

평서문: He was sleeping when the fire alarm went off.

의문문: Was he sleeping when the fire alarm went off?

부정문: He was not sleeping when the fire alarm went off.

4

평서문: They were arguing when I walked into the room.

의문문: Were they arguing when I walked into the room?

부정문: They were not arguing when I walked into the room.

UNIT 15
나 금요일까지 숙제 끝낼 거야.

will + 동사원형 (즉흥적인 느낌을 살려서)

PRACTICE 1

1 I can go.

2 You should study.

3 You should exercise.

4 You should sleep early.

5 We should study harder.

6 You may sit here.

7 You may go outside.

8 I can play the piano.

9 He can speak Japanese.

10 We can swim.

PRACTICE 2

1 He'll call you tomorrow because it's too late today.
오늘은 너무 늦었으니까 그가 내일 전화할 거예요.

2 It'll probably snow later today.
아마 오늘 이따가 눈이 올 것 같아요.

3 She'll help you with your homework.
그녀가 당신 숙제하는 것 도와줄 거예요.

4 I'll never remember this moment.
전 이 순간을 절대 기억하지 않을 거예요.

5 The class will begin at 7:30 sharp.
수업은 7시 30분 정각에 시작할 거예요.

6 Don't worry, I'm going to take care of it.
걱정 마세요, 제가 처리할게요.

7 They'll call you as soon as they get home.
집에 도착하자마자 그들이 전화할 거예요.

8 Wait a sec, I'll close the door.
잠깐만요, 제가 문 닫을게요.

9 She'll text you the address later.
주소는 나중에 그녀가 문자로 보낼 거예요.

10 I'm going to let you know if anything changes.
뭔가 변동이 있으면 제가 알려 드릴게요.

PRACTICE 3

1

평서문: They will arrive at the airport at 3 PM.

의문문: Will they arrive at the airport at 3 PM?

부정문: They will not arrive at the airport at 3 PM.

2

평서문: The concert will begin at 7:30 sharp.

의문문: Will the concert begin at 7:30 sharp?

부정문: The concert will not begin at 7:30 sharp.

3

평서문: It'll probably rain later today.

의문문: Will it probably rain later today?

부정문: It probably won't rain later today.

* 부정문에서는 probably가 조동사 앞에 오는 게 일반적이에요.

4

평서문: I'll let you know if anything changes.

의문문: Will you let me know if anything changes?

부정문: I won't let you know if anything changes.

UNIT 16 다음 달에 파리로 여행 갈 예정이에요.

be going to + 동사원형 (어느 정도의 확신)

PRACTICE 1

		즉흥적인 의미로 말할 때 (will)	확실한 계획의 의미로 말할 때 (be going to)
1	나는 먹을 거야. (eat)	I will eat.	I am going to eat.
2	그들은 참석할 거야. (attend)	He will attend.	He is going to attend.
3	그녀는 들을 거야. (listen)	She will listen.	She is going to listen.
4	그는 배울 거야. (learn)	He will learn.	He is going to learn.
5	우리는 이사할 거야. (move)	We will move.	We are going to move.
6	나는 여행 갈 거야. (travel)	I will travel.	I am going to travel.
7	나는 친구를 만날 거야. (meet a friend)	I will meet a friend.	I am going to meet a friend.
8	그녀는 청소할 거야. (clean)	She will clean.	She is going to clean.
9	나는 운동할 거야. (exercise)	I will exercise.	I am going to exercise.
10	그녀는 공부할 거야. (study)	She will study.	She is going to study.
11	우리는 도울 거야. (help)	We will help.	We are going to help.
12	그들은 영화를 볼 거야. (watch a movie)	They will watch a movie.	They are going to watch a movie.
13	우리는 회의를 할 거야. (have a meeting)	We will have a meeting.	We are going to have a meeting.
14	그가 요리할 거야. (cook)	He will cook.	He is going to cook.
15	우리는 점심을 먹을 거야. (have lunch)	We will have lunch.	We are going to have lunch.

PRCTICE 2

1 He's going to get married in June.
그는 6월에 결혼할 거야.

2 She's going to study for her exam tonight.
오늘 밤에 그녀는 시험 공부할 거야.

3 I'm going to buy a new car next month.
나 다음 달에 새 차를 살 거야.

4 They're going to have a party this weekend.
그들이 이번 주말에 파티를 열 거야.

5 You're going to move to a new house soon.
너 곧 새집으로 이사 가겠구나.

6 I'm going to start a new job next week.
나는 다음 주에 새 직장에서 일을 시작할 거야.

7 My sister is going to travel to Europe next summer.
여동생이 다음 여름에 유럽으로 여행 갈 거야.

8 They're going to quit their job and start their own business.
그들은 직장을 그만두고 자기 사업을 시작할 거야.

9 I'm going to take piano lessons starting next month. 나는 다음 달부터 피아노 레슨을 받을 거야.

10 My mother is going to wake up early and go for a run tomorrow.
엄마는 내일 일찍 일어나서 달리기하러 갈 거야.

PRACTICE 3

1

평서문: They're going to get married in June.

의문문: Are they going to get married in June?

부정문: They're not going to get married in June.

2

평서문: We're going to have a party this weekend.

의문문: Are we going to have a party this weekend?

부정문: We're not going to have a party this weekend.

3

평서문: We're going to travel to Europe next summer.

의문문: Are we going to travel to Europe next summer?

부정문: We're not going to travel to Europe next summer.

4

평서문: She's going to buy a new car next month.

의문문: Is she going to buy a new car next month?

부정문: She's not going to buy a new car next month.

UNIT 17   저 내일 3시에 친구 만나요.

미래를 나타내는 현재진행형

PRACTICE 1

		현재진행형 (거의 결정된 일)	be going to (미리 계획된 일)	will (지금 결정한 내용)
1	**I, go**(가다)	I'm going	I'm going to go	I will go
2	**They, attend** (참석하다)	They're attending	They're going to attend	They will attend
3	**She, leave for** (~로 떠나다)	She's leaving for	She's going to leave for	She will leave for
4	**We, travel to** (~로 여행하다)	We're traveling to	We're going to travel to	We will travel to
5	**He, buy**(사다)	He's buying	He's going to buy	He will buy
6	**They, move** (이사하다)	They're moving	They're going to move	They will move
7	**He, fix**(고치다)	He's fixing	He's going to fix	He will fix
8	**We, meet**(만나다)	We're meeting	We're going to meet	We will meet
9	**They, build** (짓다, 건설하다)	They're building	They're going to build	They will build
10	**She, study** (공부하다)	She's studying	She's going to study	She will study
11	**They, open** (열다)	They're opening	They're going to open	They will open
12	**I, call**(전화하다)	I'm calling	I'm going to call	I will call

PRACTICE 2

1   You're getting married next week.
    너 다음 주에 결혼하는구나.

2   He's starting a new job this coming Monday.
    그 사람, 오는 월요일에 새 직장에 출근해.

3   I'm meeting my friends at the café tomorrow.
    난 내일 카페에서 친구들을 만나.

4   They're flying to Paris this weekend.
    그들은 이번 주말에 비행기로 파리에 가.

5   My son is taking his driving test next week.
    아들이 다음 주에 운전면허 시험 봐.

6   My parents are moving to a new apartment
    next month.
    우리 부모님, 다음 달에 새 아파트로 이사해.

7   I'm participating in a marathon next month.
    나, 다음 달에 마라톤 참가해.

8   I'm attending my high school reunion next
    week. 나, 다음 주에 고등학교 동창회 가.

9   You're redecorating your living room next
    week. 너 다음 주에 거실 리모델링하는구나.

10 He's learning to play the guitar next month.
    그 사람, 다음 달부터 기타 배워.

PRACTICE 3

1
평서문: Jane is starting a new job on Monday.

의문문: Is Jane starting a new job on Monday?

부정문: Jane is not starting a new job on Monday.

2
평서문: He's flying to Paris this weekend.

의문문: Is he flying to Paris this weekend?

부정문: He's not flying to Paris this weekend.

3
평서문: She is getting married next week.

의문문: Is she getting married next week?

부정문: She is not getting married next week.

4
평서문: We're moving to a new apartment next
        month.

의문문: Are we moving to a new apartment next
        month?

부정문: We're not moving to a new apartment next
        month.

UNIT 18   방 안에서, 카페에서

at + 장소, **in** + 장소

PRACTICE 1

		장소 전체 및 포괄적 의미로 at	해당 장소 안에 있을 때 in
1	도서관 **the library**	at the library	in the library
2	주차장 **the parking lot**	at the parking lot	in the parking lot
3	공항 **the airport**	at the airport	in the airport
4	건물 **the building**	at the building	in the building
5	병원 **the hospital**	at the hospital	in the hospital

PRACTICE 2

1   She was at the bus stop waiting for the bus.
    그녀는 버스 정류장에서 버스를 기다리고 있었어요.

2   I was in the living room watching TV.
    나는 TV를 보면서 거실에 있었어요.

3   He is at school right now.
    그는 지금 학교에 있어요.

4   The shoes were in the closet.
    신발이 옷장 안에 있었어요.

5   We will arrive at the airport early.
    우리는 공항에 일찍 도착할 거예요.

6   The kids were playing in the garden.
    아이들이 정원에서 노는 중이었어요.

7   She is going to study at the library.
    그녀는 도서관에서 공부할 거예요.

8   There are cats in the box.
    상자 안에 고양이들이 있어요.

9   They are at the entrance waiting for you.
    그들이 입구에서 당신을 기다리고 있어요.

10 The milk was in the fridge.
    우유는 냉장고 안에 있었어요.

PRACTICE 3

1

평서문: He is in the living room watching TV.

의문문: Is he in the living room watching TV?

부정문: He is not in the living room watching TV.

2

평서문: They are at school right now.

의문문: Are they at school right now?

부정문: They are not at school right now.

3

평서문: We arrived at the airport early.

의문문: Did we arrive at the airport early?

부정문: We did not arrive at the airport early.

4

평서문: She is studying at the library.

의문문: Is she studying at the library?

부정문: She is not studying at the library.

UNIT 19
우리 오후 5시에 만나자.

'~에'의 at + 시간, on + 시간, in + 시간

PRACTICE 1

1	at	2	on	3	in
4	on	5	in	6	at

PRACTICE 2

1   Let's not meet at Bronx station at 3 PM.
    오후 3시에 브롱크스역에서 만나지 말자.

2   I always get up at 7 o'clock.
    나는 항상 7시에 일어나.

3   We had dinner at 6:30.
    우리는 6시 30분에 저녁을 먹었어.

4   I can call you on Monday.
    월요일에 전화할 수 있어.

5   The twins were born in 2005.
    그 쌍둥이들은 2005년에 태어났어.

6   We will travel in October.
    우리는 10월에 여행 갈 거야.

7   His birthday is on May 15th.
    그의 생일은 5월 15일이야.

8   We had a meeting on Friday morning.
    우리는 금요일 아침에 회의가 있었어.

9   They are not getting married on Christmas
    Day. 그들은 크리스마스날 결혼하지 않아.

10 They always enjoy swimming in summer.
    그들은 항상 여름에는 수영하는 걸 즐겨.

PRACTICE 3

1

평서문: We will have dinner at 6:30.

의문문: Will we have dinner at 6:30?

부정문: We will not have dinner at 6:30.

2

평서문: I was born in 1995.

의문문: Were you born in 1995?

부정문: I was not born in 1995.

3

평서문: Her birthday is on May 15th.

의문문: Is her birthday on May 15th?

부정문: Her birthday is not on May 15th.

4

평서문: She always gets up at 7 o'clock.

의문문: Does she always get up at 7 o'clock?

부정문: She does not always get up at 7 o'clock.

UNIT 20
영화관에서 친구들과 영화를 봤어.

문장을 길게 말하고 싶을 때의 패턴 암호, 방.장.시!

PRACTICE 1

1   그녀는 오늘 아침에 음악실에서 아름답게 피아노를
    연습했어요.
    She practiced the piano beautifully in the
    music room this morning.

2   그는 한 시간 전에 그의 사무실에서 신중하게 편지를
    한 통 썼어요.
    He wrote a letter carefully in his office an hour
    ago.

3 그들은 어젯밤 그 카페에서 그 프로젝트를 진지하게
논의했어요.
They discussed the project seriously at the café
last night.

PRACTICE 2

1 I will study English with my friends at the
library tomorrow.
나는 내일 도서관에서 친구들과 영어를 공부할 거야.

2 She reads a book with her daughter on the
sofa every night.
그녀는 매일 밤 소파에서 딸과 책을 읽어.

3 Jessica celebrates holidays with her family at
home every year.
제시카는 매년 집에서 가족과 함께 명절을 축하해.

4 I am going to meet my friend at a café this
weekend.
나는 이번 주말 카페에서 친구를 만날 거야.

5 You are having breakfast with your parents in
the kitchen now.
너 지금 부엌에서 부모님과 함께 아침을 먹고 있구나.

6 This morning, she is cleaning the house, and
her siblings are helping out in the living room.
오늘 아침에 그녀는 집 청소를 하고 있고, 동생들은
거실에서 도와주고 있어요.

7 They're going to go to the amusement park
with their cousins next weekend.
그들은 다음 주말에 사촌들과 놀이공원에 갈 거야.

8 I walk my dog with my dad in the park every
morning. 나는 매일 아침 아빠와 함께 공원에서
반려견을 산책시켜.

PRACTICE 3

1
평서문: I studied English with my friends at the
library yesterday.

의문문: Did I study English with my friends at the
library yesterday?

부정문: I did not study English with my friends at
the library yesterday.

2
평서문: She read a book with her daughter on the
sofa last night.

의문문: Did she read a book with her daughter on
the sofa last night?

부정문: She did not read a book with her daughter
on the sofa last night.

3
평서문: We celebrate holidays with our family at
home every year.

의문문: Do we celebrate holidays with our family
at home every year?

부정문: We do not celebrate holidays with our
family at home every year.

4
평서문: She is going to meet her friend at a café
this weekend.

의문문: Is she going to meet her friend at a café
this weekend?

부정문: She is not going to meet her friend at
a café this weekend.

UNIT 21
호주 멜버른에 있는 큰 동물원에서

비슷한 카테고리를 나열할 때는 작은 범위에서 큰 범위로!

PRACTICE 1

1 We enjoyed a fantastic dinner with our
colleagues at a famous restaurant in Paris,
France, on Friday, March 15th, 2024.

2 They played soccer with their classmates at the
school field in Tokyo, Japan, on Monday, May
20th, 2023.

3 She attended a business conference with her
manager at a luxury hotel in New York, the U.S.,
on Tuesday, January 5th, 2025.

4 He watched a live concert with his brother
at a huge stadium in London, England, on
Sunday, December 10th, 2023.

PRACTICE 2

1 I had coffee with my best friend at a modern
café in London on a rainy Saturday morning,
October 14th.
나는 10월 14일 비 오는 토요일 아침에 런던의 모던
한 카페에서 가장 친한 친구와 커피를 마셨어.

2 We watched a soccer game at the stadium in
Rome on a sunny Sunday afternoon, April 9th.
우리는 4월 9일 화창한 일요일 오후에 로마
경기장에서 축구 경기를 봤어.

3 She celebrated her birthday at a luxury hotel in Tokyo on Friday evening, November 17th.
그녀는 11월 17일 금요일 저녁에 도쿄의 고급 호텔에서 자신의 생일을 축하했어.

4 I went shopping at a street market in Bangkok on a hot Thursday afternoon, June 16th.
나는 6월 16일 뜨거운 목요일 오후에 방콕의 거리 시장에서 쇼핑을 했어.

5 They walked their dog at the park in Chicago on a windy Wednesday morning, December 6th. 그들은 12월 6일 바람 부는 수요일 아침에 시카고의 공원에서 강아지를 산책시켰어.

6 We had lunch at a small diner in San Francisco on a busy Tuesday afternoon, August 21st.
우리는 8월 21일 바쁜 화요일 오후에 샌프란시스코의 작은 식당에서 점심을 먹었어.

7 I studied for my exam at the library in New York on a quiet Sunday evening, March 12th.
나는 3월 12일 조용한 일요일 저녁에 뉴욕의 도서관에서 시험 공부를 했어.

8 I went jogging along the river in Berlin on a hot Tuesday morning, August 19th. 나는 8월 19일 더운 화요일 아침에 베를린의 강변을 따라 조깅했어.

9 She attended a cooking class at the studio in Sydney on a bright Thursday morning, June 8th. 그녀는 6월 8일 화창한 목요일 아침에 시드니의 스튜디오에서 요리 수업에 참석했어.

10 We cooked dinner together at my friend's apartment in Toronto on a foggy Friday evening, May 5th.
우리는 5월 5일 안개 낀 금요일 저녁에 토론토에 있는 내 친구 아파트에서 함께 저녁을 요리했어.

PRACTICE 3

1
평서문: They walked their dog at the park in Chicago on a chilly Wednesday morning, December 6th.

의문문: Did they walk their dog at the park in Chicago on a chilly Wednesday morning, December 6th?

부정문: They did not walk their dog at the park in Chicago on a chilly Wednesday morning, December 6th.

2
평서문: He studied for his exam at the library in New York on a quiet Sunday evening, March 12th.

의문문: Did he study for his exam at the library in New York on a quiet Sunday evening, March 12th?

부정문: He did not study for his exam at the library in New York on a quiet Sunday evening, March 12th.

3
평서문: We watched a soccer game at the stadium in Madrid on a sunny Sunday afternoon, April 9th.

의문문: Did you watch a soccer game at the stadium in Madrid on a sunny Sunday afternoon, April 9th?

부정문: We did not watch a soccer game at the stadium in Madrid on a sunny Sunday afternoon, April 9th.

4
평서문: I had coffee with my best friend at a cozy café in London on a rainy Saturday morning, October 14th.

의문문: Did you have coffee with your best friend at a cozy café in London on a rainy Saturday morning, October 14th?

부정문: I did not have coffee with my best friend at a cozy café in London on a rainy Saturday morning, October 14th.

UNIT 22
You are too nice.는 긍정적인 뜻이 아니에요!

제대로 활용하는 too의 용법

PRACTICE 1

1 It is hot.
It is so hot.
It is too hot.

2 This room is small.
This room is so small.
This room is too small.

3 He is tall.
He is so tall.
He is too tall.

4   This coffee is bitter.
    This coffee is so bitter.
    This coffee is too bitter.

5   Your bag is heavy.
    Your bag is so heavy.
    Your bag is too heavy.

6   She is busy.
    She is so busy.
    She is too busy.

7   She is kind.
    She is so kind.
    She is too kind.

PRACTICE 2

1   This food is too spicy for him to eat.
    이 음식은 너무 매워서 그가 먹을 수가 없어.

2   This book is too hard for beginners to understand without help. 이 책은 너무 어려워서 초보자들이 도움 없이는 이해할 수 없다.

3   The dress was too small for her to wear properly. 그 드레스는 너무 작아서 그녀가 제대로 입을 수 없었다.

4   This room is too hot for guests to sleep in peacefully at night. 이 방은 너무 더워서 투숙객들이 밤에 평화롭게 잠을 잘 수가 없다.

5   That car was too expensive for me to even consider buying. 그 차는 너무 비싸서 내가 사는 것을 고려조차 할 수 없었다.

6   This bag was too heavy to carry around all day. 이 가방은 너무 무거워서 온종일 들고 다닐 수 없었다.

7   The book will be too long to read in one sitting.
    그 책은 너무 길어서 한 번에 읽을 수 없을 것이다.

8   This problem was too difficult to solve without additional resources.
    이 문제는 추가 자료 없이는 풀기에 너무 어려웠다.

9   They are too nervous to speak clearly in front of everyone. 그들은 너무 긴장해서 모두 앞에서 분명히 말할 수가 없다.

PRACTICE 3

1
평서문: This food is too spicy for me to eat.
의문문: Is this food too spicy for you to eat?
부정문: This food is not too spicy for me to eat.

2
평서문: This bag is too heavy to carry around all day.
의문문: Is this bag too heavy to carry around all day?
부정문: This bag is not too heavy to carry around all day.

3
평서문: The coffee was too hot to drink right away without burning my tongue.
의문문: Was the coffee too hot to drink right away without burning your tongue?
부정문: The coffee was not too hot to drink right away without burning my tongue.

4
평서문: The movie was too long to watch in one sitting.
의문문: Was the movie too long to watch in one sitting?
부정문: The movie was not too long to watch in one sitting.

UNIT 23　나는 쉬지 않고 10km를 뛸 수 있어.

can ~할 수 있어요

PRACTICE 1

1　eat(먹다)**: 먹을 수 있다** (능력)

I	can eat.	We	can eat.
You(단수)	can eat.	You(복수)	can eat.
He/She	can eat.	They	can eat.

2　swim(수영하다)**: 수영할 수 있다** (능력)

I	can swim.	We	can swim.
You(단수)	can swim.	You(복수)	can swim.
He/She	can swim.	They	can swim.

3　run fast(빨리 뛰다)**: 빨리 뛸 수 있다** (능력)

I	can run fast.	We	can run fast.
You(단수)	can run fast.	You(복수)	can run fast.
He/She	can run fast.	They	can run fast.

4　write beautifully(예쁘게 쓰다)**: 예쁘게 쓸 수 있다** (능력)

I	can write beautifully.	We	can write beautifully.
You(단수)	can write beautifully.	You(복수)	can write beautifully.
He/She	can write beautifully.	They	can write beautifully.

5　play the guitar(기타를 치다)**: 기타를 칠 수 있다** (능력)

I	can play the guitar.	We	can play the guitar.
You(단수)	can play the guitar.	You(복수)	can play the guitar.
He/She	can play the guitar.	They	can play the guitar.

6　do the project(프로젝트를 하다)**: 프로젝트를 할 수 있다** (능력)

I	can do the project.	We	can do the project.
You(단수)	can do the project.	You(복수)	can do the project.
He/She	can do the project.	They	can do the project.

PRACTICE 2

1 She can speak three languages.
그녀는 세 가지 언어를 구사할 수 있어요.

2 They can play the saxophone very well.
그들은 색소폰을 아주 능숙하게 불 수 있어요.

3 I can lift heavy weights easily.
난 무거운 것을 쉽게 들어올릴 수 있어요.

4 You can't eat sour food.
당신은 신 음식을 먹지 못하는군요.

5 We can afford to buy a new car right now.
우리는 지금 새 차를 살 형편이 돼요.

6 We can run a marathon in under 3 hours.
우리는 3시간 안에 마라톤을 완주할 수 있어요.

7 Can he drive a manual car?
그 사람, 수동 변속기 차를 운전할 수 있나요?

8 Can you see that building over there?
저기 건물이 보이시나요?

9 Can I borrow your laptop for a moment?
잠깐 노트북 좀 빌릴 수 있을까요?

10 Can I ask you a favor? 부탁 하나 드려도 될까요?

PRACTICE 3

1
평서문: I can speak three languages.

의문문: Can you speak three languages?

부정문: I can't (= cannot) speak three languages.

2
평서문: He can lift heavy weights easily.

의문문: Can he lift heavy weights easily?

부정문: He can't (= cannot) lift heavy weights easily.

3
부정문: She can't (= cannot) eat sour food.

긍정 의문문: Can she eat sour food?

긍정문: She can eat sour food.

4
부정문: We can't (= cannot) afford to buy a new car right now.

긍정 의문문: Can we afford to buy a new car right now?

긍정문: We can afford to buy a new car right now.

UNIT 24   물을 더 많이 마시는 게 좋아.
should ~하는 게 좋겠어요

PRACTICE 1

1   eat(먹다): 먹는 게 좋겠어

I	should eat.	We	should eat.
You(단수)	should eat.	You(복수)	should eat.
He/She	should eat.	They	should eat.

2   swim(수영하다): 수영하는 게 좋겠어

I	should swim.	We	should swim.
You(단수)	should swim.	You(복수)	should swim.
He/She	should swim.	They	should swim.

3 run fast(빨리 뛰다): 빨리 뛰는 게 좋겠어

I	should run fast.	We	should run fast.
You(단수)	should run fast.	You(복수)	should run fast.
He/She	should run fast.	They	should run fast.

4 write beautifully(예쁘게 쓰다): 예쁘게 쓰는 게 좋겠어

I	should write beautifully.	We	should write beautifully.
You(단수)	should write beautifully.	You(복수)	should write beautifully.
He/She	should write beautifully.	They	should write beautifully.

5 play the guitar(기타를 치다): 기타를 치는 게 좋겠어

I	should play the guitar.	We	should play the guitar.
You(단수)	should play the guitar.	You(복수)	should play the guitar.
He/She	should play the guitar.	They	should play the guitar.

6 do the project(프로젝트를 하다): 그 프로젝트를 하는 게 좋겠어

I	should do the project.	We	should do the project.
You(단수)	should do the project.	You(복수)	should do the project.
He/She	should do the project.	They	should do the project.

PRACTICE 2

1 You should leave early to avoid traffic.
교통 체증을 피하게 너 일찍 떠나는 게 좋겠어.

2 We should apologize to Jane for our mistake.
실수한 것에 우리가 제인에게 사과하는 게 좋겠어.

3 She should wear a jacket. It's cold outside.
밖이 추우니까 그녀가 재킷을 입는 게 좋겠어.

4 You should take a break if necessary.
필요하다면 너 잠깐 쉬는 게 좋겠어.

5 Athletes should drink more water throughout the day. 운동 선수들은 온종일 물을 더 많이 마시는 게 좋겠어.

6 I think my sister should consider their offer carefully. 내 여동생이 그들의 제안을 신중히 고려하는 게 좋을 것 같아.

7 Students shouldn't skip breakfast.
학생들은 아침 식사를 거르지 않는 것이 좋아.

8 I should join a gym to stay fit.
건강을 유지하게 나, 헬스장에 등록하는 게 좋겠어.

9 They shouldn't procrastinate on their assignments.
그들이 숙제를 미루지 않는 게 좋겠다.

10 You should practice your speech before the presentation. 너, 발표 전에 연설 연습을 하는 게 좋겠어.

PRACTICE 3

1

평서문 I should apologize to Jane for my mistake.

의문문: Should I apologize to Jane for my mistake?

부정문: I shouldn't apologize to Jane for my mistake.

2

평서문: You should wear a jacket. It's cold outside.

의문문: Should I wear a jacket? It's cold outside.

부정문: You shouldn't wear a jacket. It's warm
outside.

3

평서문: He should consider their offer carefully.

의문문: Should he consider their offer carefully?

부정문: He shouldn't consider their offer carefully.

4

부정문: You shouldn't skip breakfast.

긍정 의문문: Should I skip breakfast?

긍정문: You should skip breakfast.

UNIT 25   너 그 초콜릿 케이크 꼭 먹어 봐야 해.

have to vs must (1) ~해야 해요

PRACTICE 1

1   eat this cake(이 케이크를 먹다): **must + 동사원형** '이 케이크를 꼭 먹어야 해' (주관적 의무)

I	must eat this cake.	We	must eat this cake.
You (단수)	must eat this cake.	You (복수)	must eat this cake.
He/She	must eat this cake.	They	must eat this cake.

2   swim(수영하다): **have to + 동사원형** '꼭 수영해야 해' (외부 요인에 따른 의무)

I	have to swim.	We	have to swim.
You (단수)	have to swim.	You (복수)	have to swim.
He/She	has to swim.	They	have to swim.

3   run fast(빨리 뛰다): **have to + 동사원형** '빨리 뛰어야 해' (개인적인 의무)

I	have to run fast.	We	have to run fast.
You (단수)	have to run fast.	You (복수)	have to run fast.
He/She	has to run fast.	They	have to run fast.

4   write beautifully(예쁘게 쓰다): **must + 동사원형** '예쁘게 써야 합니다' (공식적인 내용)

I	must write beautifully.	We	must write beautifully.
You (단수)	must write beautifully.	You (복수)	must write beautifully.
He/She	must write beautifully.	They	must write beautifully.

5   play the guitar(기타를 치다): have to + 동사원형 '기타를 쳐야 해' (개인적인 의무)

I	have to play the guitar.	We	have to play the guitar.
You (단수)	have to play the guitar.	You(복수)	have to play the guitar.
He/She	has to play the guitar.	They	have to play the guitar.

6   do the project(프로젝트를 하다): have to + 동사원형
'그 프로젝트를 해야 해' (외부 요인에 따른 의무)

I	have to do the project.	We	have to do the project.
You (단수)	have to do the project.	You(복수)	have to do the project.
He/She	has to do the project.	They	have to do the project.

PRACTICE 2

1   You must be at least 18 years old to vote.
투표를 하려면 네가 최소 18세 이상이어야 해.

2   Everyone must not smoke in this area.
모두가 이 구역에서는 담배를 피우면 안 돼.

3   Everyone must show identification before entering the building. 모두가 건물에 들어가기 전에 신분증을 보여 줘야 해.

4   They must take their shoes off before entering the house.
집에 들어가기 전에 그들은 신발을 꼭 벗어야 해.

5   The student must complete his assignments on time. 그 학생은 과제를 제때 완료해야 합니다.

6   My son has to finish his homework before he can go out.
우리 아들은 외출하기 전에 숙제를 끝내야 해.

7   She has to wear a uniform at school.
그녀는 학교에서 교복을 입어야 해.

8   You have to attend the meeting tomorrow.
너는 내일 회의에 참석해야 해.

9   We have to pay our rent by the end of the month. 우리는 이달 말까지 집세를 내야 해.

10   I have to pay a fine for parking in a no-parking zone. 나는 주차 금지 구역에 주차한 것에 대해 벌금을 내야 해요.

UNIT 26   지금 당장 대답할 필요 없어요.

have to vs must (2) 뜻이 아예 달라지는 부정문

PRACTICE 1

1   eat this cake(이 케이크를 먹다): must not + 동사원형 '이 케이크 먹으면 안 돼'

I	must not eat this cake.	We	must not eat this cake.
You(단수)	must not eat this cake.	You(복수)	must not eat this cake.
He/She	must not eat this cake.	They	must not eat this cake.

2 swim(수영하다): don't have to + 동사원형 '수영 안 해도 돼'

I	don't have to swim.	We	don't have to swim.
You(단수)	don't have to swim.	You(복수)	don't have to swim.
He/She	doesn't have to swim.	They	don't have to swim.

3 run fast(빨리 뛰다): don't have to + 동사원형 '빨리 뛰지 않아도 돼'

I	don't have to run fast.	We	don't have to run fast.
You(단수)	don't have to run fast.	You(복수)	don't have to run fast.
He/She	doesn't have to run fast.	They	don't have to run fast.

4 write beautifully(예쁘게 쓰다): don't have to + 동사원형 '예쁘게 안 써도 돼'

I	don't have to write beautifully.	We	don't have to write beautifully.
You(단수)	don't have to write beautifully.	You(복수)	don't have to write beautifully.
He/She	doesn't have to write beautifully.	They	don't have to write beautifully.

5 play the guitar(기타를 치다): must not + 동사원형 '기타를 치지 말아야 해'

I	must not play the guitar.	We	must not play the guitar.
You(단수)	must not play the guitar.	You(복수)	must not play the guitar.
He/She	must not play the guitar.	They	must not play the guitar.

6 do the project(프로젝트를 하다): don't have to + 동사원형 '그 프로젝트 하지 않아도 돼'

I	don't have to do the project.	We	don't have to do the project.
You(단수)	don't have to do the project.	You(복수)	don't have to do the project.
He/She	doesn't have to do the project.	They	don't have to do the project.

PRACTICE 2

1 All drivers must not use their phone while driving. 모든 운전자는 운전 중에는 휴대폰을 사용해서는 안 됩니다.

2 Little kids must not be left unattended in the park. 공원 내에 어린아이들을 방치해서는 안 됩니다.

3 Directors must not share confidential information.
이사들은 기밀 정보를 공유해서는 안 됩니다.

4 You must not bring outside food into the venue. 여러분은 외부 음식을 행사장에 가져와서는 안 됩니다.

5 We must not feed the animals in the zoo. 우리는 동물원에서 동물에게 먹이를 주어서는 안 됩니다.

6 He doesn't have to come to the meeting if he's busy. 그 사람, 바쁘면 회의에 올 필요 없어요.

7 I don't have to finish my homework tonight. It's due next week. 나는 오늘 밤 숙제를 끝낼 필요가 없어요. 다음 주가 마감일이에요.

8 Students don't have to wear uniforms on Fridays. 학생들은 금요일에는 교복을 입을 필요가 없어요.

9 We don't have to pay for parking on weekends. 우리, 주말에는 주차 요금을 낼 필요가 없어요.

10 He doesn't have to apologize. It was a misunderstanding.
그 사람, 사과할 필요 없어요. 오해였잖아요.

PRACTICE 3

1
부정문: We don't have to wear uniforms on Fridays.

긍정 의문문: Do we have to wear uniforms on Fridays?

긍정문: We have to wear uniforms on Fridays.

2
부정문: They don't have to pay for parking on weekends.

긍정 의문문: Do they have to pay for parking on weekends?

긍정문: They have to pay for parking on weekends.

3
부정문: Guests mustn't bring outside food into the venue.

긍정 의문문: Do guests have to bring outside food into the venue?

긍정문: Guests must bring outside food into the venue.

4
부정문: You must not feed the animals in the zoo.

긍정 의문문: Do I have to feed the animals in the zoo?

긍정문: You must feed the animals in the zoo.

UNIT 27   내일 비가 올 수도 있어.

may / might ~일 수도 있어요

PRACTICE 1

1   **eat this cake**(이 케이크를 먹다): **may** + 동사원형 '이 케이크 먹을지도 몰라요' (공손한 느낌)

I	may eat this cake.	We	may eat this cake.
You(단수)	may eat this cake.	You(복수)	may eat this cake.
He/She	may eat this cake.	They	may eat this cake.

2 swim(수영하다): might + 동사원형 '수영할지 모르겠네' (구어체에서)

I	might swim.	We	might swim.
You(단수)	might swim.	You(복수)	might swim.
He/She	might swim.	They	might swim.

3 run fast(빨리 뛰다): may + 동사원형 '빨리 뛸지도 몰라요' (공손한 느낌)

I	may run fast.	We	may run fast.
You(단수)	may run fast.	You(복수)	may run fast.
He/She	may run fast.	They	may run fast.

4 write beautifully(예쁘게 쓰다): might + 동사원형 '예쁘게 쓸지 모르겠네' (구어체에서)

I	might write beautifully.	We	might write beautifully.
You(단수)	might write beautifully.	You(복수)	might write beautifully.
He/She	might write beautifully.	They	might write beautifully.

5 play the guitar(기타를 치다): Can + 주어 + 동사원형 ~? '기타를 칠 수도 있을까요?'
(Can I ~?의 경우, '제가 기타를 쳐도 될까요?')

I	Can I play the guitar?	we	Can we play the guitar?
you(단수)	Can you play the guitar?	you(복수)	Can you play the guitar?
he/she	Can he/she play the guitar?	they	Can they play the guitar?

6 do the project(프로젝트를 하다): Can + 주어 + 동사원형 ~? '그 프로젝트를 할 수 있을까요?'

I	Can I do the project?	we	Can we do the project?
you(단수)	Can you do the project?	you(복수)	Can you do the project?
he/she	Can he/she do the project?	they	Can they do the project?

* 5/6번의 경우 Can I ~?는 '제가 ~해도 될까요?'의 의미

PRACTICE 2

1 It may snow later today.
오늘 이따가 눈이 올 수도 있어.

2 He might be late for the meeting.
그가 회의에 늦을지도 몰라.

3 They might go to the beach this weekend.
그들이 이번 주말에 해변에 갈지도 몰라.

4 The package may arrive today.
택배가 오늘 도착할 수도 있어.

5 The concert might be sold out.
콘서트가 매진될 수도 있어.

6 She might not come to the party.
그녀가 파티에 안 올 수도 있어.

7 The gas prices might go up next month.
다음 달에 기름 값이 오를 수도 있어.

8 The employees may have to work overtime this week.
이번 주에 그 직원들이 야근해야 할 수도 있어.

9 May I use your brush for a moment?
잠깐 네 빗 좀 써도 될까?

10 May I take a day off today?
오늘 하루 연차를 써도 될까요?

PRACTICE 3

1
평서문: We might go to the beach this weekend.

의문문: Can we go to the beach this weekend?
= Do you think we might go to the beach this weekend?

부정문: We might not go to the beach this weekend.

2
평서문: The package may arrive tomorrow.

의문문: Can the package arrive tomorrow?
= Do you think the package may arrive tomorrow?

부정문: The package may not arrive tomorrow.

3
평서문: The movie might be sold out.

의문문: Can the movie be sold out?
= Do you think the movie might be sold out?

부정문: The movie might not be sold out.

4
평서문: The price might go up next month.

의문문: Can the price go up next month?
= Do you think the price might go up next month?

부정문: The price might not go up next month.

UNIT 28   전 파리에 가 본 적 있어요.

have/has p.p. 현재완료 이해하기

PRACTICE 1

1 **eat this cake**(이 케이크를 먹다): '이 케이크 먹어 본 적이 있어요' (eat의 p.p. eaten)

I	have eaten this cake.	We	have eaten this cake.
You (단수)	have eaten this cake.	You (복수)	have eaten this cake.
He/She	has eaten this cake.	They	have eaten this cake.

2 **swim**(수영하다): '막 수영을 했어요' (swim의 p.p.는 swum. swum 앞에 just를 넣어서)

I	have just swum.	We	have just swum.
You (단수)	have just swum.	You (복수)	have just swum.
He/She	has just swum.	They	have just swum.

3 run fast(빨리 뛰다): '빨리 뛰고 있어요' (run의 p.p.는 run)

I	have run fast.	We	have run fast.
You(단수)	have run fast.	You(복수)	have run fast.
He/She	has run fast.	They	have run fast.

4 write beautifully(예쁘게 쓰다): '예쁘게 썼어요' (write의 p.p.는 written)

I	have written beautifully.	We	have written beautifully.
You(단수)	have written beautifully.	You(복수)	have written beautifully.
He/She	has written beautifully.	They	have written beautifully.

5 play the guitar(기타를 치다): '기타를 친 적이 있어요' (play의 p.p.는 played)

I	have played the guitar.	We	have played the guitar.
You(단수)	have played the guitar.	You(복수)	have played the guitar.
He/She	has played the guitar.	They	have played the guitar.

6 do the project(프로젝트를 하다): '그 프로젝트를 했어요' (do의 p.p.는 done)

I	have done the project.	We	have done the project.
You(단수)	have done the project.	You(복수)	have done the project.
He/She	has done the project.	They	have done the project.

PRACTICE 2

1 She has worked at this company for 5 years.
그녀는 이 회사에서 5년째 일하고 있어요.

2 They have lived in New York since 2010.
그들은 2010년부터 뉴욕에 살고 있어요.

3 They have been friends for 20 years.
그들은 20년째 친구로 지내고 있어요.

4 He has lost his wallet. 그는 지갑을 잃어버렸어요.

5 I have broken my arm. 내가 팔이 부러졌어요.

6 They have caught a cold.
그들이 감기에 걸렸어요.

7 Have you ever made sushi?
초밥 만들어 본 적 있어요?

8 She has met the president in person.
그녀는 대통령을 직접 만난 적이 있어요.

9 I have never been to Europe.
나는 유럽에 가 본 적이 없어요.

10 They have recently graduated from college.
그들이 최근에 대학을 졸업했어요.

11 We have already planned dinner.
우리는 이미 저녁을 뭘 먹을지 계획했어요.

PRACTICE 3

1

평서문: They have been married for 20 years.

의문문: Have they been married for 20 years?

부정문: They have not been married for 20 years.

2

평서문: She has broken her arm.

의문문: Has she broken her arm?

부정문: She has not broken her arm.

3

부정문: She has never been to Europe.

긍정 의문문: Has she ever been to Europe?

긍정문: She has been to Europe.

4

평서문: She has recently graduated from college.

의문문: Has she recently graduated from college?

부정문: She has not graduated from college yet.

UNIT 29 나는 3시간 동안 공부하고 있어.

have been -ing 현재완료진행형 이해하기

PRACTICE 1

1 eat this cake(이 케이크를 먹다): '이 케이크를 (아까부터 계속) 먹고 있어요'

I	have been eating this cake.	We	have been eating this cake.
You(단수)	have been eating this cake.	You(복수)	have been eating this cake.
He/She	has been eating this cake.	They	have been eating this cake.

2 swim(수영하다): '수영을 하고 있어요 (그랬더니 건강해졌어요)'

I	have been swimming.	We	have been swimming.
You(단수)	have been swimming.	You(복수)	have been swimming.
He/She	has been swimming.	They	have been swimming.

3 run fast(빨리 뛰다): '(아까부터 계속) 빨리 뛰고 있어요'

I	have been running fast.	We	have been running fast.
You(단수)	have been running fast.	You(복수)	have been running fast.
He/She	has been running fast.	They	have been running fast.

4 write beautifully(예쁘게 쓰다): '(반복해서) 예쁘게 쓰고 있어요'

I	have been writing beautifully.	We	have been writing beautifully.
You(단수)	have been writing beautifully.	You(복수)	have been writing beautifully.
He/She	has been writing beautifully.	They	have been writing beautifully.

5 play the guitar(기타를 치다): '(아까부터 계속) 기타를 치고 있어요.'

I	have been playing the guitar.	We	have been playing the guitar.
You(단수)	have been playing the guitar.	You(복수)	have been playing the guitar.
He/She	has been playing the guitar.	They	have been playing the guitar.

6 do the project(프로젝트를 하다): '(예전부터 계속) 그 프로젝트를 하고 있어요.'

I	have been doing the project.	We	have been doing the project.
You(단수)	have been doing the project.	You(복수)	have been doing the project.
He/She	has been doing the project.	They	have been doing the project.

PRACTICE 2

1 She has been waiting for the bus for 30 minutes.
그녀가 30분 동안 버스를 기다리고 있어요.

2 The employees have been working on this report since Monday. 그 직원들이 월요일부터 이 보고서를 작성하고 있어요.

3 The tenant has been living in this apartment for five years.
그 세입자는 5년 동안 이 아파트에 살고 있어요.

4 He has been traveling around Europe for the past month.
그는 지난 한 달 동안 유럽을 여행하고 있어요.

5 She has been cooking all day, so the house smells amazing. 그녀가 온종일 요리를 하고 있어서 집 안이 좋은 냄새로 가득해요.

6 I have been working out regularly, and now I'm in great shape. 나는 꾸준히 운동을 해 왔고, 지금은 몸 상태가 아주 좋아요.

7 My parents have been painting the house, so their clothes are covered in paint.
부모님이 집을 페인트칠하고 있어서 옷 사방에 페인트가 묻었어요.

8 The participants have been practicing the piano, and their skills have really improved.
그 참가자들은 피아노 연습을 계속해 왔고, 실력이 정말 늘었어요.

9 He has been going to bed late every night this week. 그가 이번 주 매일 밤 늦게 자고 있어요.

PRACTICE 3

1
평서문: I have been waiting for the bus for 30 minutes.
의문문: Have I been waiting for the bus for 30 minutes?
부정문: I have not (= haven't) been waiting for the bus for 30 minutes.

2
평서문: He has been working out regularly.
의문문: Has he been working out regularly?
부정문: He has not (= hasn't) been working out regularly.

3
평서문: We have been eating out more often lately.
의문문: Have we been eating out more often lately?
부정문: We have not (= haven't) been eating out more often lately.

4
평서문: We have been living in this apartment for five years.
의문문: Have we been living in this apartment for five years?
부정문: We have not (= haven't) been living in this apartment for five years.

UNIT 30
그녀가 나에게 서두르라고 말했어.

She told me that ~

PRACTICE 1

1

She said <u>she was busy today</u>.

She told me <u>she was busy today</u>.

2

He said <u>he would call me later</u>.

He told me <u>he would call me later</u>.

3

He said <u>Jessica didn't know the answer</u>.

He told me <u>Jessica didn't know the answer</u>.

4

They said <u>the meeting would be canceled</u>.

They told me <u>the meeting would be canceled</u>.

5

He said <u>she looked tired</u>.

He told me <u>she looked tired</u>.

PRACTICE 2

1   My dad said he's proud of me.
    아빠는 나를 자랑스럽게 여긴다고 말씀하셨다.

2   The teacher said the test would be next month.
    선생님은 시험이 다음 달에 있을 거라고 하셨다.

3   Sarah said they're moving to New York next month. 사라는 그들이 다음 달에 뉴욕으로 이사한다고 말했다.

4   The doctor said Nora needs more rest.
    의사는 노라가 더 많은 휴식이 필요하다고 말했다.

5   Jessica said she's sorry for being late.
    제시카가 늦어서 미안하다고 말했다.

6   Sam told his parents he passed the exam.
    샘은 부모님께 시험에 합격했다고 말씀드렸다.

7   The police officer told them to pull over.
    경찰관은 그들에게 차를 세우라고 말했다.

8   The guide told the tourists not to touch the animals. 가이드는 관광객들에게 동물을 만지지 말라고 말했다.

9   The taxi driver told the passengers to fasten their seatbelts. 택시 기사는 승객들에게 안전벨트를 매라고 말했다.

10 My grandfather told us stories from his childhood. 할아버지는 우리에게 할아버지의 어린 시절 이야기를 들려주셨다.

PRACTICE 3

1

평서문: Sarah said she's moving to New York next month.

의문문: Did Sarah say she's moving to New York next month?

부정문: Sarah didn't say she's moving to New York next month.

2

평서문: The doctor said I need more rest.

의문문: Did the doctor say I need more rest?

부정문: The doctor didn't say I need more rest.

3

평서문: Tom said he's sorry for being late.

의문문: Did Tom say he's sorry for being late?

부정문: Tom didn't say he's sorry for being late.

4

평서문: I told my parents I passed the exam.

의문문: Did I tell my parents I passed the exam?

부정문: I didn't tell my parents I passed the exam.

UNIT 31
누구 망고 좋아하는 사람?

주어를 모를 때 의문사 넣어서 질문하기!

PRACTICE 1

1   Who knows the answer?

2   Who wants some coffee?

3   Who made this decision?

4   Who took my pen?

5   Who wrote this book?

6   Who left the door open?

7   Who invited you to the party?

8   Who teaches your English class?

9   Who forgot to turn off the lights?

10 Who helped you move last weekend?

PRACTICE 2

1 Who wanted to join our study group?
   누가 우리 스터디 그룹에 참여하고 싶어 했지?

2 Which tastes better, steak or salmon?
   스테이크와 연어 중 어느 것이 더 맛있어?

3 Which café sells the best coffee in this
   neighborhood? 이 동네에서 어느 카페가
   제일 맛있는 커피를 팔아?

4 Who forgot their umbrella in the office?
   사무실에 누가 우산을 잊어버렸지?

5 Who is interested in learning how to cook?
   누구 요리 배우는 데 관심 있는 사람?

6 Who knows how to assemble this computer?
   누구 이 컴퓨터 조립하는 법 아는 사람?

7 What makes this restaurant so famous?
   뭐가 이 식당을 이렇게 유명하게 만드는 거지?

8 What time works best for everyone to hang
   out?
   몇 시가 모두가 어울려 노는 데 가장 좋은 시간이야?

9 What inspired you to write a book?
   뭐가 네가 책을 쓰게 한 계기가 됐어?

10 Who brought drinks to the meeting?
   누가 회의에 음료를 가져왔어?

PRACTICE 3

1
의문문: Who wants to join our study group?

평서문: Someone wants to join our study group.

부정문: No one wants to join our study group.

2
의문문: Who knows how to fix this computer?

평서문: Someone knows how to fix this computer.

부정문: No one knows how to fix this computer.

3
의문문: Who left their umbrella in the office?

평서문: Someone left their umbrella in the office.

부정문: No one left their umbrella in the office.

4
의문문: Who is interested in learning how to play
       the guitar?

평서문: Someone is interested in learning how to
       play the guitar.

부정문: No one is interested in learning how to play
       the guitar.

UNIT 32
너 지금 뭐 먹고 있어?

대상을 모를 때 의문사로 질문하기

PRACTICE 1

1 What is she painting?

2 Where are they having a picnic?

3 Why is he studying?

4 Who is my dog barking at?

5 How is she learning English?

6 Who is she cooking dinner for?

7 What is Jessica watching on TV?

8 Where are they going?

PRACTICE 2

1 What is he watching on TV?
   그 사람 TV에서 뭐 보고 있니?

2 Where are they running to in such a hurry?
   그들이 그렇게 급하게 어디로 가는 거야?

3 Who am I texting right now?
   내가 지금 누구한테 문자 보내고 있냐고?

4 Why is the baby screaming?
   아기가 왜 소리지르고 있어?

5 What is she cooking for dinner?
   그녀는 저녁으로 뭐 만들고 있어?

6 What kind of music are you composing right
   now? 지금 어떤 음악 작곡하고 있어?

7 Where is she thinking of moving to?
   그녀는 어디로 이사 갈 생각하고 있어?

8 Where are we meeting for lunch tomorrow?
   우리 내일 점심 먹게 어디서 만날 거야?

9 How long are they staying in Paris?
   그 사람들 파리에 얼마나 머물 예정이야?

10 When am I starting my new job?
   나 새 직장은 언제부터 시작하냐고?

PRACTICE 3

1
평서문: You are watching something on TV.

의문문: What are you watching on TV?

부정문: You are not watching anything on TV.

2

평서문: She is running somewhere in a hurry.

의문문: Where is she running to in a hurry?

부정문: She is not running anywhere in a hurry.

3

평서문: You are texting someone right now.

의문문: Who are you texting right now?

부정문: You are not texting anyone right now.

4

평서문: The baby is crying for some reason.

의문문: Why is the baby crying?

부정문: The baby is crying for no reason.

UNIT 33
그 사람 지금 뭐하고 있는지 알아?

Do you know + 의문사 + 주어 + 동사?
활용으로 질문하기!

PRACTICE 1

1   Do you know what he usually eats on weekends?

2   Do you know where your mother bought that jacket?

3   Do you know when he is planning to visit his parents?

4   Do you know why she canceled the meeting?

5   Do you know who your daughter's favorite author is?

6   Do you know which movie Tom wants to watch tonight?

7   Do you know how they prepare for the presentation?

8   Do you know whose phone is ringing?

9   Do you know how much this book costs?

PRACTICE 2

1   Do you know where the nearest subway station was?
가장 가까운 지하철역이 어디 있었는지 아세요?

2   Do you know what time the movie finishes?
영화가 몇 시에 끝나는지 아세요?

3   Did you know how much this shirt costs?
이 셔츠가 얼마인지 아셨어요?

4   Do you know when the next bus leaves?
다음 버스가 언제 떠나는지 아세요?

5   Do you know why Sarah didn't answer your calls today?
Sarah가 오늘 왜 당신 전화 안 받았는지 아세요?

6   Do you know how long it takes to complete the project?
그 프로젝트 완료하는 데 얼마나 걸리는지 아세요?

7   Do you know who reviewed this book?
이 책을 누가 검토했는지 아세요?

8   Do you know where I left my phone?
제가 전화기를 어디에 두었는지 아세요?

9   Do you know how to clean this coffee machine? 이 커피 머신 청소하는 법 아세요?

10   Do you know what time the store opens?
가게가 몇 시에 문 여는지 아세요?

PRACTICE 3

1

평서문: You know where the nearest subway station is.

의문문: Do you know where the nearest subway station is?

부정문: You do not (= don't) know where the nearest subway station is.

2

평서문: You know what time the movie starts.

의문문: Do you know what time the movie starts?

부정문: You do not (= don't) know what time the movie starts.

3

평서문: You know how much this shirt costs.

의문문: Do you know how much this shirt costs?

부정문: You do not (= don't) know how much this shirt costs.

4

평서문: You know when the next bus arrives.

의문문: Do you know when the next bus arrives?

부정문: You do not (= don't) know when the next bus arrives.

UNIT 34
그에게 언제 전화해야 할지 모르겠어요.

I know / I don't know + 의문사 + **to** 부정사

PRACTICE 1

1 I know what to do next.

2 I don't know where to go for good coffee.

3 I know when to start the project.

4 I don't know how to use this software.

5 I know who to ask for help.

6 I don't know which one to choose.

7 I know how much to pay for the ticket.

8 I don't know what to wear to the party.

9 I know how to fix this problem.

PRACTICE 2

1 He doesn't know what to say during the presentation.
   그는 발표 중에 무엇을 말해야 할지 몰라요.

2 She knows when to water her plants.
   그녀는 식물에 물을 언제 줘야 할지 알아요.

3 I know where to go for our next vacation.
   다음 휴가로 어디를 가야 할지 전 알아요.

4 They don't know who to invite to their wedding. 그들은 결혼식에 누구를 초대해야 할지 몰라 해요.

5 We didn't know what to do last weekend.
   우리는 지난 주말에 무엇을 할지 몰랐어요.

6 I don't know what to order at the new café.
   전 새로 생긴 카페에서 무엇을 주문해야 할지 몰라요.

7 We didn't know what to wear for the upcoming K-pop concert. 우리는 다가오는 K-pop 콘서트에 무엇을 입어야 할지 몰랐어요.

8 She knew when to invest in the stock market.
   그녀는 주식 시장에 언제 투자해야 하는지 알았어요.

9 He doesn't know how to reduce plastic waste in his daily life. 그는 일상생활에서 플라스틱 쓰레기 줄이는 법을 몰라요.

10 They definitely knew what exercises to do for building muscle. 그들은 근육을 키우기 위해 어떤 운동을 해야 할지 확실히 알았어요.

PRACTICE 3

1

부정문: I don't know what to say during the presentation.

긍정 의문문: Do I know what to say during the presentation?

긍정문: I know what to say during the presentation.

2

긍정문: I know when to water my plants.

의문문: Do I know when to water my plants?

부정문: I don't know when to water my plants.

3

부정문: I don't know where to go for our next vacation.

긍정 의문문: Do I know where to go for our next vacation?

긍정문: I know where to go for our next vacation.

4

부정문: I don't know who to invite to my wedding.

긍정 의문문: Do I know who to invite to my wedding?

긍정문: I know who to invite to my wedding.

UNIT 35
커피 드시겠어요?

Would you like ~? ~하시겠어요?

PRACTICE 1

1 Would you like a cup of tea?

2 Would you like some dessert?

3 Would you like a blanket?

4 Would you like another drink?

5 Would you like a receipt?

6 Would you like to go for a walk?

7 Would you like to join us for dinner?

8 Would you like to try this new dish?

9 Would you like to visit the museum this weekend?

10 Would you like to learn how to swim?

PRACTICE 3

1

의문문: Would you like a slice of cake?

평서문: You would like a slice of cake.

부정 평서문: You wouldn't like a slice of cake.

2

의문문: Would you like a glass of orange juice?

평서문: You would like a glass of orange juice.

부정 평서문: You wouldn't like a glass of orange juice.

3

의문문: Would you like some help with that?

평서문: You would like some help with that.

부정 평서문: You wouldn't like some help with that.

4

의문문: Would you like some popcorn while watching the movie?

평서문: You would like some popcorn while watching the movie.

부정 평서문: You wouldn't like some popcorn while watching the movie

UNIT 36
주황색 티셔츠 입고 있는 저 사람 봐 봐!

사람 명사 + **who** + 동사 (추가 정보 제공하기)

PRACTICE 1

1   I met a teacher who inspires his students.

2   She has a friend who always supports her.

3   They hired a chef who cooks amazing dishes.

4   He knows a musician who plays the violin beautifully.

5   We need a guide who speaks English fluently.

6   She loves a man who makes her laugh.

7   They respect a leader who listens to their opinions.

8   She trusts doctors who take good care of their patients.

PRACTICE 2

1   He has a friend who travels around the world every year.
    그에게 매년 세계 일주를 하는 친구가 있어.

2   We will meet a teacher who speaks four languages fluently. 우리는 4개 국어를 유창하게 구사하는 선생님을 만날 거야.

3   I met a girl who doesn't love hiking.
    나는 하이킹을 아주 좋아하지 않는 여자를 만났어.

4   We needed a babysitter who loves children and is patient. 아이들을 좋아하고 인내심 있는 베이비시터가 필요했어.

5   He's not friends with a guy who won a gold medal in the Olympics. 그는 올림픽에서 금메달을 딴 사람과 친구가 아니야.

6   He is the man who lived next door to me. 그는 내 옆집에 살았던 남자야.

7   He was the doctor who treated my grandmother.
    그는 우리 할머니를 치료해 준 의사였어.

8   Do you see the men who are waving at us? 저기 우리에게 손 흔드는 남자들 보이니?

9   The lady who was wearing a red dress is my aunt. 빨간 드레스를 입고 있던 그 여자분이 우리 이모야.

10 He is not the teacher who taught me math in high school. 그분은 고등학교 때 나에게 수학을 가르쳐 주신 선생님이 아니야.

PRACTICE 3

1

평서문: We met a teacher who speaks four languages fluently.

의문문: Did we meet a teacher who speaks four languages fluently?

부정문: We didn't (= did not) meet a teacher who speaks four languages fluently.

2

평서문: I met a girl who loves hiking.

의문문: Did I meet a girl who loves hiking?

부정문: I didn't (= did not) meet a girl who loves hiking.

3

평서문: The lady who is wearing a red dress is my aunt.

의문문: Is the lady who is wearing a red dress my aunt?

부정문: The lady who is wearing a red dress is not (= isn't) my aunt.

4

평서문: He's friends with a guy who won a gold medal in the Olympics.

의문문: Is he friends with a guy who won a gold medal in the Olympics?

부정문: He is not (= isn't) friends with a guy who won a gold medal in the Olympics.

UNIT 37
네가 어제 저녁에 해 준 그 스파게티 너무 맛있었어.

명사 + **that** + (주어) + 동사 (사물, 사람에 추가 정보 제공)

PRACTICE 1

1 I know a person that/who speaks five languages.

2 I met the teacher that/who my friend recommended.

3 She met a guy that/who works at the coffee shop.

4 She has a friend that/who everyone likes.

5 They hired a manager that/who the employees respect.

6 I bought a laptop that runs very fast.

7 She found a cat that someone had abandoned.

8 They repaired a bridge that an earthquake had damaged.

PRACTICE 2

1 The cookies that my mom bakes are delicious.
우리 엄마가 굽는 쿠키는 맛있어.

2 The jacket that you wore yesterday is in the laundry.
네가 어제 입었던 재킷은 세탁 바구니에 있어.

3 The bike that I ride to school is not (= isn't) red.
내가 학교에 타고 가는 자전거는 빨간색 아니야.

4 The movie that we watched last night was not (= wasn't) based on a true story. 우리가 어젯밤에 본 영화는 실화를 바탕으로 하지 않았어요.

5 The car that my father sold last year is very fuel-efficient. 우리 아버지가 작년에 판 차는 연비가 아주 좋아요.

6 The dog that lived next door always barked at night. 옆집에 살던 개가 항상 밤에 짖었어요.

7 The coffee that this café serves is not (= isn't) always fresh. 이 카페에서 내놓는 커피가 항상 신선한 건 아니에요.

8 The shoes that I wear for running are not (= aren't) very comfortable. 내가 달리기하려고 신는 신발이 아주 편하지는 않아요.

9 Didn't you see the video that went viral on TikTok yesterday? 어제 틱톡에서 엄청 퍼진 그 영상 못 봤어?

PRACTICE 3

1
평서문: The cookies that my mom baked are delicious.

의문문: Are the cookies that my mom baked delicious?

부정문: The cookies that my mom baked are not (= aren't) delicious.

2
평서문: The shirt that you wore yesterday is in the laundry.

의문문: Is the shirt that you wore yesterday in the laundry?

부정문: The shirt that you wore yesterday is not (= isn't) in the laundry.

3
평서문: The bike that I ride to school is red.

의문문: Is the bike that I ride to school red?

부정문: The bike that I ride to school is not (= isn't) red.

4
평서문: The movie that we watched last night was based on a true story.

의문문: Was the movie that we watched last night based on a true story?

부정문: The movie that we watched last night was not (= wasn't) based on a true story

UNIT 38
나는 모기한테 물렸어.

영어 특유의 수동태 이해하기

PRACTICE 1

1 This app is used every day.

2 Handmade jewelry is made by her.

3 Novels are written by him.

4 A rainbow was seen after the rain.

5 A new hospital was built.

6 A book was given to me by the teacher.

7 He was chosen as the new manager.

8 Their friends were invited to the wedding.

PRACTICE 2

1   Tom was bitten by a dog while walking down the street. 톰은 길을 따라 걷다가 개한테 물렸다.

2   My glasses were broken by a baseball. 내 안경이 야구공에 의해 깨졌다.

3   The package will be delivered this morning. 택배가 오늘 아침에 배달될 것이다.

4   The houses were built in 1990. 그 집들은 1990년에 지어졌다.

5   Our flight will be delayed due to bad weather. 날씨가 안 좋아서 비행기가 지연될 거예요.

6   My friends were invited to the birthday party. 내 친구들은 생일 파티에 초대받았어요.

7   The restroom was cleaned every hour. 화장실은 한 시간마다 청소됐어요.

8   The coffee was not (= wasn't) brewed fresh this morning. 커피는 오늘 아침에 갓 내려지지 않았어요.

9   The time capsule will be opened exactly 50 years after it was buried. 그 타임캡슐은 묻힌 지 정확히 50년 만에 열릴 거예요.

10 The fire was not extinguished by the firefighters. 불은 소방관들에 의해 진화되지 않았어요.

PRACTICE 3

1

평서문: The house was built in 1990.

의문문: Was the house built in 1990?

부정문: The house was not (= wasn't) built in 1990.

2

평서문: The window was broken by a baseball.

의문문: Was the window broken by a baseball?

부정문: The window was not (= wasn't) broken by a baseball.

3

평서문: The restroom is cleaned every hour.

의문문: Is the restroom cleaned every hour?

부정문: The restroom is not (= isn't) cleaned every hour.

4

평서문: She was bitten by a dog while walking down the street.

의문문: Was she bitten by a dog while walking down the street?

부정문: She was not (= wasn't) bitten by a dog while walking down the street.

UNIT 39
운동 후에는 기분이 좋아져요.

접속사로도 전치사로도 쓰이는 **before**와 **after**

PRACTICE 1

1   I felt sleepy after I ate a big meal.

2   She called me after she finished her homework.

3   We went for a walk after it stopped raining.

4   Let's grab some coffee after the meeting.

5   She turned off the lights before she went to bed.

6   Call me before you leave.

7   Wash your hands before dinner.

8   He took a deep breath before speaking.

9   He submitted the report before he left the office.

PRACTICE 2

1   Let's have a cup of coffee after lunch. 점심 식사 후에 커피 한잔 마셔요.

2   Please close the door before leaving the room. 방을 나가기 전에 문을 닫아 주세요.

3   Before checking in, please have your passport ready. 체크인 전에 여권을 준비해 주세요.

4   Before going to bed, she always sets her alarm for the next day. 잠자리에 들기 전에 그녀는 항상 다음 날 알람을 맞춰요.

5   After eating spicy food, they usually drink some milk. 매운 음식을 먹은 후에는 그들은 보통 우유를 마셔요.

6   Before we move to the new house, we will clean it thoroughly. 새집으로 이사하기 전에 우리는 새집을 꼼꼼하게 청소할 거예요.

7   After he woke up, he checked his phone for any important messages. 잠에서 깬 후에 그는 중요한 메시지가 있는지 휴대폰을 확인했어요.

8   After I lost my job, I decided to start my own business. 직장을 잃은 후에 내 사업을 시작하기로 결심했어요.

9   After the rain stopped, a beautiful rainbow shone brightly. 비가 그친 후에 아름다운 무지개가 밝게 빛났어요.

PRACTICE 3

1

평서문: She brushes her teeth before going to bed.

의문문: Does she brush her teeth before going to bed?

부정문: She does not (= doesn't) brush her teeth before going to bed.

2

평서문: He eats breakfast before going to school.

의문문: Does he eat breakfast before going to school?

부정문: He does not (= doesn't) eat breakfast before going to school.

3

평서문: Before going to bed, we always set our alarm for the next day.

의문문: Do we always set our alarm for the next day before going to bed?

부정문: We do not (= don't) always set our alarm for the next day before going to bed.

4

평서문: After she lost her job, she decided to start her own business.

의문문: Did she decide to start her own business after she lost her job?

부정문: She did not (= didn't) decide to start her own business after she lost her job.

UNIT 40
회의 동안 집중해 주세요.

during/while ~하는 동안에

PRACTICE 1

1 <u>During the meeting</u> we discussed the new project.

2 I always listen to music <u>during my workout</u>.

3 <u>While I was cooking</u>, my friend called me.

4 <u>While I was studying</u>, my brother played video games.

5 <u>During the winter</u> it often snows here.

6 <u>While they were traveling</u>, they took many pictures.

7 <u>During the break</u> I usually go for a walk.

8 <u>While we were waiting for the train</u>, it started raining.

PRACTICE 2

1 I will read a book during the flight.
비행기 타는 동안 책을 읽을 거예요.

2 They fell asleep during the movie.
그들은 영화 보다가 잠들었어.

3 I am going to drink coffee during the meeting to stay awake. 회의 중에 깨 있으려고 커피를 마실 거예요.

4 He ate so much popcorn during the movie, he feels like he's gonna burst. 영화 보는 동안 팝콘을 아주 많이 먹었더니 그는 배가 터질 것 같아.

5 Don't text while driving. It's dangerous.
운전하면서 문자하지 마. 위험해.

6 I loved listening to podcasts while working.
일하면서 팟캐스트 듣는 것 무척 좋아했어.

7 My mom called me while I was driving.
내가 운전하는 동안 엄마가 전화를 했어.

8 They read a magazine on their phone while waiting for the train. 기차를 기다리면서 그들은 휴대폰으로 잡지를 읽었어.

9 She listened to music while she was cleaning the house. 집을 청소하는 동안 그녀는 음악을 들었어.

10 I will play mobile games while waiting for my friend. 친구 기다리는 동안 휴대폰 게임할 거야.

PRACTICE 3

1

평서문: He read a book during the flight.

의문문: Did he read a book during the flight?

부정문: He did not (= didn't) read a book during the flight.

2

평서문: She fell asleep during the movie.

의문문: Did she fall asleep during the movie?

부정문: She did not (= didn't) fall asleep during the movie.

3

평서문: I drank coffee during the meeting to stay awake.

의문문: Did I drink coffee during the meeting to stay awake?

부정문: I did not (= didn't) drink coffee during the meeting to stay awake.

4

평서문: She loves listening to podcasts while working.

의문문: Does she love listening to podcasts while working?

부정문: She does not (= doesn't) love listening to podcasts while working.

UNIT 41
저도 그래요!

too/either 상대방 말에 동의하기 (1)

PRACTICE 1

1 I want to go to the park, <u>too</u>.
2 I don't like tea <u>either</u>.
3 I like ice cream, <u>too</u>.
4 I didn't go to the party <u>either</u>.
5 I'm coming to the party, <u>too</u>.
6 You can't eat this <u>either</u>.
7 I can play the guitar, <u>too</u>.
8 I haven't seen that movie <u>either</u>.

PRACTICE 3

1

긍정문: I love chocolate. – I love chocolate, too.

부정문: I don't love chocolate. – I don't love chocolate either.

2

부정문: She doesn't like rainy days. – I don't like them either.

긍정문: She likes rainy days. – I like them, too.

3

긍정문: He works late on Fridays. – I work late on Fridays, too.

부정문: He doesn't work late on Fridays. – I don't work late on Fridays either.

4

부정문: I'm not a fan of spicy food. – I'm not a fan of spicy food either.

긍정문: I'm a fan of spicy food. – I'm a fan of spicy food, too.

UNIT 42
저도 그래요!

상대방 말에 동의하기 (2)

PRACTICE 1

1 So am I.
2 Neither do I.
3 Neither can he.
4 Neither is she.
5 So will John.
6 Neither can her brother.
7 So do I.
8 Neither do they.

PRACTICE 3

1

긍정문: A: I can swim very well.

B: So can I.

2

부정문: A: I'm not excited about the concert tonight.

B: Neither am I.

3

부정문: A: I cannot speak three languages fluently.

B: Neither can I.

4

긍정문: A: I'm a morning person.

B: So am I.

UNIT 43
공원에서 개 한 마리를 봤어.

한국어에는 없는 관사 느낌 잡기

PRACTICE 1

1 I saw <u>an</u> elephant at the zoo.
2 She is reading <u>an</u> interesting book.
3 We stayed at <u>a</u> hotel near the beach.
4 We went to <u>the</u> Eiffel Tower when we visited Paris.
5 She bought <u>an</u> orange dress.
6 Look at <u>the</u> boy over there!
7 We went to <u>the</u> cinema last night.

8 I met __a__ doctor yesterday.

9 There is __an__ apple on the table.

10 She took __the__ bus to work this morning.

PRACTICE 2

특정하지 않은 대상을 나타내는 a/an

1 I see a bird in the tree.
나는 나무 위에서 새 한 마리를 봐.

2 I wanted to eat an apple.
나는 사과 하나가 먹고 싶었어.

3 I will buy a cake for the party.
나는 파티를 위해 케이크를 살 거야.

4 He is going to need an umbrella because it's raining. 비가 오니까 그는 우산이 필요할 거야.

5 She had a cute puppy.
그녀는 귀여운 강아지가 한 마리 있었어.

이미 상대방도 알고 나도 알고 있을 때의 the

1 Could you open the door, please?
문 좀 열어 줄래요?

2 She will wait at the bus stop.
그녀가 버스 정류장에서 기다릴 거야.

3 Let's not meet at the restaurant near your house.
네 집 근처에 있는 그 레스토랑에서 만나지 말자.

4 I took the next train. 나는 다음 기차를 탔어.

5 He was fixing the car in the garage.
그는 차고에서 그 차를 고치고 있었어.

PRACTICE 3

1
평서문: He's fixing the car in the garage.

의문문: Is he fixing the car in the garage?

부정문: He's not fixing the car in the garage.

2
평서문: The sky turned orange at sunset.

의문문: Did the sky turn orange at sunset?

부정문: The sky didn't turn orange at sunset.

3
의문문: Did you see the Eiffel Tower when you went to Paris?

평서문: You saw the Eiffel Tower when you went to Paris.

부정 평서문: You didn't see the Eiffel Tower when you went to Paris.

4
평서문: The book was about history.

의문문: Was the book about history?

부정문: The book wasn't about history.

UNIT 44
당신 의견에 동의할 수 없을 것 같아요.

한국어와 다른 영어식 표현 익숙해지기

PRACTICE 1

1 I'm not sure she understands the question.

2 I doubt he will come to the party.

3 It's unlikely they know each other.

4 I don't believe you should worry about it.

5 I can't say she likes coffee.

6 I don't think this restaurant is very popular.

7 There's no way we have enough time.

8 I'm not sure this movie is interesting.

PRACTICE 2

1 My dog and I went for a walk every morning.
저와 제 강아지는 매일 아침 산책을 갔어요.

2 The kids and I will clean the house together.
아이들과 제가 함께 집을 청소할 거예요.

3 My sister and I are going to share a room.
여동생과 제가 방을 같이 쓸 거예요.

4 My mother and I were baking cookies together. 엄마랑 제가 함께 쿠키를 굽고 있었어요.

5 My brother and I played video games every weekend.
남동생과 저는 주말마다 비디오 게임을 했어요.

6 He doesn't think he's seen this movie before.
그는 이 영화를 본 적이 없다고 생각해.

7 They don't think the weather will improve tomorrow. 그들은 날씨가 내일 좋아질 거라고 생각하지 않아.

8 They don't think he told the truth.
그들은 그가 진실을 말했다고 생각하지 않아.

9 We think the plan is feasible.
우리는 그 계획이 실행 가능하다고 생각해.

10 We think this route is the fastest.
우리는 이 경로가 가장 빠르다고 생각해.

PRACTICE 3

1

평서문: My sister and I share a room.

의문문: Do my sister and I share a room?

부정문: My sister and I do not share a room.

2

평서문: My brother and I play video games every weekend.

의문문: Do my brother and I play video games every weekend?

부정문: My brother and I do not play video games every weekend.

3

부정문: They don't think he's telling the truth.

긍정 의문문: Do they think he's telling the truth?

긍정문: They think he's telling the truth.

4

부정문: We don't think the plan is feasible.

긍정 의문문: Do we think the plan is feasible?

긍정문: We think the plan is feasible.

UNIT 45
사과가 많아요. 물이 많아요.

much, many, a lot of

PRACTICE 1

1 many + challenges

Many challenges await those who take risks.

2 much + money 많은 돈

She doesn't have much money in her wallet.

3 much + coffee 많은 커피

He doesn't drink much coffee these days.

4 many + dresses 많은 드레스들

She bought many dresses for the summer.

5 many + opportunities 많은 기회들

Many opportunities come when you least expect them.

6 much + experience 많은 경험

I don't have much experience in this field.

7 much + noise 많은 소음

There wasn't much noise in the library.

8 many + paintings 많은 그림들

Many paintings in the museum are centuries old.

PRACTICE 2

1 There are many books on the shelf.

2 Are many people coming to the party?

3 She knows many good places to eat in the city.

4 There are many stars in the sky tonight.

5 You need much sugar for this recipe.

6 She spends much energy on traveling.

7 We took many photos at the wedding.

8 I didn't have much time to finish this task.
이 일을 끝낼 시간이 많지 않았어요.

9 There wasn't much milk left in the fridge.
냉장고에 우유가 많이 남아 있지 않았어요.

10 He doesn't spend much money on clothes.
그는 옷에 돈을 많이 쓰지 않아요.

PRACTICE 3

1

평서문: There are many books on the shelf.

의문문: Are there many books on the shelf?

부정문: There aren't many books on the shelf.

2

부정문: There isn't much milk left in the fridge.

긍정 의문문: Is there much milk left in the fridge?

긍정문: There is much milk left in the fridge.

3

부정문: I don't have much time to finish this task.

긍정 의문문: Do I have much time to finish this task?

긍정문: I have much time to finish this task.

4

평서문: She spends a lot of money on traveling.

의문문: Does she spend a lot of money on traveling?

부정문: She doesn't spend a lot of money on traveling.

UNIT 46
그녀는 항상 시간을 잘 지켜.

PRACTICE 1

1 She <u>always</u> keeps her promises.
2 I <u>usually</u> drink coffee in the morning.
3 My boss is <u>frequently</u> on business trips.
4 He <u>often</u> goes jogging in the park.
5 She <u>rarely</u> watches TV these days.
6 He <u>never</u> smokes.
7 They <u>occasionally</u> visit their grandparents.
8 He <u>sometimes</u> forgets to reply to messages.

PRACTICE 2

1 She didn't always wake up at 6 AM.
그녀가 항상 오전 6시에 일어나지는 않았어요.
2 Tom always brushes his teeth before bed.
톰은 항상 자기 전에 이를 닦아요.
3 She usually took the bus to work.
그녀는 보통 버스를 타고 출근했어요.
4 They usually read before going to sleep.
그들은 보통 자기 전에 책을 읽어요.
5 She often skips breakfast when she's in a hurry.
그녀는 급할 때 아침을 자주 건너뛰어요.
6 They sometimes ate out at fancy restaurants.
그들은 가끔 고급 레스토랑에서 외식을 했어요.
7 It rarely rains in this area.
이 지역에서는 비가 거의 잘 안 와요.
8 The cars rarely break down.
그 차들은 거의 고장이 잘 안 나요.
9 The students never lie to their friends.
그 학생들은 친구들에게 절대 거짓말을 하지 않아요.
10 He will never eat spicy food.
그는 절대 매운 음식을 먹지 않을 거예요.

PRACTICE 3

1
평서문: She always wakes up at 6 AM.
의문문: Does she always wake up at 6 AM.?
부정문: She doesn't always wake up at 6 AM.

2
평서문: I always brush my teeth before bed.
의문문: Do I always brush my teeth before bed?
부정문: I don't always brush my teeth before bed.

3
평서문: She usually takes the bus to work.
의문문: Does she usually take the bus to work?
부정문: She doesn't usually take the bus to work.

4
평서문: I usually read before going to sleep.
의문문: Do I usually read before going to sleep?
부정문: I don't usually read before going to sleep.

UNIT 47
운동 후에는 항상 배가 고파져요.

PRACTICE 1

1 ① be lost 길을 잃다
　② get lost 길을 잃게 되다
I <u>got lost</u> in the city yesterday.
2 ① be tired 피곤하다
　② get tired 피곤해지다
I <u>got tired</u> from working too much.
3 ① be worried 걱정하다
　② get worried 걱정이 되다
My parents <u>got worried</u> about me.
4 ① be complicated 복잡하다
　② get complicated 복잡해지다
The situation <u>got complicated</u>.
5 ① be interested 흥미가 있다
　② get interested 흥미를 갖게 되다
I <u>got interested</u> in photography.
6 ① be injured 부상을 입다
　② get injured 부상을 당하게 되다
He <u>got injured</u> during the game.
7 ① be confused 혼란스럽다
　② get confused 혼란스러워지다
He <u>got confused</u> by the instructions.
8 ① be embarrassed 창피하다
　② get embarrassed 창피해지다
She <u>got embarrassed</u> when she made a mistake.

PRACTICE 2

1   She gets sleepy after lunch.
    그녀는 점심 먹고 나면 졸려져요.

2   They get nervous before a big presentation.
    큰 발표를 앞두고 그들은 긴장해요.

3   The kids always got excited when they saw
    their grandparents. 아이들은 할머니, 할아버지를
    보면 항상 신나 했어요.

4   He's getting better at cooking these days.
    그는 요즘 요리하는 게 점점 나아지고 있어요.

5   Don't worry, it gets easier over time.
    걱정 마세요. 시간이 지나면 더 쉬워져요.

6   It has gotten cold outside. You should wear
    a jacket. 밖이 추워졌어요. 재킷 입는 게 좋겠어요.

7   He gets angry when he sees the mess in the
    kitchen. 그는 부엌이 어질러진 걸 보면 화가 나요.

8   She gets confused when instructions are
    unclear. 그녀는 설명이 명확하지 않을 때
    혼란스러워져요.

9   I got sick after eating some bad seafood.
    나는 상한 해산물을 먹고 아팠어요.

10 My parents get emotional when they watch
    old family videos. 우리 부모님은 옛 가족 비디오를
    볼 때 감정적으로 되세요.

PRACTICE 3

1
평서문: I get sleepy after lunch.

의문문: Do I get sleepy after lunch?

부정문: I don't get sleepy after lunch.

2
평서문: She gets nervous before a big presentation.

의문문: Does she get nervous before a big
        presentation?

부정문: She doesn't get nervous before a big
        presentation.

3
평서문: The kids always get excited when they see
        their grandparents.

의문문: Do the kids always get excited when they
        see their grandparents?

부정문: The kids don't always get excited when
        they see their grandparents.

4
평서문: It will get easier over time.

의문문: Will it get easier over time?

부정문: It won't get easier over time.

UNIT 48
그 수업에 있는 모든 학생이 다 착해요.

every와 all 제대로 사용하기

PRACTICE 1

1   Every student has a textbook.

2   All the information you provided is correct.

3   Every child needs love.

4   Every house in this neighborhood looks
    beautiful.

5   All employees attend the meeting.

6   Every piece of advice you gave me was helpful.

7   All the books on the shelf belong to me.

8   All students take the exam in November.

PRACTICE 2

1   I will read every book in the library.
    도서관에 있는 책을 (하나도 빠짐없이) 다 읽을 거야.

2   I visit every museum when I travel.
    나는 여행할 때마다 박물관은 다 들러.

3   Every car in the parking lot was covered in
    snow. 주차장의 모든 차가 눈에 덮여 있었어.

4   All doors in the building will be automated.
    이 건물의 문은 전부 자동문으로 될 거야.

5   All books in this section were on sale.
    이 구역의 책은 모두 할인 중이었어.

6   All seats in the stadium will be sold out.
    경기장 좌석이 전부 매진될 거야.

7   She goes to the gym every two days.
    그녀는 이틀에 한 번씩 헬스장에 가.

8   They call their parents every three weeks.
    그들은 3주에 한 번씩 부모님께 전화해.

9   He got a haircut every four months.
    그는 4개월마다 머리를 잘랐어.

10 Every three months, he goes for a health
    check-up. 그는 3개월마다 건강검진을 받아.

PRACTICE 3

1

평서문: Every car in the parking lot is covered in snow.

의문문: Is every car in the parking lot covered in snow?

부정문: Not every car in the parking lot is covered in snow.

2

평서문: All books in this section are on sale.

의문문: Are all books in this section on sale?

부정문: Not all books in this section are on sale.

3

평서문: She calls her parents every three weeks.

의문문: Does she call her parents every three weeks?

부정문: She doesn't call her parents every three weeks.

4

평서문: He gets a haircut every four months.

의문문: Does he get a haircut every four months?

부정문: He doesn't get a haircut every four months.

UNIT 49
그는 자기 일을 진정으로 사랑해.

속 시원하게 말하기 위한 부사 활용

PRACTICE 1

1 She <u>carefully</u> placed the glass on the table.
2 He <u>quickly</u> ran to catch the bus.
3 She <u>rarely</u> eats fast food.
4 He <u>always</u> wakes up early.
5 I <u>completely</u> forgot about the meeting.
6 They <u>happily</u> announced their engagement.
7 He <u>suddenly</u> stopped walking.
8 She <u>almost</u> missed her flight.

PRACTICE 2

1 This smartphone is practically a digital assistant. 이 스마트폰은 사실상 디지털 비서나 다름없어요.

2 These two products were practically identical. 이 두 제품은 사실상 똑같다고 봐도 됐어요.

3 Please review the contract carefully. 계약서를 꼼꼼히 검토해 주시기 바랍니다.

4 I make all decisions carefully. 나는 모든 결정을 신중하게 내려요.

5 He's definitely going to that party. 그는 확실히 그 파티에 갈 거예요.

6 You're definitely next in line for a promotion. 당신이 틀림없이 다음 승진 대상이에요.

7 The new car drove very smoothly. 새 차가 아주 부드럽게 달렸어요.

8 The project will be completed smoothly. 프로젝트가 순조롭게 완료될 거예요.

9 He sincerely loved his job. 그는 자기 일을 진정으로 사랑했어요.

10 I sincerely wish you happiness. 저는 당신의 행복을 진심으로 기원합니다.

PRACTICE 3

1

평서문: These two products are practically identical.

의문문: Are these two products practically identical?

부정문: These two products aren't practically identical.

2

평서문: The project was completed smoothly.

의문문: Was the project completed smoothly?

부정문: The project wasn't completed smoothly.

3

평서문: He makes all decisions carefully.

의문문: Does he make all decisions carefully?

부정문: He doesn't make all decisions carefully.

4

평서문: She's definitely next in line for a promotion.

의문문: Is she definitely next in line for a promotion?

부정문: She's definitely not next in line for a promotion.

A Foundation for Sustainable English Speaking Skills

신원섭·Diana Salazar

국제 부부인 두 사람은 영어 전문 채널 '잉글리시 몬스터'를 함께 운영하며,
10년 넘게 영어 교육 현장과 소셜 미디어를 오가며 활발히 활동하고 있다.
영어를 배우는 한국 학습자의 어려움을 누구보다 잘 아는 신원섭과 원어민으로서
기민한 영어 감각을 가진 Diana는 실생활에 밀착된 자연스러운 영어 회화를 연구하고,
모든 연령대의 학습자가 '영어의 기초 뼈대'를 세우며 꾸준히 말하고 익히는 힘을
기를 수 있도록 돕고 있다. TESOL 자격을 갖춘 영어 교육자이자 콘텐츠 크리에이터로서
그들은 '배우는 영어'보다 '말이 되는 영어'를 전하고 있다.

유튜브/인스타그램 잉글리시 몬스터 English Monster

영어 회화 기초 패턴 – 먼저 훈련

초판 1쇄 인쇄 | 2025년 12월 17일
초판 1쇄 발행 | 2025년 12월 29일

지은이 | 신원섭·Diana Salazar

발행인 | 박효상
편집장 | 김현
기획·편집 | 김현

교정·교열 | 박진재
디자인 | 고희선

마케팅 | 이태호, 이전희
관리 | 김태옥

종이 | 월드페이퍼　인쇄·제본 | 예림인쇄·바인딩　녹음 | YR 미디어

발행처 | 사람in　출판등록 | 제10-1835호

주소 | 04034 서울시 마포구 양화로 11길 14-10 (서교동) 3F
전화 | 02) 338-3555(代)　팩스 | 02) 338-3545
E-mail | saramin@netsgo.com　Website | www.saramin.com
인스타그램 | www.instagram.com/saramin_books　블로그 | blog.naver.com/saramcom

ⓒ 신원섭 2025
ISBN | 979-11-7101-199-5 14740　979-11-7101-194-0 (세트)